La heterosexualidad sale del clóset

LA HETEROSEXUALIDAD SALE DEL CLÓSET
es editado por
EDICIONES LEA S.A.
Av. Dorrego 330
Ciudad de Buenos Aires, Argentina.
E-mail: info@edicioneslea.com
Web: www.edicioneslea.com

ISBN: 978-987-718-735-9

Edición: Denise A. Maurici

© 2022 Ediciones Lea S.A.
Primera edición. Impreso en Argentina.
Esta edición se terminó de imprimir en
Marzo de 2022 en Arcángel Maggio - División Libros

Ghedin, Walter,
    La heterosexualidad sale del clóset : nuevas dinámicas sexuales del S. XXI / Ghedin, Walter ;
editado por Denise A. Maurici. - 1a ed - Ciudad Autónoma de Buenos Aires : Ediciones Lea, 2022.
    320 p. ; 23 x 15 cm. - (Filo y contrafilo)

    ISBN 978-987-718-735-9

    1. Diversidad Sexual. 2. Heterosexualidad. 3. Homosexualidad. I. Maurici, Denise A., ed. II.
Título.
    CDD 306.76

Walter Ghedin

La heterosexualidad sale del clóset

Nuevas dinámicas sexuales del siglo XXI

Introducción

El sexo siempre da de qué hablar. Por exceso, inhibición, "normalidad", "patología", exposición pública o intimidad; verborrea para algunos, mutismo para otros, el sexo está siempre presente en la boca de todos los humanos. Hablaremos de él con vergüenza u osadía. Habrá mentiras en lo que se dice, y también verdades. Más que nunca, el cuerpo habla. Hablamos de sexo con el pensamiento, con las fantasías, con nuestros ángeles y demonios; con el otro que amamos, con el amante ocasional, con el grupo social que nos acompaña en cada etapa de la vida. Sexualidad es interacción. El discurso sexual es explícito e implícito, manifiesto y latente, fondo y figura. Hay algo de lo que no se dice que es sustrato, tanto como el lenguaje que arma el discurso. La apariencia que es conducta en el medio social es una *performance* de acciones pactadas por el discurso social y cultural. No obstante, bajo esa apariencia hay mucho por decir que aún no se dice, que se calla, se reprime, se sufre y, muchas veces, la transgresión misma de la norma se convierte en una nueva representación del espectáculo. Hoy en día, el sexo está en la vidriera, expuesto en los medios del decir y el hacer cotidiano; está presente constantemente. Sexo es conducta que sale sin tapujos, recordando que lo que se muestra es sólo una parte del juego, y que la otra se gesta en algún lugar de la intimidad. Lo real es el despliegue de comportamientos, el resto es variable, cambiante, incierto... íntimo. Si la diversidad sexual sale del *clóset* para mostrar todas sus variantes de expresión de género y de orientación, también la heterosexualidad lo está haciendo. La fuerza que mueve al colectivo LGTBIQ (lesbianas, gays, transgénero, bisexuales, intersexuales y *queer*, además de otras formas) induce directa o indirectamente a que la heterosexualidad no se quede atrás, por lo menos en la visualización de prácticas que antes se consumaban en la oscuridad del *clóset* propio. *Visibilidad* es la palabra que engloba tanto al colectivo de la diversidad como a la heterosexualidad.

Las nuevas generaciones de jóvenes heterosexuales se nutren de los cambios, para los adultos y los más maduros el esfuerzo es mayor, aunque algunos se animan a expresar sus diferencias con las anteriores pautas normativas. Son tiempos de deconstrucción de géneros y orientaciones, de militancia y resistencia, de búsqueda, y nada volverá atrás cuando algo tan profundo como la estructura misma, los cimientos culturales sobre los cuales se construye la sexualidad, están siendo cuestionados.

Asistimos a nuevas dinámicas en los géneros que influyen directamente en los vínculos, en la educación sexual y se trasladan a la sociedad toda. Ya no es sólo la minoría sexual la que se moviliza y milita por hacer conocer sus modos de amor y erotismo, la mayoría heterosexual está gestando un gran cambio, desconcertante, pero bienvenido al fin, y como todo cambio, provoca miedo, resistencia y confusión. Cuando comencé a escribir este libro, todavía no estaba sobre el tapete la discusión sobre el aborto seguro, legal y gratuito, tampoco existía el *Me too*, y el feminismo recién despertaba a una nueva ola más fuerte y aguerrida que las anteriores. Hoy tengo que agregar nuevos conceptos y, por qué no, reflexionar sobre temas que hubieran merecido sólo un párrafo y hoy se amplían en capítulos. La sociedad toda se modifica de forma vertiginosa. En pocos años, los vínculos y las expectativas amorosas se han reciclado en pos de ser más congruentes con los deseos que las mueven. Los jóvenes llegan con nuevos bríos y una sexualidad más libre y despojada de preceptos; no quieren sucumbir a la presión social como las generaciones anteriores. También los adultos se suman a esta movida. Con más reservas, pero con un discurso más juvenil, luchan por mejorar sus condiciones de vida en pareja o en soledad, a sabiendas de que la expectativa de vida les concede varios calendarios más. Hay que vivir mejor. En este marco de realidad, la tecnología suma su influjo generalizado. Jóvenes, adultos, hombres y mujeres maduros comparten el lenguaje y el uso de los dispositivos y de las aplicaciones homogeneizando las prácticas, sin distinción de edades. La Internet ha logrado democratizar el lenguaje tecnófilo, además de instalar un conjunto de conductas comunes a todos. Los más jóvenes ayudan a los mayores, y estos se ayudan entre sí para estar "a la moda". Nadie escapa del poder de la tecnología y su efecto potente en las subjetividades. Esta conjunción entre la sexualidad abierta y los dispositivos crea mundos cambiantes, quizá demasiado presurosos para que la psiquis los aprehenda y los incorpore lentamente. Si los avances en materia de uso de dispositivos y virtualidad se aceptan sin demasiada resistencia, no ocurre así con la sexualidad que se exhibe a través de ellos. No todos los adultos están dispuestos a aceptar esa supuesta "sexualización de los cuerpos", sobre todo cuando los consumidores de tanta apertura son los jóvenes, ávidos de remontar su estima con la suma de *likes*. Los cuerpos en las redes tienen ese efecto provocador sobre la conciencia de algunas personas que disfrutan en la oscuridad del *clóset* y expresan sus críticas diciendo que los cuerpos de los más jóvenes están hipersexualizados por culpa de las redes y la información sobre sexualidad. Muchas mujeres ven la movida feminista con recelo y hasta odio, sin pensar que ellas mismas hoy ocupan lugares laborales o hacen uso de la palabra gracias a las que se animaron y lucharon para sacarlas de la sumisión. Y la frase "algo habrá hecho" luego de un abuso o un femicidio sigue avalando el comportamiento machista. En fin, el sexo de las vidrieras, de las redes, de los medios de comunicación, no es el mismo de la intimidad, en la que aún perduran dudas y resistencias, sobre todo en la heterosexualidad, que defiende sus normativas. No obstante, esta misma orientación muestra un comportamiento ambivalente de curiosidad y resistencia frente a las numerosas prácticas que la invitan a sumarse a la movida. Así, cada vez son más los que se animan a abrir la puerta del armario y salir a la aventura de una sexualidad heterosexual más amplia en sus modos sexoafectivos. Más que nunca, la heterosexualidad, signada por el amor de pareja y el sexo para procrear, pone en jaque la normatividad biológica y cultural para abrirse a una sexualidad amplia y singular, que lo incluya como sujeto que desea, ama y disfruta sin condicionantes restrictivos y moralizantes. Sexualidad no es genitalidad, cuerpo, biología; es expresión genuina de deseos, afectos, conductas, diferentes modos de ser en libertad.

Capítulo 1

Principio y desarrollo de la sexualidad

En el inicio, es la biología la única e indiscutible regente y tiene ese valor unívoco en estos comienzos del desarrollo. Apenas nacemos, y durante toda la vida, una maraña de influjos y lazos ambientales que se atan y desatan serán los responsables de la construcción subjetiva de la sexualidad. No obstante, los primeros años de vida son fundamentales y tendrán una influencia permanente en cada una de las etapas vitales. La personalidad, entonces, existirá gracias al resultado de ese entretejido de naturaleza y entorno, lo que constituye y lo constituido, dos caras que se complementan y amalgaman en un todo heterogéneo. La sexualidad será parte fundamental de este armado personal.

Las primeras acciones humanas están basadas en datos de especie. La fisiología intrauterina comenzará con el primer discurso de cromosomas que se activan, hormonas secretadas por inmaduros receptáculos para orientar la sintaxis del lenguaje del cuerpo recién abierto al entorno. Aún siendo lactantes, apenas venidos al mundo, sentiremos las primeras sensaciones de placer, luego extensivas a otras fisiologías y conductas humanas. Los cromosomas transportan un saber de la especie y características familiares que pasan de generación en generación. También ellos, a su manera biológica, hablan y dicen lo que tienen que decir, proteínas y mensajes moleculares mediante. La macro sociedad, a través de los padres y de las personas cercanas, regula desde afuera cómo se debe pensar, sentir y actuar. Así, el pensamiento, el lenguaje y la acción se conjugan en un todo que da sentido al mundo. El psiquismo, entonces, tendrá esa propiedad independiente de los factores biológicos que lo precedieron en su origen y, como tal, poseerá sus reglas y mecanismos de regulación propios. Así como todos los sujetos somos únicos, también lo es la sexualidad. Nos cuesta pensar en su singularidad; tenemos claro que no habrá nadie en el mundo igual a cada uno de nosotros, pero no le damos el mismo valor a la sexualidad, como si esta estuviera atravesada por reglas generales comunes a todos. Por supuesto que esta forma de pensar el concepto de sexualidad como algo global tiene sus raíces en el desarrollo de la humanidad, cuando las sociedades necesitaron reglas de organización basadas en la biología y en la jerarquía, a favor de los hombres. Somos seres sexuados por la biología, pero somos fundamentalmente seres sexuales por la supremacía del ser por sobre ese sustrato biológico de base. Cada vez que el cuerpo se viste, se toca, fantasea, se enlaza con otro en un acto furtivo o decide unirse en pareja, convierte la acción en una representación que articula lo individual y lo social, lo público y lo privado, las normativas sociales y la libertad personal. Toda expresión de la sexualidad es una acción política, en tanto y en cuanto será el resultado de fuerzas históricas, sociales y culturales productoras de representaciones en la subjetividad y en el imaginario social. De todas las manifestaciones humanas, la sexualidad ha sido y seguirá siendo objeto de influencia y de constante cambio, no sólo por la visibilidad social de los colectivos de la diversidad, sino, y fundamentalmente, porque la consabida y reinante heterosexualidad está "saliendo del *clóset*", mostrando lo que estaba oculto tras su aparente formalidad y aceptación social.

Algunos datos históricos

Recién después de la segunda mitad del siglo XX, la sexualidad comenzó a ser objeto de estudios científicos (Alfred Kinsey, Masters y Johnson, Shere Hite, Helen Kaplan, etc.) que abarcaron la investigación, la descripción y la estadística de las conductas sexuales de la población norteamericana como muestra de estudio. Atrás había quedado la mirada médica de Krafft-Ebing y otros científicos que en el siglo XIX hicieron las primeras aproximaciones a las perversiones sexuales, y también las de Sigmund Freud, quien fue el primero en introducir el concepto de sexualidad infantil y de una energía (libidinal) que atraviesa la construcción misma de la personalidad, además de permanecer en la vida adulta como fuerza motivacional. El aporte del psicoanálisis fue decisivo para pensar la sexualidad más allá de la mirada biológica. Tanto el maestro Sigmund Freud como los postfreudianos y el pensamiento de Jacques Lacan abrieron nuevas líneas teóricas, cada vez más profundas, para pensar la función sexual alejada de lo meramente genital. El siglo XX, después de la Segunda Guerra, trajo consigo un cambio en las costumbres, representado por la *Way American Life* o "Estilo de vida americano", que se implanta en el resto del mundo occidental como modelo de sociedad de consumo que influye notoriamente en la construcción familiar y en los roles sexuales. La sociedad norteamericana de postguerra implantó roles fijos en las mujeres y en los hombres, ampliando los clásicos de sumisión y dominación dentro de un ambiente de aceptación y promoción de la vida familiar, haciéndose extensiva a la idea de clase, raza y patriotismo. Si Europa había sido el modelo de crecimiento industrial, artístico e intelectual; el espíritu mercantil, de productos reciclables de alto consumo que impuso el modelo norteamericano bastó para extenderse por el mundo como un reguero de pólvora, de una "nueva pólvora" mucho más efectiva que cualquier guerra. No obstante, los productos comercializables podían rotar a un ritmo vertiginoso, modificando los estándares de *status* social y estratificando las clases sociales según los grados de confort alcanzados. Ya no eran necesarios ni el intelecto ni la jerarquía que aportaba el conocimiento, tampoco la cultura o el arte. A partir de estos tiempos de posguerra, la recirculación de objetos y el dinero para adquirir bienes de consumo fueron los nuevos determinantes de *status*. A pesar de estas dinámicas de relación con los objetos (que daban jerarquía de clase), los roles sexuales dentro del ámbito de la pareja y la familia permanecieron fijos e indiscutibles. Las imágenes de aquella época reproducen de diferentes formas la dedicación de la mujer al hogar, a su marido y los hijos, todo bajo un halo de felicidad general. Si las mujeres del siglo XIX se dividían en campesinas, obreras y damas de la sociedad, las del siglo XX de posguerra supieron combinar el trabajo fuera y dentro del hogar, cosa que ninguna "mujer de sociedad" se hubiera animado a hacer, no por incapacidad, sino por rigor de *status*. El salón, las visitas rigurosas, la elección de los candidatos varones para las damiselas (tarea asignada a las mujeres adultas, que recogían datos de los varones solteros, casi todos adinerados, nobles o militares) dio paso a un modelo en apariencia más democrático, de vida burguesa, aunque encubría condiciones de jerarquía similares. La mujer propuesta por el nuevo modelo de posguerra sumó a su pequeño mundo (familia, iglesia, vecindario) el trabajo asalariado. En estos espacios, hablar de las desavenencias conyugales y, más aún, de sexo, estaba vedado; ni siquiera se hablaba de ello en el ámbito de la intimidad. También los hombres ajustaban sus discursos a los roles internalizados como propios y comunes a la sociedad toda. La sexualidad en general se guardaba en el *clóset*: género, discurso, orientación sexual, libertad. El armario de la sexualidad en general estuvo cerrado durante largo tiempo y aún hay mucho por dejar que salga. Cuando hoy en día, pleno siglo XXI, decimos "salió del *clóset*" al asumir una orientación homosexual o transgénero, no debemos olvidar que también la heterosexualidad lo está haciendo, en el sentido de visibilidad y apertura hacia nuevos modos de erotismo.

Existen patrones de comportamiento erótico heterosexual que han impuesto su modelo a otras formas de orientación, como la homosexual. La denominada heteronormatividad comprende una serie conocimientos naturalizados, de prácticas impuestas y poco discutidas hasta este último tiempo, en el que las conductas dentro y fuera de la cama están siendo motivo de saludables reflexiones y críticas, por ejemplo, respecto al amor romántico, la idea de pareja complementaria, de "media naranja", de actividad y pasividad, de dominación y sumisión típicas del patriarcado, hoy se encuentran bajo la lupa del rechazo. Sumado a esto, tenemos que agregar los cambios en los roles de género: sumisión y maternidad en las mujeres, dominación y fuerza viril en los hombres, vieja masculinidad versus nueva masculinidad, empoderamiento y autonomía femenina, fluidez sexual y relaciones que cuestionan la monogamia, etc. Sin embargo, no todo sale del *clóset* con la debida rapidez, estas son movidas que requieren decisión y tiempo para ser vistas como opciones generales. Siguen existiendo prerrogativas para los hombres heterosexuales en desmedro de la mujer: la iniciativa la debe tomar el hombre, la mujer debe ser atractiva, cumplir con la maternidad, ser la responsable de la crianza de los hijos, tener menor salario y menor cupo laboral que los hombres, etc. En otros casos, estas prerrogativas de la masculinidad salen a la luz en muchas situaciones críticas: separaciones controvertidas (con demandas económicas poco equitativas), abuso y violencia de género, control y posesión, etc. No quiero ser injusto con los hombres, ya que muchos de ellos sufren también abuso y violencia laboral y de pareja; agrego a lo anterior que mantener ese rol fijo de masculinidad recalcitrante suele ser una presión para muchos hombres que quisieran sentirse más relajados, mejor dispuestos al encuentro amoroso y erótico, o bien, hacer actividades que estén fuera de lo esperable para su rol de "macho". No obstante, estas rigideces están encontrando nuevas formas de renovación o de cambio sustanciales. Con mucho esfuerzo, las puertas de la heteronormatividad se van abriendo. Ante esta situación, están los que rechazan cualquier movida, otros curiosean con la puerta entreabierta mirando como otros disfrutan, y están los que se animan a la aventura. Esto no quiere decir que los heterosexuales no se hayan animado antes a salir de la moral y las buenas costumbres. Lo han hecho (y lo siguen haciendo), y mucho. El tema es visibilizar las conductas que resultan reprobables para la sociedad pacata. Decir, hacer, plantear sin miedo. Dejar el ocultamiento, la mentira, la marginalidad.

Diferencias entre sexo y sexualidad

Los adultos se centran en el sexo como si este fuera un objeto que necesita moldearse a ciertas pautas conocidas. El discurso adulto se disocia a la manera cartesiana: sexo es cuerpo y necesita de la mente (léase: racionalidad) para ser controlado. Pareciera que el sexo prescindiera de toda singularidad, como si una ley general abarcara toda la experiencia y existiera un estatuto que regula lo que se puede y lo que no. En un principio, la regulación de la actividad sexual no comprendía el placer como meta, era la procreación la medida de los encuentros, y en todo coito mediaban leyes biológicas que servían de sustento obligado a las leyes morales. El placer estuvo siempre ligado a la marginalidad de los burdeles, a la vida disoluta, fuera de la ley (léase en sentido real y simbólico). Las religiones se apropiaron del placer normativo con el argumento arcaico de la procreación y la autorización divina de las uniones. Recién en esa instancia, las parejas podían unirse sin la carga de que fuera pecado lo que hacían. Las religiones aliadas a los sistemas de control se apropiaron del fuego del placer con el fin de regular su acción (léase dentro de las leyes del matrimonio). El cuerpo físico pasó a ser un territorio con desvíos vedados al conocimiento, zonas oscuras cerradas a la libre circulación del placer. La desnudez pura de los genitales pasó a cubrirse con el ropaje de la vergüenza, y sólo la ley podía despojarla de la deshonra. Como un proceso casi natural, incorporado al desarrollo madurativo, los niños aprenden que esas zonas representan algo diferente, que no se pueden mostrar, tocar o hablar de ellas. ¿Cómo es que un niño o una niña de 3 años sabe que eso que toca o que mira es algo extraño, que no sabe bien qué representa, pero ya tiene una carga de prohibición? Antes de la palabra o el conocimiento de lo que se ve y se siente, se internaliza la prohibición: el cuerpo tiene partes que son vedadas; tocarlas o nombrarlas provoca la reprimenda de los adultos. En el desarrollo de las funciones psíquicas, el lenguaje precede al pensamiento, se aprende a decir sin saber qué se dice, sin tener el más mínimo conocimiento. Y algunas palabras que aluden a lo genital están sujetas al humor (en el mejor de los casos), pero también al grito o la prohibición que reprime y neutraliza la palabra. Esa interdicción se imprime como una verdad indiscutible. La cognición, o el conocer, es una función psíquica que está íntimamente ligada a la función del objeto que se conoce. Si conozco mis genitales... ¿por qué no puedo conocer para qué se "usan"? ¿qué función cumplen en mi cuerpo físico y psíquico? ¿qué es lo íntimo, lo privado, lo que puedo nombrar sin vergüenza y es parte constitutiva de mi ser? Y ni siquiera la fisiología puede dar explicaciones por sí sola: es una parte, pero no el todo. Existe un saber físico, pero no se llega a entender qué sucede con lo que siento en esa parte del cuerpo, léase deseo, excitación, sensibilidad de esas "partes" al tacto, al frotamiento. Las explicaciones vendrán después... ¿vendrán? Algunos padres asumirán que la profundidad del tema amerita tiempo y un momento apropiado para hablar: otros (y son muchos) dejarán los argumentos para después, o delegarán el tema a alguien con más sapiencia (generalmente del mismo género) o para que aprendan de sus pares, de los psicólogos, o de los medios de comunicación que también informan sobre temas sexuales. Sin embargo, esta conducta del padre o madre que delega no es tan permisiva con la escuela como con otros espacios, es como si esta asumiera una función inescrupulosa, abriendo la cabeza de los jóvenes a una sexualidad sin prejuicios, pasible de desviar las orientaciones y los géneros. El rechazo a la ESI (programa de Educación Sexual Integral) evidencia un grado de ignorancia brutal, impidiendo que los jóvenes puedan conocer y conocerse, compartiendo con sus pares las dudas, las expectativas, aprendiendo a cuidarse y a cuidar a los demás. Por eso es tan importante la educación sexual desde etapas muy tempranas. Nos hemos acostumbrado a recibir información acotada, censurada, errónea, transmitida de generación en generación como verdades indiscutibles, nunca sometidas a la pregunta reflexiva. La educación no es sólo para los jóvenes, debe incluir a los adultos, a los padres y madres; son ellos los que deben experimentar una sexualidad más libre para poder transmitirla sin tapujos ni prejuicios.

Como decía antes, el sexo está comprendido dentro de una instancia mayor llamada sexualidad. Somos sujetos que deseamos, dejando atrás los instintos y las pulsiones para ingresar en el orden del deseo como fuerza exclusivamente humana. El deseo es la argamasa que une las diferentes partes de la sexualidad y se proyecta en la vida de relación. Sin deseo, seríamos presa de fuerzas instintivas que actuarían dirigiendo el organismo hacia la búsqueda de un objetivo predeterminado por la especie. El sexo instintivo es fisiológico, mediado por la genética y determinado por la información animal y de especie. El deseo es el resultado de la maduración subjetiva y, como tal, está atravesado por el influjo del medio circundante. Aun así, esta fuerza interna es tan personal que arraiga en la personalidad misma, por lo tanto, se construye, configura y modela dentro del campo de la subjetividad. La sexualidad es identidad por estar dentro de este marco de conocimiento de lo propio, sólo que no son datos rígidos, como podrían considerarse los datos biográficos, sino partes móviles que están sometidas a los cambios en las diferentes etapas del desarrollo, a los dispositivos culturales, morales, éticos, a la permisividad social. La sexualidad interacciona con el medio circundante, a veces con la timidez o la mesura que impone el pudor o el miedo; otras veces es una turba que sale a defender sus derechos ante la imposición de normativas. Este aspecto político es también un ejercicio de la sexualidad; luchar por los derechos, prestar atención a la represión o a la crítica de lo conseguido. El sexo y la sexualidad seguirán siendo un hecho político, no por el contrato inamovible de lo biológico o natural, sino por la fuerza que le imprime el deseo al apropiarse de una subjetividad despojada, vedada, sufriente, que no quiere seguir al margen de lo considerado normal. La sexualidad debe ser la línea directriz de las acciones siempre actualizadas, y, como tal, debe estar regida por leyes cambiantes que no se liguen a categorías rígidas y no provoquen sufrimiento. La sexualidad es expansión y libertad. Las normativas parecen malas palabras por la costumbre de la reprimenda que significan, sin embargo, toda norma organiza un cuerpo de configuraciones que para ser tales precisan de algún vector que ordene las piezas. Los vectores que rigen el vasto campo de la sexualidad son: la singularidad, es decir que cada expresión sexual es propia, inigualable; el deseo, que la orienta y expresa; la diversidad, que le brinda dinámica; la manifestación de la capacidad humana de estar con otro/as y organizar un proyecto de vida; las emociones y afectos, que dan sostén a las propias acciones y a las que se dirigen a los otros; la identidad de género, como categoría móvil; las diferentes maneras de manifestar en acciones la representación del ser sexual; la coherencia entre el deseo y la manifestación del mismo. Sexualidad es identidad y, como tal, está inserta en el mundo propio cambiante. Entre el sexo y la sexualidad debe existir una interacción ecuánime, lo más pareja posible. Sé que puede resultar difícil, y esta afirmación debería leerse como un fuerte deseo, pero el movimiento rige a los cuerpos sexualizados cuya aventura seguirá siendo un misterio, porque en el misterio mismo está la riqueza del desarrollo. El saber sobre nosotros mismos no tiene fin, como tampoco se estanca en las tendencias o movidas sociales. Cada año, cada década, cada siglo trae consigo un bagaje de sucesos, de formas de pensar y de actuar que ponen en evidencia el constante cambio al que nos vemos sometidos y quizá no nos damos cuenta de cómo el vértigo se imprime en un sinnúmero de experiencias. Por lo tanto, y para sintetizar la idea: el sexo está incluido dentro de una experiencia más amplia que lo contiene: la sexualidad. Sexualidad es un todo: deseos, placer, identidad, libertad, pensamientos, estima, autoimagen, seducción, amor, respeto al otro, proyecto de vida amorosa, etc. La sexualidad no aparece en forma mágica, requiere desarrollo, maduración, pensamiento, apertura, información, libertad, ganas de aventurarnos en un sinfín de experiencias. Y cada uno las vivirá a su manera.

El *clóset* heterosexual

Desde siempre, la sexualidad no procreativa, ansiosa por descubrir el placer por el placer mismo, ha sido una amenaza para las sociedades y se ha mantenido dentro del *clóset* heterosexual. A los hombres se les permitió fisgonear fuera de su propio armario buscando refuerzos para sus atributos viriles. Aunque se mire a un costado para no ver la transgresión a las normas, la masculinidad ha encontrado hendiduras en su *clóset* para salir a buscar otros cuerpos del sexo opuesto, del mismo sexo o de ambos, para poner a prueba sus atributos de conquista y su rendimiento sexual. El ejercicio de estos hombres es adquirir ganancias, es decir, refuerzo viril. Si bien el efecto de la sexualidad sobre la estima es muy importante, lo es más sobre la virilidad. Desde niños se les enseña a ser "machos", a defenderse frente a cualquier ataque que intente ofender su masculinidad. Con solo oír los insultos "puto", "flojo", "poco hombre", "impotente", y ver sus reacciones, nos damos cuenta de que esta ofensa apunta más allá de la mera provocación. Se dirige a la hombría, a la cual hay que defender de las amenazas. Esto mismo sucede cuando el hombre no se siente seguro y duda de su *performance* sexual: vive la situación como una amenaza. La mayoría de los varones con pérdida de la erección se preocupan en demasía, viven el encuentro como un examen, como una amenaza a su potencia viril. Esta carga es un peso inmenso que los hombres arrastran desde hace siglos, desde la construcción misma del rol masculino, como si aún siguieran siendo los proveedores de alimentos, de seguridad y de placer para sus mujeres. En sus cabezas aún está impresa la relación entre complacer a las damas y la estima personal, como si ellas dependieran de sus saberes sexuales para tener orgasmos. Es más, hay que sumar la potencia viril representada no sólo por la erección, sino, y fundamentalmente, por la penetración. Los hombres subestiman el juego previo y todas aquellas acciones eróticas que no sean la penetración. Si no penetra, el varón siente que no hubo sexo, que fue sólo un "tocarse y acabar" y que seguramente ella no quedó "satisfecha". Este valor superlativo que el hombre le da a su pene erecto se extiende a las mujeres que piden ser penetradas, y, como ellos, exigen que el sexo sea completo. Ellas también se plantan pidiendo, exigiendo que el hombre las complazca.

La virilidad como sustento

La virilidad es tan vieja como la conciencia humana. El accionar del hombre primitivo estaba dirigido a controlar el medio adverso. Hombre y ambiente conformaban un todo sólido. Su sistema nervioso lo preparaba para estar alerta a las acechanzas del entorno, a advertir peligros, a la caza y a la conservación de la especie. El comportamiento de los machos humanos no difería de otros mamíferos. La naturaleza preparó sus cuerpos para conductas de supervivencia, requiriendo para ello de músculos tonificados, mirada aguzada, detección del objeto (visión en tubo), explosiones de ira, impulsos y defensa de su propiedad (la propia vida, el producto de la caza, la mujer, la cría). Es posible que la naturaleza (genes y disposiciones corporales) haya sido la única regente de estas conductas de los machos, sin existir aún una mente amplia que pudiera incluir otras simbolizaciones que no fuesen las ligadas a estas acciones básicas de supervivencia. En esos tiempos pretéritos, la "mente" no era más que un depósito básico de representaciones del medio circundante (aún no existía la noción de amplitud, de territorio) y de todo aquello que ocupaba ese micromundo, que para el sujeto era su único mundo. El modo de unión sexual era procreativo y seguramente carecía de todo contacto que no fuera la penetración. Si la cabeza del macho *sapiens* sólo le informaba de objetos del medio para la subsistencia, esa misma evaluación habría de hacer del sujeto hembra. Además, las hembras como objetos de esta conquista bárbara pasaban a ser presas de la acción de los machos. El sentido de pertenencia de la hembra precedió a los sentimientos de amor. El amor posesivo se configuró como uno de los primeros sentimientos que unieron al macho con la hembra. La necesidad de control del cuerpo femenino fue en defensa de su progenitura, pero, sobre todo, afianzó su sentir de macho. El macho tenía que probarse con otros, medir su poder, lo cual favoreció a crear jerarquías de masculinidad. La fuerza muscular, las emociones furiosas y la dirección prospectiva del macho *sapiens* posiblemente fueron los aspectos constitutivos de la incipiente virilidad. La vida nómade permitió descubrir otras tierras; la amplitud del espacio que se abría con nuevos horizontes provocó un cambio en las acciones necesarias para la adaptación. En estos albores de la humanidad era imposible separar el medio de la conducta humana, tanto en los machos como en las hembras. A propósito de lo anterior, pienso si en estos tiempos que vivimos con tanta influencia externa no estaremos reproduciendo ese esquema arcaico de estímulo/respuesta. ¿Será este uno de los motivos que expliquen el regreso al pensamiento concreto, a la irracionalidad de los impulsos en detrimento de la reflexión, de esa holgura para pensar antes de decidirnos a hacer? Quizá esto explique la ambivalencia amor/odio que signa las relaciones afectivas interpersonales.

La feminidad como sustento de especie

Si los hombres luchan por defender la virilidad ¿qué hacen las mujeres con la feminidad? Esta construcción subjetiva, con fuerte influencia cultural y religiosa, tuvo como consecuencia la creación de roles fijos, inamovibles durante siglos y que aún podemos observar a nuestro alrededor, y mucho más en algunas sociedades que consideran a la mujer en un segundo o tercer orden. Las mujeres procreaban, se ocupaban del hogar, de la prole y debían obedecer los mandatos masculinos. Si bien la organización y la administración del hogar era su fuerte y su dominio, su persona pertenecía al amo de la casa. La feminidad quedó relegada a esas pocas funciones y del ejercicio de las mismas las mujeres llenaron su estima. Ser buena madre, abnegada, buena esposa, educadora y administradora eficiente del dinero y de la circulación afectiva fueron dones bien atribuidos por su quehacer doméstico. En este encierro las mujeres pasaban sus días, sin saber, o apenas atisbar, que en algún momento otras levantarían la voz contra tanta desigualdad. Muchas sufrían y sufren, muchas reprimieron y negaron sus deseos por cumplir con lo que se esperaba de ellas. Se dieron cuenta de que los roles asignados caducan en algún momento, cuando sus funciones dentro del hogar ya no son tan necesarias y los hijos prescinden de sus atenciones por el simple hecho de que son adultos y necesitan hacer sus vidas. Las mujeres dependientes de esa forma de vivir sufren por el nido vacío, pero más sufren cuando se dan cuenta de que durante muchos años fueron complacientes a los deseos de una sociedad que las recluyó entre cuatro paredes con la ilusión de que la felicidad se trataba de eso.

La construcción del espacio propio

La domesticación de los impulsos primarios comenzó con el cambio de la vida errante a la sedentaria, lo cual hizo que las personas se establecieran en sitios fijos donde podían criar a sus hijos y extender su mundo de relaciones hacia otros grupos. El cuerpo nómade, muy atento a las contingencias que a cada momento le imponía la realidad objetiva cambiante, al convertirse al sedentarismo adaptó la atención en dos direcciones: hacia el medio inmediato circundante y hacia sí mismo. Un nuevo paradigma se abría en la vida de nuestros ancestros: el conocimiento de ellos mismos y, por ende, de los otros. En esta nueva configuración intra e intersubjetiva se fueron fundando relaciones sociales más profundas que las dominadas por los instintos. La maduración del Sistema Nervioso Central y la apertura de redes neuronales inactivas hasta el momento fueron cruciales para la inscripción de nuevas representaciones mentales. Así, junto a las simbolizaciones de la vida sedentaria se fueron agregando otras, completando un panorama diferente de la vida humana. El sentido de pareja, hijos, parientes, reforzó los vínculos sociales con un contenido afectivo que antes no existía. El control y la posesión del otro se inscribe como regla parental: cuidado, protección, propiedad, que se extiende además hacia el grupo de pertenencia.

La construcción del imperativo heterosexual

Existen múltiples niveles que, a la manera de capas superpuestas por el tiempo y el pensamiento, han ido construyendo
los cimientos de la subjetividad social. Seguramente no somos
como nuestros ancestros, nos diferencian las maneras de pensar la vida y el entorno, más allá de los cambios que identifican
a cada uno de los tiempos pasados. Sin embargo, la normatividad heterosexual ha perdurado durante siglos no sólo por la
biología, que es su ley fundamental, sino por la alianza con los
sistemas de organización y control social. Persisten valores, conciencia moral, códigos entre pares, normas para la supervivencia e interacción dentro del marco social, etc. y, por supuesto,
las normas se hacen extensivas a la orientación sexual. Durante
siglos el modelo predominante mantuvo la rígida coherencia
entre el sexo, el género, la orientación y los comportamientos
que devienen de ese orden. Se esperaba que una mujer, además de su sexo biológico, respondiera con suficiencia siendo
una dama, madre de familia, buena esposa (condescendiente)
y abocada a las tareas del hogar. Un hombre, por tanto, tenía
que hacer lo suyo: señor, caballero, proveedor; guiando desde
su sitial de cabecera de la mesa los destinos de la familia. En
este contexto, la vida cotidiana estaba regida por la ley del
hombre como macho, patriarca, dador de la manutención, con
el deber de transmitir la tradición marcada a fuego como leyes bíblicas. El orden social se instala por fuerza natural y se
internaliza en la subjetividad sin cuestionamientos. Animarse
a cuestionar significaba el escarnio, el castigo, la exclusión, la
marginalidad. De esta manera, los imperativos de género su-
maron otros aspectos a su cerrado *clóset*: las diferencias por
clase social, raza, etnia, salud mental y moralidad. La "naturaleza morbosa" de los descarriados era la causa única del des-
orden, el impulso animal no resuelto por la moral y las buenas
costumbres; fuerza innata "mal nacida", animal, punible por
la sanción social y moral de los "bien nacidos". Si en tiempos
pasados el control estaba determinado por el poder del más

fuerte (la naturaleza bárbara y dominante), la creación de las normas sociales que sucedieron luego fueron rígidas medidas de control, el germen de un sistema biopolítico que comenzó a atravesar los cuerpos y las identidades. La impronta social y cultural es un delicado influjo de medidas restrictivas sobre la naturaleza divergente. Hubo que reprimir con medidas normativas la diversidad de conductas humanas en todos los órdenes, mucho más las sexuales. La puja entre sentimientos o deseos opuestos obligaba a resolver a favor del supuesto orden social. Así, el odio por la injusticia, la rebeldía, la tristeza, la introversión, la excentricidad, el miedo, la autonomía (vedada en las mujeres), la concupiscencia, la irracionalidad, los placeres de la carne, debían quedar fuera de las identidades, por lo menos de las que quisieran ser "personas respetables". El concepto de marginalidad se instala en la subjetividad social no sólo para nombrar la conducta delictiva, sino para todo aquello que fuera considerado fuera de la norma. La "normalidad" como un estatuto estadístico (de la mayoría) se instaló rápidamente y persiste hasta nuestros días. Cuántas veces escuchamos decir: "la normalidad es lo que hace la mayoría", "por suerte mi hijo no me salió chorro, ni falopero... ¡ni puto!". Faltó decir "pobre". La pobreza queda en el límite de esta tríada morbosa, pero se instala dentro de un limbo de desconfianza y descreimiento de las capacidades de superación: "el que nace pobre, muere pobre", se escucha decir, "son unos vagos, viven de planes sociales". La misma vara que mide el grado de responsabilidad y eficacia (léase en sentido de productividad) del sujeto como parte del engranaje social, también mide el comportamiento sexual. Estar dentro del sistema supone contribuir al mismo retribuyendo con creces lo que el mismo sistema le da: educación, seguridad, moral, felicidad y resolución de inquietudes existenciales. Se espera que la obediencia casi disciplinaria evite el contacto personal con sentimientos de vacío que podrían desorganizar la frágil organización interna. Hay que mirar con anteojeras, como los caballos, sólo para adelante y producir; nada de reflexionar, ni aprender, ni cuestionar.

¿Orientación sexual o social?

La orientación sexual queda inmersa en esta trama de influencias en las que el poder cultural es juez y parte. La heterosexualidad se define entonces como un deseo que orienta al sujeto hacia el sexo opuesto (amor, devenir futuro, proyectos, sexualidad) y por su naturaleza biológica se supone que no requiere ningún tipo de cuestionamiento ni de reflexión. Es así por orden natural y divino. Sin embargo, esta fuerza no es pura, recibe tantas representaciones sociales que es casi imposible apartar de ella los significantes agregados. Si la heteronormatividad se impone, no sólo es por la mera orientación sexual, sino por todo lo que se construye alrededor en términos de productividad social y cultural. No seamos inocentes, hoy en día el discurso de que es necesario sostener la procreación dentro de un marco de familia heterosexual y de que el núcleo familiar conlleva un sinnúmero de beneficios de orden social, pero no personal, todavía tiene muchos seguidores. Y a pesar de las nuevas corrientes de pensamiento y de deconstrucción de las normativas de género, las formas más ortodoxas de configuración familiar ofrecen sólidas resistencias. Las nuevas familias homo, trans, monoparentales son vistas con ojos llenos de suspicacia. Los heterosexuales (y también algunos homosexuales prejuiciosos) se preguntan por la salud mental de los hijos como si los nacidos de una familia heterosexual tuvieran garantía de salubridad. Están moldeados por la creencia de que las funciones de parentalidad (léase: madre/padre) deben estar presentes, como si el rol paterno o el materno superara toda interacción afectiva. El rol parece ser más importante que la contención y la seguridad emocional que se les debe brindar a nuestros pequeños. El fantasma de que los hijos de familias homoparentales se convertirán en el futuro en homosexuales es prejuicioso y falso. Es como decir que los hijos de padres y madres heterosexuales necesariamente lo serán... ¿de dónde surgen los homosexuales entonces? ¿De un huevo o cigoto, de una manzana, o los trae una cigüeña vestida de colores neutros? No es así, la sexualidad es un bello misterio que se construye en los primeros años y no depende sólo del tipo de interacción que los bebés e infantes hayan tenido con las personas criterio; depende de un sinnúmero de factores confluyentes. Siempre se busca la "causa" de la homosexualidad, de los géneros fluidos, de la identidad de género trans, pero pocos se preguntan por los factores que intervienen para que una persona sea heterosexual: se da por sentado que así debe ser por mera afirmación de la naturaleza de los cuerpos. Ni una madre sobreprotectora ni un padre ausente o, por el contrario, un padre dominante y una madre sumisa "fabrican" hijos con orientaciones "desviadas". Cuando uno escucha las preguntas de la gente al respecto se tiene la idea de que las configuraciones familiares son como máquinas programadas para producir hijos formateados y que cualquier contingencia en contra es culpa del mismo producto que desoyó las órdenes o cayó bajo el influjo de una sociedad que degenera o pervierte. La creencia de que esos hijos sufrirán o no tendrán las mismas oportunidades que otros también es motivo de preocupación y reproches en estos padres. La posibilidad de formar familias homoparentales trae algún alivio, no por la familia en sí, sino por la continuidad familiar que representa la llegada de los hijos. He asistido a madres y padres de mujeres y hombres homosexuales, sumamente angustiados por una verdad que ya no se puede ocultar, que se calman y disfrutan con la llegada de los nietos. Pareciera que más que la felicidad de los hijos les preocupara la persistencia de la especie con los consiguientes roles: ser padres, madres, abuelos, tíos, etc.

Las personas siguen sufriendo mucho más que antes por las demandas externas. Se hace más urgente y necesario ingresar a los sistemas de éxito social para no quedar desplazado. Se exige mucho más de lo que los sistemas psíquicos pueden tolerar. El control es más riguroso con la heterosexualidad e impone más exigencias para que se sostenga como la orientación imperante. Así como el feminismo cuestiona el género encorsetado de las damas y el dominio del patriarcado, también obliga a los hombres a repensar la masculinidad. Esta dinámica necesaria tiene sus detractores que, como siempre, aguardan acechando entre las sombras. No podemos decir que sólo las religiones velan por sostener la tradición signada por la naturaleza, como si los mismos preceptos bíblicos surgieran de ella. Multiplicidad de acciones que nacen de políticas sobre los cuerpos e identidades construyen representaciones sociales. Las acciones de gobiernos, el capitalismo, la derecha, la izquierda ortodoxa, los medios de comunicación, las tradiciones, los sistemas de poder, encuentran en el lenguaje y en la visibilidad emergente la forma de entrar en el territorio personal. ¿Qué queda entonces de nosotros bajo esa invasión flagrante de discursos, de imágenes, de objetos, de letras, directivas, gritos y recompensas que premian la domesticidad?

La vida es cada vez más compleja, sobre todo en los medios urbanos, donde la simultaneidad de estímulos exige respuestas inmediatas. Poco queda para poder pensar en nuestras aspiraciones más sinceras y quizá la vida pase sin ningún tipo de introspección ni repliegue reflexivo. Si el contexto en el cual la heterosexualidad desarrolla su quehacer no da lugar a deliberaciones existenciales, es muy posible que el sujeto prosiga su devenir con un esquema estereotipado de respuestas. Si bien otras orientaciones sexuales cumplen también con lineamientos burgueses de vida, el hecho de expresar su deseo en forma congruente les confiere cierto dejo de transgresión. La dinámica de las relaciones homosexuales aún mantiene, como en décadas pasadas, la necesidad de visualización y ganancia de derechos, sin embargo, esa visibilidad tuvo que negociar con pautas de la heteronormatividad para ser más aceptada. Si en el imaginario social las conductas homosexuales se piensan como émulos o imitaciones de las heterosexuales (¿quién hace de mujer?, ¿quién será el activo o el pasivo?, ¿quién penetra a quién?, ¿entre mujeres necesitan un consolador?) las conformaciones de uniones y familias homoparentales terminan de armar esa imagen cercana a lo que entendemos como modelo de familia burguesa. Es más, las empresas (siempre alertas a encontrar nichos de consumidores) estudian el modo de vida homosexual para ofrecer sus productos en un intercambio capitalista de intereses. Muchas parejas homosexuales se aburguesan (grupos ABC1 para el mercado), "dan de comer" a sus propios verdugos, aquellos que por décadas los han hostigado, humillado y siguen haciéndolo con la clásica mentira de la aceptación y la tolerancia. Y, es más, se ríen en la cara de los que lucharon por las libertades individuales y llevaron la bandera multicolor del orgullo frente a matones uniformados, "los machos" de la policía, el ejército y los grupos de corrección religiosa. Si en este mundo sigue habiendo mucha tela para cortar, es por la barbarie de las guerras, de la exclusión, la discriminación, la inequidad y la opresión. La historia deja mucho que desear a la hora de evaluar los comportamientos humanos. Son tantas las historias de muertes, discriminación y violencia que reducen a una línea delgada el discurso del amor y las buenas acciones. No obstante, la empatía hacia lo diferente no debería ser sólo un acto altruista; debería ser motivo de cambio de la propia vida para la aceptación de los propios deseos. Ambas orientaciones: heterosexualidad/homosexualidad dejan sus lechos estancos y se sumergen en destinos varios. Las dos discurren paralelas, se tocan, se separan, se nutren entre sí. Los comportamientos variables entran en interacción armando una extraña mixtura de conductas en las que uno saca del otro lo mejor para su desarrollo y viceversa. Y si cada uno se nutre, también lo hará el sistema social que espera y especula sacar siempre la mejor tajada. La heterosexualidad precisa una cuota de libertad, de rebeldía frente a la domesticidad, y la homosexualidad adquiere derechos hasta hace unos años patrimonio de la heterosexualidad y una forma de vida más cercana a la familia clásica.

La nueva masculinidad llegó para quedarse

Aunque los hombres tardaron más que las mujeres en producir cambios en sus patrones de género, los avances logrados hasta el momento son irreversibles. Creo firmemente que no es posible volver atrás, por el simple hecho de que la fuerza vital que nos mueve como humanos tiende al desarrollo y la actualización de potencialidades. El desarrollo como seres vivos no compete sólo al cuerpo o al mundo físico, sino que abarca las capacidades de aprendizaje, de ampliación del pensamiento, del mundo emocional y la defensa de valores preciados, como el respeto por la vida y la libertad. Si nos atenemos a los patrones de género, tenemos que reconocer que la lucha de las mujeres por su autonomía provocó necesariamente cambios en los roles masculinos. Los hombres se han visto compelidos a mirarse a ellos mismos con el permiso y la libertad para cuestionar, transgredir, romper y cambiar concepciones que estaban arraigadas en la masculinidad. Creo que los cambios futuros no deberían ceñirse a cuestiones sólo de género. Se exige un compromiso personal que nos agrupe en una causa común; estamos obligados a mejorarnos como personas para que nazca una vida más plena con el otro y con el entorno. Para ello es necesario intervenir sobre nosotros mismos, generarnos un pensamiento crítico que nos convoque la verdad de nuestra existencia y, aunque nos pese, partir de ella para poder cambiar. De una vez por todas tenemos que asumir el compromiso de que ser humanos no es condición pasiva, requiere del desarrollo de la actividad cognoscitiva que le da sentido a la existencia: el pensamiento libre. Sólo a partir de este reconocimiento, desde la más tierna infancia, será posible tener una vida mejor.

La movida viril se viene dando gradualmente, en interacción dinámica con los cambios sociales y con la fuerza de la rebelión juvenil, que actúa como contracultura con lo instituido. El rock, la moda unisex, la literatura, el cine, las redes sociales, los medios de comunicación, las escuelas, incentivan la gestación de un ciudadano diferente que desde la infancia comienza poco a poco a incorporar patrones nuevos. El mundo occidental tiene que modificar sus reglas para permitir el avance de los inmaduros, pero pujantes, modelos culturales. Sin darnos cuenta, los hombres actuales van dejando de lado las imágenes clásicas de la virilidad para dar paso a las nuevas. Incorporar representaciones culturales de masculinidad no significa abandonar las otras, que van a seguir estando, en mayor o en menor medida, para recordar que siguen siendo hombres. Es cuestión de ampliar y no de limitar el mundo subjetivo. Los hombres nuevos adoptan el cuidado personal, amplían los roles, juegan con aspectos feminoides, defienden sus espacios personales; usan argumentos basados en el deseo y no en la imposición. Los machos de antaño necesitan modificar creencias y conductas naturalizadas, por lo tanto, nunca cuestionadas. Los piropos, los chistes, el contacto con el cuerpo de una mujer, la falta de respeto, la soberbia, la creencia de la supremacía masculina, la mentira justificada, el abuso y la violencia, son algunas de las formas cuestionadas y sancionadas.

Nueva feminidad y dinámicas del género femenino

El género femenino está en constante cambio. Si bien las primeras luchas de las mujeres estuvieron basadas en equiparar derechos con los hombres; para citar algunos ejemplos: el sufragio, leyes de protección, puestos de trabajo, salarios dignos, etc., los avances se siguen dando sin pausa. No es cuestión de olvidar que aún persisten injusticias en temas laborales y mucho más aún en el respeto y la valoración de sus libertades. La violencia contra las mujeres es una constante que se repite día a día. Los medios de comunicación abundan en crímenes, desapariciones, abusos y otras formas graves de degradación de la mujer. Pero, además, se asiste a tantas otras formas flagrantes que parece que la lista no tuviera fin. A medida que se descubren las capas del modelo patriarcal es posible asistir a un sinnúmero de acciones que no dejan de ser violentas, presentadas con una apariencia de aceptación social. Hasta hace poco tiempo, el famoso "piropo" era una conducta no cuestionada, aunque estuviera cargado de un contenido soez y denigrante. A lo sumo, la mujer podía responder con indiferencia, y las más atrevidas con alguna puteada. Sin embargo, recién en el último lustro se rechaza la intromisión violenta sobre el cuerpo y las emociones desagradables que provoca el mensaje en cuestión. La defensa de las mujeres a los embarazos, cuando el hombre no se quiere hacer cargo del mismo, o la decisión de abortar, muchas veces es vivida en soledad o en compañía de alguna amiga que ayuda y contiene. Los modelos de mujer que sustentan los medios de comunicación son otro ejemplo de acciones violentas que están naturalizadas socialmente. Las publicidades, salvo algunas excepciones, son una muestra cabal de cómo se construye subjetividad binaria, es decir: masculino/femenino y las diferencias en los roles. Las damas están en la cocina, en el baño, en el living, usando los productos de primeras marcas para que todos vean que son ellas las únicas encargadas de darle un sentido especial a la vida hogareña. Hasta las milanesas de soja preparadas por sus suaves manos tienen el poder de convencer a los hombres de sus bondades sobre la salud. Ellas son las que velan por la pulcritud, la alimentación, la crianza, y de ellas también depende la vida social. Recién en estos últimos años las publicidades presentan a hombres solos o cuidando a sus hijos sin la presencia de la mujer. En las reuniones grupales vemos cómo los hombres y las mujeres se separan, y cada uno reactiva un código de conexión que remite a modelos arcaicos. Los niños asisten a escuelas cuyos programas de enseñanza actuales no condicen con el respeto a la diversidad sexual; es más, muchos maestros son obligados a seguir las pautas de la institución y no pueden desviarse de ellas, a riesgo de perder el trabajo. Otros educadores actúan desde sus propios moldes aprendidos, sin reflexionar sobre lo transmitido. Para ellos es "la verdad" y no se aceptan discusiones. La gravedad de las conductas de *bullying* nos demuestra que los actos violentos están insertos en la trama de interacción social y que alguna medida hay que tomar. Existen tantos ejemplos de subestimación, humillación, discriminación y violencia en sus diferentes formas, que sería imposible nombrarlos y examinarlos todos. El abuso y muerte a diario de muchas mujeres está conformando una nueva ola del feminismo que obliga a tomar conciencia y a actuar en consecuencia por los daños que provoca el machismo. Las mujeres salen a la calle y claman por sus derechos y la defensa de sus pares humilladas, sometidas, ultrajadas y muertas. En términos de derechos, la libertad sobre sus cuerpos y la libre determinación de abortar sin sanción punitiva fue en nuestro país una de las metas logradas. Los pañuelos verdes que identificaban la lucha tuvieron la más férrea oposición de grupos religiosos o asociados al poder conservador que pretendía seguir imponiendo el poder con argumentos arcaicos, pero poderosos a la hora de convencer a sus fieles. Existen mujeres que abren caminos para beneficio de muchas, y otras tantas que lo cierran para mantener el orden vigente. La brecha se abre para ambos grupos, también están los hombres que se resisten a los cambios o no saben cómo actuar frente a la movida actual. Los estamentos tradicionales que configuraban el género femenino están siendo cuestionados y resquebrajados desde la estructura primigenia, mientras tanto, todavía falta que muchos hombres se decidan a reflexionar y a deconstruir la masculinidad. Existen muchas resistencias a los cambios, que provienen no sólo de los hombres, sino también de muchas mujeres ancladas en la ortodoxia recalcitrante, en un conservadurismo a veces glamoroso, otras veces con la corrección política que merece la apariencia, otras con una crudeza por demás notoria. Estas mujeres, que se amparan en la sumisión y en la defensa del modelo de familia patriarcal jamás podrán comprender al otro. Están centradas en su propio modelo narcisista, carente de toda empatía. Sólo ellas saben cómo transformar sus culpas, sus secretos conyugales, sus miserias más viles, en creencias que son aceptadas por sus conciencias. La famosa "corrección política" se expande a todo el conjunto de la sociedad como un modelo a seguir. El orden, la organización, el perfeccionismo, el disimulo por ocultar la envidia, el resentimiento, serán pautas muy valiosas, sobre todo para aquellos que quieran ocultar sus chanchullos bajo el orden instituido. La "doble moral" se impone como una verdad que abarca a la sociedad toda, y como cada acción pública se transmite hoy en día con la velocidad de un rayo, será difundida como la representación acertada, la que normativiza las conductas. Asistimos a una visibilidad de lo público que impone tendencias que se abren a la libertad, a la aceptación de la diversidad, a los nuevos roles sociales y sexuales. Sin embargo, el embate del orden moral hará lo suyo de la mano de los sistemas de poder.

Deconstruyendo para construir

Para las profundas modificaciones que sufren los géneros, las palabras deconstruir, revisar, cambiar, etc., son insuficientes porque no reflejan el espíritu movilizador. Deconstruir es refundar, ir hasta el tuétano de la cuestión y empezar a discutir las bases donde asientan los cimientos de los géneros. Si la biología fue la regente de las configuraciones arcaicas, hoy, en el siglo XXI, ya no lo es. El punto en cuestión es evaluar, estudiar, pensar cómo se fueron armando las diferentes capas superpuestas de los géneros, aquellas que nos hacen ser y actuar reproduciendo conductas aprendidas. Ahora bien, plantear desde las bases una reforma profunda implica valernos de nuevas representaciones y conductas resultantes, las cuales tendrán la propiedad de ser más flexibles que las anteriores. Cuando me preguntan adónde iremos a parar con estos cambios, que será de los vínculos y de estos jóvenes adultos que hoy son espectadores o protagonistas de estas buenas nuevas, respondo, tanto al interlocutor como a mí mismo, que no debemos tenerle miedo a lo que vendrá. Si tenemos en cuenta el pasado de la humanidad, las modificaciones estructurales de las sociedades son necesarias para seguir evolucionando. Queda esperar que sea para el bien de las personas, y no para seguir sometidos a leyes que condicionan la vida. Las mujeres están más alertas a las conductas de dominación y las nuevas generaciones en etapas de madurez fértil se preguntan si desean o no ser madres, y en caso de serlo, qué educación quieren para sus hijos. Las parejas ya no duran demasiado y pasar por rupturas amorosas supone un cambio de postura frente a las subsiguientes. Tanto mujeres como hombres gustan de la tranquilidad de estar solos, o bien en compañías que no supongan convivencia o compromisos demasiado formales. Las madres solteras o familias monoparentales prosperan y enfrentan a parte de la sociedad que aún las observa con prejuicio. Ni que hablar de las mujeres homosexuales que deciden ser madres por fertilización asistida, o los hombres que adoptan o tienen sus hijos por vientres subrogados, toda una gama de posibilidades que la ciencia brinda para estas nuevas expresiones de género. Deconstruir es una acción introspectiva que requiere de la toma de conciencia de la infinidad de pensamientos y comportamientos que conforman la masculinidad o la feminidad para provocar modificaciones en su estructura. En los hombres este proceso es más solitario, a lo sumo compartido con amigos o con otros que se reúnen en grupos para tal fin. Las mujeres, en cambio, han conformado un colectivo tan numeroso que, aunque existan muchas que no están integradas a la militancia, por lo menos tendrán la oportunidad de repensar sus posturas. Cada marcha de mujeres desborda de fuerza y de alegría de estar juntas. La resistencia, en cambio, sube a las redes fotos de las marchas donde se ven mujeres defecando en la puerta de la iglesia o bailando mostrando sus senos o sus curvas. "A mí esto no me representa", comentan. Sin embargo, unas pocas imágenes no simbolizan el espíritu de la marcha. Se quedan en lo osado de las fotos, pero no pueden ver más allá. Se asustan por unos senos al aire y no reparan en aquellas que día a día aparecen violadas o muertas. Sin duda, toda marcha o militancia tiene sus excesos, pasa en todos los órdenes. La violencia explícita o contenida de los grupos anti derechos no es tenida en cuenta porque condice con su pensamiento, y ni siquiera se evalúan como actos de un profundo odio. Las mujeres que llegan desangradas a las guardias por prácticas abortivas caseras o por la mala praxis de algún profesional que actúa desde la marginalidad; las nenas convertidas en madres por no poder abortar; la discriminación hacia la mujer pobre o de otra etnia; los prejuicios hacia las personas homosexuales y transgénero, la hipocresía con la que endulzan sus vidas, todo eso es violencia, aunque les pese.

Diversidad en la orientación sexual

La orientación sexual ha dejado de ser una condición rígida que dirige los cuerpos y la proyección amorosa hacia una única manera de amar o de expresar la sexualidad. La función sexual se abre a lo que ha sido siempre su esencia: la variabilidad en las elecciones sexuales y amorosas. Y así como en algunas personas la atracción y la posibilidad de pareja se instala en una sola orientación, en otros no existe tal constancia, abriéndose a una búsqueda hacia personas de otro y del mismo sexo/género, como ocurre en los sujetos bisexuales. También debemos incluir a las personas que no sienten atracción sexual, denominadas asexuales, y a los pansexuales, que son personas que están abiertas a relaciones homosexuales, heterosexuales y transgénero. Por lo tanto, la variabilidad en la orientación sexual comprende: heterosexuales, homosexuales, bisexuales, heteroflexibles, homoflexibles, asexuales, pansexuales y los que no se ubican en ninguna de las formas anteriores por la variabilidad de sus elecciones. Al abanico de las orientaciones se suman las identidades binarias (hombre/mujer/masculino/femenino), las identidades transgénero, transexuales, intersexuales, no conformes con su género, género fluido, *queer*, constituyendo un colectivo cada vez más amplio y con más presencia social.

Género y orientación sexual

La diferencia sexo/género poco a poco se instala en el conocimiento general e interroga y cuestiona la clásica dupla: varón/mujer; masculino/femenino. Cisgénero, transgénero, transexuales, intersexuales, disconformes con el género, andróginos, etc., son distintas maneras de sentir la identidad sexual sin estar condicionada por el sexo de nacimiento. Si hacemos el ejercicio de reflexionar qué nos hace hombres o mujeres más allá de la respuesta clásica asociada al cuerpo: "porque tenemos pene o vagina", encontraremos que, ante esa pregunta, nuestro mundo interno nos informa de pautas clásicas y otras no tanto en lo que atañe a la masculinidad o la feminidad. La identidad de género se refiere a ese sentir profundo, en el mejor de los casos, dinámico (sujeto a cambios sociales, culturales, modas, etc.). Como decía páginas atrás, la sexualidad, más allá de las categorías, será siempre una experiencia singular, única, personal. La identidad de género o género autopercibido se aleja del sexo biológico para inscribirse en un nivel superior de conocimiento de uno mismo. Sexo es biología, caracteres sexuales externos, aparato reproductor, función sexual genital, pero la sexualidad se abre al ser, al sujeto como ser personal y social.

Si el sexo biológico está de acuerdo con la identidad se denomina cisgénero, en cambio, si existe desacuerdo entre el sexo y la identidad sexual la denominación es transgénero; existiendo dentro de este modelo identitario diferentes expresiones, cada una con sus particularidades y potencialidades para subdividirse en formas nuevas. En síntesis, así como existen variedades de formas de orientación sexual, también existen múltiples maneras de registro identitario. Vale aclarar la diferencia entre género y orientación.

Género: es la identificación sexual interna, subjetiva, más allá del sexo biológico.

La orientación sexual: es la atracción hacia personas del mismo u otro sexo/género: heterosexualidad, homosexualidad, bisexualidad, asexualidad, pansexualidad, multisexualidad, etc. Una persona puede identificarse con un género y tener una o varias formas de orientación sexual. La orientación es la dirección que sigue el deseo movido por la atracción, las fantasías, la conquista, el amor y la vida erótica.

El armado del género va de la mano del desarrollo mismo de la personalidad, siendo esta un entramado de aspectos biológicos, culturales y sociales que van tejiendo gradualmente la trama con la que observamos al mundo y a nosotros mismos. La identidad de género se diferencia de otros aspectos identitarios por su flexibilidad para moldearse a los cambios que amplían o empobrecen las capacidades que asientan en cada uno. Sin embargo, existe una esencia que no se modifica y es aquella que define nuestra identidad más allá de cómo la expresamos. Esa esencia es sentida como lo propio, y cuando no condice con el cuerpo físico se intentará un acuerdo entre las partes mediante la transición hormonal, reasignación de sexo o bien se buscarán otras formas de acuerdo sin la intervención quirúrgica (adecuación hormonal, de vestuario, gestos, etc.).

El género, entonces, es un derivado de la esencia misma de la personalidad que se convierte en conocimiento de lo propio, lo que nos pertenece e identifica y, a través de él, reconocemos, sentimos, nos comportamos y establecemos relaciones interpersonales. La deconstrucción de la concepción binaria de los géneros (femenino y masculino) es, según mi opinión, el gran avance identitario del siglo XX, abriendo el camino para nuevas visibilidades de la sexualidad en general. Asimismo, esta movida ha provocado un reacomodo de los géneros clásicos que, a pesar de las resistencias, están gestando expresiones más libres. De eso se trata cuando me refiero a que la apertura del *clóset* no sólo abre sus puertas a la diversidad sexual, sino que por extensión se ve favorecida la heterosexualidad. Las puertas del armario dejaron pasar primero a las orientaciones homosexuales. No obstante, la apertura de las mismas no se dio de un momento para otro. No fue fácil resistir la multiplicidad de llaves que hacían fuerza para cerrarlas y en algunos casos sellarlas y que nunca más osaran abrirse. Los movimientos mundiales de liberación homosexual, la "loca" paseándose por la calle orgullosa de su identidad, fueron, en lo macro y en lo micro, expresiones de una identidad que merecía ser tenida en cuenta y luchaba (y aún lucha) por sus derechos. La "loca" fue ejemplo de la lucha y resistencia, cuerpo e identidad dolida por el desprecio y la represión. Y aunque parezca mentira, la lucha de las "locas" encontró resistencia entre los propios homosexuales, quienes no se sentían representados por esa figura "payasesca", "ridícula", que tras el desparpajo y la risa fácil ocultaba la sordidez y el dolor de la incomprensión. Al "puto" politizado, rebelde, pobre, se opusieron aquellos de traje y corbata, de remeras "Polo", que hablaban de viajes y una vida glamorosa. Putos y gays siguen siendo dos expresiones que representan a la homosexualidad masculina, ubicados como estereotipos opuestos. Aunque en la intimidad el comportamiento sea el mismo (el *glamour* suele quedar de lado por un sexo más salvaje, viril), en la calle, en los medios, en los trabajos y frente a los amigos, la corrección política es la que impera. Los gays crearon sus propios códigos de interacción en la vida social para diferenciarse de los putos afeminados y combativos, no obstante, dada su corrección burguesa, no movieron un dedo para comprometerse en las movidas políticas en pos de leyes que les den derechos postergados, por el contrario, se escondieron en sus casas, clubes y *shoppings*, para después hacer uso de los logros conseguidos por los "putos". Algo parecido sucede con el rechazo a las distintas oleadas feministas por parte de los grupos ortodoxos, que después hacen uso descaradamente de los resultados que las mujeres militantes consiguieron para el bien de todas. En fin, el interés personal siempre por encima del bien común. Así suceden las cosas en todas las comunidades. Unos trabajan, se exponen, militan, dejan su vida; y otros, sin reconocerlo, o con la misma concepción hipócrita, se valen de los logros conseguidos. La dimensión del comportamiento homosexual, tanto masculino como femenino, no sólo ha conseguido abrir las puertas del cerrado armario, sino que también ha empezado a mostrar que el comportamiento erótico difiere del heterosexual. Quizá este sea el aspecto más desconocido, dado que la forma de erotismo heterosexual (con algunas variantes) ha prevalecido como el modelo imperante. La heterosexualidad cuenta con una serie de conductas de iniciación y de recursos para el acto sexual que difieren en parte de las homosexuales. Es más, tendríamos que agregar ahora el erotismo trans, que también cuenta con sus maneras de vincularse dentro y fuera de la cama. Actualmente las orientaciones heterosexual y homosexual están aprendiendo a nutrirse mutuamente. Resulta paradójico decir que la heterosexualidad dominante ahora se vale de modelos eróticos y vida homosexuales para tener relaciones más autónomas y centradas en el placer. Así como las nuevas parentalidades, como familias con dos papás, dos mamás, dos mamás y un papá, etc., se valen de la construcción burguesa de la familia sostenida durante siglos por los baluartes de la heterosexualidad. Mixtura, integración, ruptura de modelos, creación de otros modos más móviles y mejor adaptados a este nuevo siglo... Las relaciones interpersonales están inmersas en infinidad de cambios que no desean ajustarse a las reglas conocidas. Existen nuevos códigos de interacción y la tecnología tiene mucho que ver en esto. Hoy en día, es imposible dejar de lado u omitir el influjo que tienen las redes sociales, así como cualquier forma de conexión virtual. Esto determina nuevos enlaces que sirven no sólo para el armado de uniones, sino para distribuir la información en forma global, una especie de expansión de tendencias que día a día nos sorprenden. Desde la década del sesenta la contracultura popular, el arte y los movimientos de liberación socavaron los cimientos de una sociedad que se jactaba de globalizar sus concepciones represivas sobre los cuerpos e ideologías. Los cambios no suceden porque sí, ni por relajamiento de los grupos conservadores, ni por la acción del tiempo que atempera los ánimos. Los cambios ocurren porque existen personas que visibilizan sus reclamos a través de la expresión de sus cuerpos, del grito, de la palabra escrita, de las *performances*, del arte en todas sus manifestaciones. Hoy, siglo XXI, el arte acompaña la salida del *clóset* de la sexualidad criticando el ideal capitalista de belleza, la homogeneización quirúrgica de los cuerpos, el capital erótico como sinónimo de éxito seguro, la identidad corpórea y la resistencia a la determinación sobre el cuerpo físico y emocional. En materia de líneas de pensamiento, la filosofía y fundamentalmente la sociología contemporánea enfocan sus investigaciones en los cambios socioculturales actuales, así como ponen de relieve las nuevas teorías sobre los géneros, cuerpos y sexualidades.

Capítulo 2

Eróticas

La erótica heterosexual

Penes y falos

Los determinantes biológicos, sociales y religiosos convirtieron durante muchos siglos al acto sexual en un mero encuentro para la procreación. Es más, todavía hoy, en el siglo XXI, tanto la Iglesia Católica como otras religiones promueven la abstinencia hasta el matrimonio e imponen formas rígidas para que el acto sexual quede comprendido bajo normas morales. La heterosexualidad y el patriarcado dominaron el panorama de la expresión de los géneros hasta que los movimientos de mujeres y las minorías sexuales cuestionaron con fuerza sus imperativos. Ellas empezaron a hablar, a debatir sobre los roles sociales y sexuales, aprendieron a reclamar y a pedir por su derecho a gozar. A partir de estas nuevas oleadas de liberación, la configuración de la erótica heterosexual se quedó sin argumentos para sostener sus prácticas. El hombre tuvo que aceptar que su compañera sexual había dejado de ser un objeto para sus prácticas ortodoxas. Ellas pedían cosas que ellos sólo hacían con las "putas". La madre de sus hijos se convirtió de golpe en un ser humano deseoso de probar y disfrutar el sexo.

La meta de la penetración o coito domina aún la representación y la acción sexual entre sujetos de diferente sexo. La cópula sigue siendo el encastre "natural", biológico, que pretende mantenerse como el objeto ideal, normativo del sexo. La falta de información, de reflexión y hasta de cuestionamiento sobre lo impuesto no deja que "penetren" datos reales que desplacen a los mitos existentes. Uno de estos sigue siendo el inexistente, sobrevaluado y famoso orgasmo vaginal, epítome de la madurez femenina que debe imponerse sobre la inmadurez virilizada del orgasmo obtenido por estimular el clítoris. Esta teoría que creció bajo el amparo del psicoanálisis aún está muy difundida y se convierte en el siguiente mito: "el orgasmo femenino es vaginal, el otro, el del clítoris, es resultado de un resabio del pene en la mujer, por lo tanto, está cargado de virilidad y de falta de desarrollo físico y psíquico femenino".

Tanto se ha creído en este mito, y se sigue creyendo, que muchas mujeres sufren, se sienten anorgásmicas o "falladas" porque nunca han obtenido un orgasmo vaginal. Aclaremos que desde hace más de cincuenta años se sabe que la vagina no está preparada para descargar orgasmos y que los "falsos" orgasmos vaginales no son otros que los detonados al estimular las raíces internas del clítoris, es decir, aquellas que están insertas en el interior de la vagina. Existen mujeres que llegan a tener orgasmos por penetración (si se estimulan estas raíces o extensiones del clítoris), otras que lo tienen por estimulación del clítoris y penetración, y existen aquellas que necesitan una estimulación en el clítoris cuando son penetradas porque la penetración por sí sola no provoca el orgasmo. Ninguna es patológica, son sólo maneras fisiológicas de obtener la respuesta orgásmica. Esto, que parece una explicación sencilla, no lo es a la hora de proponer cambios en la dinámica del encuentro: que la mujer no espere el famoso orgasmo vaginal, sino que, mientras es penetrada, ella misma o su pareja estimulen el clítoris para llegar al orgasmo. La resistencia a este cambio puede venir por ambos lados: el hombre cree que sólo con su pene erecto debe lograr la maravilla del orgasmo de su compañera (para incrementar su estima viril) y ella que cree que debe llegar sólo por las condiciones masculinas y que estimularse el clítoris es una muestra de la poca virilidad de él y/o de su incapacidad como mujer. En fin, cosas de las creencias erróneas y la omnipotencia humana. Por lo tanto, la virilidad no puede ser sólo buscada y sostenida por los mismos machos, también las hembras demandan ser penetradas como garantía de que el sexo será entonces completo. La idea de completitud sexual tiene consonancia con la de plenitud, no aceptando o desmereciendo otras maneras de llegar al orgasmo. Si bien ellas se sienten estimuladas por las caricias o el sexo oral, prefieren la dominancia del coito. Presión para los cuerpos de ambos géneros. Presión impuesta, imperativo de contacto y de éxito erótico. El pensamiento dicotómico atraviesa las valoraciones eróticas "está bien/está mal"; "placer/displacer"; "cumplir/faltar". La mente disocia en opuestos cuando el cuerpo obturado por el registro normativo no es obediente. A veces, en la práctica clínica hay que preguntar si existe placer cuando no existe coito, porque pareciera que el mismo sólo se nombra cuando la descarga orgásmica es producto de la penetración vaginal. Sin embargo, muchas de estas mujeres y hombres disfrutan de cada acción que no implique coito, pero "la cabeza" está atenta, esperando y guiando el pene hacia la complementariedad vaginal. El coito como manifestación biológica ligada con fuerza a la norma de la procreativa resuena con fuerza coherente en la subjetividad. Algo así como un ajuste, un encastre interno que determina la seguridad plena. Y si esas piezas que parecen encajar perfectamente en el imaginario refuerzan la estima personal se buscará reproducirlas, quizá sin variantes, para obtener el mismo resultado.

De pequeños a grandes penes

El tamaño del pene sigue siendo una preocupación mucho más imaginaria que real, ya que en la mayoría de los casos el tamaño objetivo se ubica dentro del promedio. A pesar de las explicaciones médicas, los hombres acomplejados por el tamaño del pene son proclives a realizarse tratamientos quirúrgicos que no solucionan para nada su problema, ya que la dimensión del pene está en su mente. Dejando de lado el pene pequeño, que hace muy difícil la penetración, el complejo por el tamaño del pene se ubica en el campo de lo psicológico más que de lo orgánico. Estos hombres sufrientes evitan las relaciones sexuales y viven obsesionados, comprometiendo su estado de ánimo y su vida en general. La idea que predomina es la del fracaso del coito y no desarrollan otras habilidades eróticas. En los consultorios sexológicos escuchamos el relato de estos hombres cerrados a encontrar otras estrategias de goce además de imaginar qué pensarán las mujeres cuando vean su pene "insuficiente". Romper con el mito de que el coito es el *summum* del placer es el primer paso para calmar sus ansiedades. Es condición terapéutica que la imagen que subestima sus dotes de amante por el tamaño de su pene cambie por otra que dé prioridad a todo el juego erótico y a la multiplicidad de acciones que se pueden desarrollar, además de centrarse en su propia imagen y dejar de lado el "qué estará pensando ella de mi pene". El complejo puede llegar al extremo de pensar que el pene es pequeño cuando está flácido, aunque luego, con la erección, alcance un tamaño promedio. En este caso el hombre se desviste y se oculta para que su compañera sexual no lo vea y no se desilusione de entrada. Cuando ingresa en la mente de un hombre heterosexual la idea del pene pequeño es difícil que piense lo contrario. Necesitan pasar por un período de prueba con muchas mujeres para ir venciendo esta interpretación errónea, y en otros casos, aun con la experiencia y la buena *performance* obtenida, la idea estará siempre rondando.

Ellas y el tamaño

En un café entre amigas se habla de sexo con una expansión de un discurso que ahorra en pudores. La charla de las damas no tiene nada que envidiarle a la de los hombres, hasta puede superarla en detalles y osadía, poniendo colorado a más de uno. La expresión libre ayuda a las mujeres a compartir no sólo sus experiencias, sino también sus dudas y ponerlas a consideración de sus pares. Entre café y café resuenan los gemidos, las quejas por la rutina, la "adrenalina" del amante, los pudores y, por qué no, las culpas. Ellas saben modular sus intereses con el objetivo no sólo de compartir, sino de saber qué piensan y qué hacen las demás con sus sexualidades. Porque si en la mesa de los hombres se cuentan historias de sexo por el hecho de exponer habilidades y acciones heroicas blandidas con el pene erecto, en la mesa de las damas el discurso se convierte en un medio no sólo para compartir experiencias, sino para descubrir cómo sus pares resuelven cuestiones sexuales. Las mujeres interrogan subrepticiamente, resuelven dilemas fisiológicos, emocionales, morales; necesitan comparar sus experiencias y sentirse más acompañadas, o más solas, según sea la cuestión a tratar. Uno de los temas que se discute es el tamaño del pene, y no su uso. El tamaño del miembro también está en el imaginario femenino como parte del atractivo del cuerpo masculino: cara, músculos, pene y también piernas y cola musculosa. Sin embargo, las mujeres saben que esas condiciones físicas forman parte de una imagen que las estimula, pero no es condición para el "enganche". Si está presente, perfecto, pero los lazos de conexión y perdurabilidad serán patrimonio de otros aspectos ligados a lo afectivo, el respeto, a la comunicación, al humor, etc. Sin embargo, la sensorialidad femenina, como conexión corporal y afectiva, requiere de estímulos que la despierten e incrementen. "Tocar" el pene erecto es uno de estos estímulos. Por supuesto que, cuanto mayor es el tamaño, mayor será la incitación erótica. Pero, así como sucede con el pene, otras zonas corporales pueden disparar sensaciones agradables. Tocar los labios, el mentón, el cuello, el pecho, los pectorales, el abdomen, la cola, las piernas, etc. Cada parte del cuerpo puede disparar el deleite sexual. Cuando las mujeres hablan del tema refieren que cada una de estas zonas erógenas son parte de un todo que se suma, integrándose al placer. Al fin y al cabo, si nos ponemos a pensar en lo que sucede durante la relación erótica, nos daremos cuenta de que no es sólo una sumatoria de partes físicas las que mueven el placer; son las sensaciones que provienen de ellas y que se integran en un todo. El relato de hombres y mujeres discurre entre satisfacciones e insatisfacciones respecto al cuerpo erógeno. Sin embargo, como lo dice su nombre, el cuerpo es erógeno en tanto "lo físico" dispare sensaciones que envuelven el propio cuerpo y se traducen en acciones mutuas. La conexión erótica es un ida y vuelta de estímulos y respuestas, en el mejor de los casos placenteras, en otras displacenteras, pero sensaciones al fin.

La valoración de los estímulos

Decía antes que la valoración de estos estímulos corporales se basa en la díada placer/displacer, condición sensorial que regula las acciones que se ejecutan sobre el cuerpo, ya sea las que provienen del propio o del ajeno. En la consulta se escucha con suma frecuencia la valoración negativa que se hace sobre el cuerpo real, sin embargo, cuando esa zona se libera de las limitaciones "mentales", se expresa y se siente con libertad. Además, las personas acomplejadas por su cuerpo, ya sea por el peso o por algún cambio en la figura (defectos congénitos, cirugías, tratamientos médicos, etc.), creen que el otro se conecta con la totalidad del cuerpo cuando en realidad la percepción sexual trabaja "por partes", es decir "toca" diferentes zonas corporales despertando sensaciones, las que se integrarán en un "cuerpo sensorial" mental, subjetivo. Cada una de estas zonas corporales estará signada por reglas de permisividad o inhibición. He aquí cómo la impronta externa normativiza los cuerpos, dándoles valor superlativo a algunas zonas en detrimento de otras. Pensemos en el tamaño del pene y de los pechos femeninos como focos de atracción y garantía de placer. Si cada región corporal puede convertirse en erógena, es porque el deseo las recubre de interés. Todos tenemos un cuerpo preparado sensorial y sensitivamente para responder cuando se lo estimula, pero esta pureza e inocencia de base se ve atravesada por pautas que, internalizadas, modifican la expresión. Los pudores, las inhibiciones y los temores aún existen, e incluso llegan a convertirse en fobias sexuales. Muchos cuerpos cerrados al placer esperan que llegue el "príncipe azul" que más allá de su poder caballeresco cuente con las llaves de la sabiduría sexual. Nadie nace sabiendo, ni el hombre por el hecho de serlo cuenta con una "sabiduría innata" sobre el cuerpo femenino. ¡Qué va a saber del cuerpo y de la sexualidad femenina, si apenas sabe del propio! Si aún en el siglo XXI su educación sexual sigue siendo como antaño: charla con amigos, videos porno, ensayo y error. Los padres dicen más "cuídate" que "hablemos del tema", dicen más "pene o vagina" que "deseo, libertad, crecimiento". A pesar de las limitaciones externas, llegamos al mundo para descubrirlo con todos los sentidos, y así seguiremos revelando lugares escondidos. El saber sexual no significa haber adquirido conocimientos que ya no se renuevan, es no perder la capacidad de aventura, de provocar cambios para romper con lo conocido. El erotismo heterosexual sale del *clóset* a sabiendas de que, si no lo hace, sus saberes y prácticas serán insuficientes. Sabe que el supuesto éxito que suele conseguir con su saber sexual llegará a su fin. Precisa una renovación urgente.

La comodidad de lo conocido

El cuerpo erógeno se acostumbra a lo conocido. Pareciera que en otras áreas de la vida podemos hacer cambios, pero la comodidad sexual tiende a ser una constante. Nos cuesta abandonar el lugar de "confort", aunque a veces no sea tan confortable ni efectivo y lleve directo a la monotonía. Sucede con frecuencia en parejas estables, pero también al comenzar una relación pretendiendo que lo conocido se ajuste a lo nuevo, con las consecuencias desfavorables que esta situación conlleva. Las parejas heterosexuales son más proclives a "asentarse" en formas rígidas y a no probar formas nuevas. "¿Si funciona de esta manera, para qué cambiar?". La monotonía que apresa a los cuerpos no siempre se convierte en palabras, en diálogo para buscar arreglos. Se ocultan para salvaguardar lo que se ha conseguido. Después vendrá la consabida frase: "¿y por qué no me lo dijiste antes?" y la misma respuesta: "deberías haberte dado cuenta". Así, entre la realidad que se "metió bajo la alfombra" y la demostración de que mágicamente las cosas no se revelan ni suceden, transcurre la queja (y la vida) de las parejas.

Datos concretos

Micropene y pene pequeño: es un pene con estructura normal pero su tamaño está por debajo de los 7 cm en erección. La causa puede ser congénita o adquirida por pérdida traumática del pene. Sin embargo, existen hombres que creen tener un pene pequeño y están sujetos a pensamientos obsesivos y a la falta de estima. Se denomina *síndrome del gimnasio*, y genera pensamientos recurrentes que llevan al varón a comparar su pene con el de los demás, acompañado de conductas de retracción y evitación (*dismorfofobia* o *trastorno dismórfico corporal* centrado en el tamaño del pene).

Las estadísticas respecto a la longitud del pene del varón caucásico son:

Micropene: menos de 7 cm.
Pene pequeño: menos de 10 cm.
Pene mediano: entre 12 a 17 cm.
Pene grande: más de 18 cm.

Además, se definen los siguientes porcentajes:
El 3% de los hombres tiene un pene de +/- 7 cm.
El 4% de los hombres tiene un pene de +/- 12 cm.
El 75 % de los hombres tiene un pene de +/- 15 cm.
El 15% de los hombres tiene un pene de +/- 18 cm.
El 3% de los hombres tiene un pene de +/- 20 cm.
Macropene o macrofalosomía: es el pene de más de 22 cm en erección (3% de los hombres), dimensión que sale del tamaño

promedio (entre 12 a 17 cm, en el 75 % de la población masculina). El tamaño del pene está determinado genéticamente, es decir, es constitutivo y su desarrollo aparece en la pubertad con la aparición de los caracteres sexuales externos y cesa al final de la adolescencia. Sin embargo, cuando el pene sigue creciendo en la edad adulta hay que descartar patologías orgánicas como enfermedades hormonales (adenomas de hipófisis). Se supone que un pene grande es aliciente a la virilidad, motivo de admiración entre pares y plenitud sexual para sus parejas… la imaginación siempre puede más que la realidad, sobre todo cuando se trata de tamaños. No obstante, tener un pene grande ocasiona algunos problemas:

Dificultades en la erección: el caudal de sangre que llega al pene puede ser suficiente para provocar el aumento de tamaño, pero no para lograr rigidez (dureza) y sostenerla durante la relación.

Dolor en la penetración: las parejas suelen tener dolor durante el coito (se denomina *dispareunia*) por lo cual se deben buscar poses que faciliten el ingreso del pene y una buena lubricación (se pueden agregar lubricantes íntimos).

Dolor maxilar durante el sexo oral y síndrome *fellatio*: lesiones en el paladar blando por el golpe del glande en la mucosa.

Limitación en los movimientos coitales: para no causar dolor.

Molestias en el vínculo con los pares: así como un pene grande puede ser motivo de orgullo, en la mayoría de los casos las "cargadas" o los comentarios picarescos entre amigos, en gimnasios o en los lugares de trabajo, etc. ocasionan malestar.

Vergüenza y ocultamiento: uso de ropa interior más ajustada para que "disimule" el tamaño del pene en flacidez.

Liberarse de los complejos

Los hombres quieren información referente al tamaño del pene, no obstante, la mayoría de los complejos de tamaño resultan de una idea o de una distorsión de esa parte del cuerpo, la cual les hace concebir una visión irreal. Exceptuando el micropene, que es un defecto en el crecimiento del miembro masculino y que requiere de tratamientos específicos, las demás consultas son pasibles de abordajes psicológicos que contemplan la información y la destrucción de mitos. Para algunos, la intervención terapéutica es suficiente, pero en otros casos los pacientes se resisten al cambio, rotando de terapeutas porque no se convencen de que el problema reside en "su cabeza" y no en el pene. Así como hay muchos hombres que no salen del complejo (por otros factores más profundos), existen aquellos que superan el motivo de consulta liberándose de la preocupación constante que significa no dejar de pensar que tienen un defecto físico que compromete su vida sexual. Y tal libertad adquirida se vive con alivio y con la apertura al juego que había quedado cercenada por la creencia perjudicial. Cuando los varones se liberan de tantas normativas que pesan sobre la virilidad, se animan a descubrir el acceso al placer por diferentes y cambiantes caminos. No existe, entonces, un único medio para acceder al placer erótico, son diferentes las vías que están disponibles para ser transitadas, y las buenas nuevas que resultan de liberarse de los complejos no aplican sólo sobre el área sexual, sino que se expanden hacia todas las áreas, convirtiendo al sujeto en un hombre con más confianza y estima. El poder de los mitos y de las creencias preestablecidas como "normales" provoca la represión de las capacidades esenciales. Tanto hombres como mujeres sufren la presencia de complejos que asientan en el cuerpo pero que tienen resonancia en todo su ser. Sin llegar a una patología, como ocurre con el *trastorno dismórfico corporal* (idea imaginaria e irreductible de tener un defecto físico, o bien, en caso de existir, la importancia que se le da es desmesurada), la presencia de ideas de sufrir un problema corporal o que no tiene "armonía" en sus formas es una preocupación frecuente en la consulta. Los imperativos de la imagen: estéticos, modas, talles de ropa, etc., son diferentes factores que "entran sin pedir permiso" en la subjetividad. De nosotros depende poner límites saludables a la imposición sobre las mentes y los cuerpos y no dejarnos influir por tanta parafernalia externa.

El pene y la construcción del falo

El pene, como órgano masculino, sería una región más del cuerpo si no fuera por la representación subjetiva que se tiene del mismo. Este órgano masculino tiene más carga simbólica que cualquier otra región del cuerpo y ha sido el factor determinante de la virilidad (y expresión máxima de la misma). A partir de este "pedazo de carne" se han construido las bases del patriarcado, la dominación, la territorialidad corpórea y la espacial, el trabajo y sus jerarquías, las guerras, el poder, el orden, la obstinación, la fuerza motora, los fanatismos; en síntesis: la penetración humana al mundo circundante. La fuerza muscular, el vigor, la capacidad para generar trabajos en medios adversos, la inventiva, son sólo algunos aspectos ligados a la virilidad como un impulso de empuje inherente a la masculinidad. El pene físico comenzó a dar paso a un sinnúmero de imágenes y representaciones sociales y culturales que dieron origen a la virilidad como componente identitario fundamental de la subjetividad masculina. Si bien la biología sirve de sustrato para crear disposiciones corporales y endócrinas, son más los determinantes psicológicos los que confluyen en el quehacer masculino. Masculinidad es acción, deseo que insta hacia afuera, hacia el mundo externo en pos de conquista. Por esto mismo, la dirección esperable en un hombre es hacia afuera y en acción permanente. La valoración negativa que tiene la fuerza opuesta es notable: un hombre lento, apocado, tímido, sensible, sin proyectos, sin trabajo, con bajo deseo sexual, etc., será visto como "poco viril", feminoide, "raro" o enfermo. La valoración social de la virilidad sigue siendo determinante en estos aspectos, sobre todo en lo que se refiere a la escasez de trabajo, a ser asexuado o falto de proyectos. En cambio, se le permite al hombre ser más sensible, empático, caballero en sus comportamientos, aunque sin perder sus atributos varoniles.

La fuerza de avance de la energía libidinal coincide con la dirección de la misma fuerza vital que tiende al crecimiento de los organismos: de lo pequeño a lo grande, de lo indiferenciado a lo diferenciado, de lo incorpóreo a lo corpóreo, de la flacidez a la erección. La masculinidad necesitó siempre de límites precisos para definirse, de tal manera que aquel que no coincidiera con los parámetros establecidos era "indefinido". El falto de maneras claras o "amanerado", o aquel hombre poseedor de una fuerza de retracción, contraria el impulso varonil, será un "invertido" en términos de dirección de la energía. Un cuerpo provisto de fuerza impulsora, masa ósea y muscular desarrollada, percepción aguzada del mundo circundante, resistencia al dolor, represión de afectos, deseo sexual alto y rigidez peneana estaba preparado para encarar la adversidad del medio. El cuerpo físico en los machos significó un reaseguro para la vida y la protección de las mujeres y la cría. La testosterona u hormona masculina por excelencia (las mujeres también la poseen en niveles menores) dotó al *homo sapiens* de deseo, impulso, fuerza, voluntad y cuerpo muscular y óseo para ejecutar las acciones necesarias para la supervivencia. Sin embargo, la testosterona como promotora de la acción no cuida al cuerpo de otros agresores, esta vez internos, como el colesterol, la acumulación de grasa en el abdomen o los niveles de glucemia. Para cuidarse de estos factores nocivos se requiere de acción, de ejercicio, de control del estrés frente a la adversidad. Un hombre en acción es un hombre más sano porque baja estos factores de riesgo que trae el sedentarismo. El incremento de la expectativa de vida (cerca de los 80 años aproximadamente) aumentó la prevalencia de enfermedades metabólicas y cardiovasculares, patologías menos frecuentes cuando el hombre se encuentra en acción, usando su cuerpo en ejercicio permanente. El cuerpo del macho lo prepara para encarar la juventud y la edad media de la vida, etapas de máxima actividad, sin embargo, tiene que recurrir a la ciencia para volverse más perdurable en el tiempo y calidad de vida. Las hembras, mientras se mantienen menstruantes, están protegidas por los estrógenos, hormonas sexuales femeninas por excelencia. Los niveles plasmáticos normales son protectores de la salud cardiovascular, de la piel, de las mucosas, y cuando disminuye, la mujer se expone a los mismos riesgos que los varones. Ambos necesitarán de la acción (ejercicio aeróbico) y del cuidado del cuerpo para disminuir los riesgos de contraer enfermedades metabólicas y vasculares. Si la virilidad es cuerpo, en tanto representa la acción y la dirección del crecimiento hacia afuera, la representación ortodoxa de feminidad la convierte en fuerza de retracción, por lo tanto, dirige la acción hacia adentro. Esta complementariedad entre las fuerzas sirve de base a los modelos arquetípicos del vínculo amoroso/sexual heterosexual: fuerzas opuestas que se imbrican en una unión o cópula perfecta, sostenida por la naturaleza de los cuerpos.

La dimensión biológica ha sostenido a lo largo del tiempo la representación de la sexualidad al punto de considerar que, además de ser la regente de los cuerpos, también domina el pensamiento y las concepciones sociales. Recién en estas últimas décadas el cuerpo transgrede las propias reglas que lo ciñen, para convertirse en campo de acción política, por lo menos en lo que respecta a romper con las reglas del género binario. Cuando aparece un movimiento tan extremo y profundo como aquel que rompe con las viejas ideas sobre el sexo, el cuerpo, las conductas, las modas, todas las representaciones se convierten en objeto de cuestión. Así como las diferentes olas del feminismo sirvieron (y sirven) para cuestionar el género tanto femenino como masculino, los movimientos LGTBIQ representan la continuidad de un movimiento que tiene mucho de revolucionario, aunque no nos demos demasiada cuenta de los cambios que aportan. Y si de flexibilidad hablamos, la visibilidad de la orientación sexual y de las diversas formas de reconocerse según el género, e incluso el cuestionamiento más radical del mismo, ya están instaladas en el imaginario social. Cada una de estas representaciones abre un espacio de visibilidad y lucha por sus derechos, y también invita a las otras formas clásicas (reconocidas e instaladas desde siempre) a replantearse sus viejos esquemas de producción. Es en este punto en el cual la heterosexualidad se ve casi obligada a reformular los estamentos que la construyen y configuran su mundo. Las mujeres heterosexuales reclaman aún por ser escuchadas, por salarios mejores e igualitarios, por no ser víctimas de violencia de género, pero hay reclamos más sutiles que quedan en el ámbito del mundo privado, incluyendo las demandas sexuales. En este punto de demanda, de ocupar lugares de empoderamiento, de guiar al hombre en el alfabeto sexual de acuerdo a sus gustos, las mujeres se plantan y dicen lo que necesitan. En algunos casos son escuchadas, en otros no se entiende a qué se refieren cuando dicen "quiero", "necesito" o "me planto acá". Los hombres heterosexuales no tienen la última palabra, aunque pareciera que muchos se arrogan ese derecho de bajar o no el pulgar. Ellos creen que las demandas o pedidos de comunicación o de actos que los comprometan de otra manera son meros reclamos histéricos, con escaso fundamento, o bien son caprichos momentáneos. Muchos de estos reclamos de las mujeres y las respuestas de los hombres están naturalizados como códigos de interacción que han perdido credibilidad y se subestiman. Lo que se piensa, se dice, se actúa en el quehacer cotidiano de una pareja tiene mucho de hábito o costumbre, que obtura cualquier tipo de nueva forma de comunicación. Es sorprendente cómo nos acostumbramos a reproducir esquemas conocidos, sean sinónimos de éxito o de fracaso. En el primer caso actuarán como refuerzo para futuras elecciones, en el segundo serán una maqueta inevitable que se construye y destruye siempre con las mismas reglas, aunque se intente evitarlas. Es que existen condicionantes internos que no se adecuan al cambio, ya sea por miedo a lo nuevo o por temor a traicionar pautas compartidas con terceros. Las mujeres siempre pensaron por sí mismas y ahora lo dicen en voz alta. Están saliendo a defender su autonomía, sus opiniones, sus deseos, sus cuerpos; los hombres aún siguen actuando como si salieran todos del mismo molde productor de machos. Es más común escuchar "los hombres somos así o asá" que el mismo dicho de boca de las mujeres. Los hombres siguen justificando la perseverancia de lo conocido gracias al siempre bien recibido argumento de las acciones en masa "los hombres somos así", lo cual aumenta la previsibilidad. No obstante, lo imprevisible aparece en comportamientos de fuga o de huida cuando no pueden afrontar una relación que comienza. Si en el comienzo se usan las mismas estrategias de acercamiento, quizá camufladas y adaptadas según el perfil de la mujer a quien se quiere conquistar, muchas de las conductas posteriores a la conquista no condicen con todo lo que se dijo y se hizo previamente. La heterosexualidad está en crisis y hay que aceptarlo para hacer conscientes los cambios que ya se vienen provocando. Además, será una excelente manera de establecer relaciones más sinceras consigo mismos y con los demás, sin usar tantas estrategias para preservar las pautas clásicas que regulan cada género.

Orgasmo masculino

El orgasmo puede definirse como una descarga de tensión física acompañada de una intensa sensación de placer (clímax). En el hombre la respuesta orgásmica consiste en dos fases, en la primera se contraen los músculos internos que llevan el líquido seminal y prostático hacia la uretra posterior (fase de emisión), e inmediatamente después se percibe que el orgasmo es inevitable, expulsando el semen por el orificio uretral (fase eyaculatoria). Sin embargo, la fisiología del orgasmo se acompaña de una respuesta emocional y social: une el cuerpo a la capacidad de gozar y de compartir la experiencia sexual. Por lo tanto, cuánto más se prolonga el encuentro erótico, las sensaciones irán en aumento, desafiando al hombre a controlar la respuesta eyaculatoria en pos de seguir disfrutando. Convencerse de que la penetración es la meta necesaria en toda relación sexual es subestimar la riqueza que aporta el juego previo. Si él insiste en penetrar (su objetivo prioritario) es porque ha sido "penetrado" previamente por la pauta social imperante, aquella que exalta la virilidad de todo macho potente, preparado para probar su orgullo cada vez que se acopla. De esta manera, el mito de la masculinidad a ultranza les juega en contra cuando no pueden controlar la eyaculación, o al ver cómo sus penes se vuelven flácidos apenas se aprestan a penetrar. La exigencia por tener el pene erecto y complacer a las mujeres no favorece en nada a la *performance* masculina. No obstante, muchas mujeres demandan ser penetradas como condición erótica indispensable para valorar la relación sexual como "completa" o plena. Considerar que la relación no tiene una meta preestablecida más que el disfrute mutuo ayuda a despejar las normativas del "cómo, cuánto y cuándo". Es posible que no se disponga en la semana del tiempo y la predisposición anímica y corporal para tener un juego erótico más largo, pero entre los "rapiditos" se puede alternar un "prolongado", incluso los encuentros breves pueden servir como caldeamiento que prepara los cuerpos para un despliegue más extenso.

Consejos para prolongar el orgasmo masculino

Los estímulos visuales provocan sensaciones erógenas muy excitantes para los hombres, sobre todo si ven a sus parejas desvestirse con sensualidad o sugiriendo, antes que mostrar. Algunas mujeres se sienten inhibidas a mostrar su cuerpo por pudor: "me siento poco atractiva", "estoy gorda", o "ya no tengo el cuerpo que tenía antes". Insinuar, proponer, incitar al juego erótico son conductas efectivas, en vez de estar pensando que por el "rollito", la "arruga" o "las estrías" el hombre dejará de excitarse.

Otra manera es "mostrar sin dar permiso para tocar". La mujer puede desnudarse sensualmente sin permitir que el hombre la toque, o puede acercar la mano del hombre a las zonas más erógenas, pero sin llegar a tocarlas.

Desvestirse lentamente y luego frotar los cuerpos desnudos ayuda al hombre a relajarse y a conectarse con el cuerpo antes que con la preocupación de tener el pene erecto.

Ella puede montarse sobre él, besarlo, recorrer con la lengua su cara, cuello, pecho, abdomen, mientras sus dedos acarician los muslos hasta acercarse a los testículos y al pene. Los hombres también tienen una alta sensibilidad en los tetillas, en las axilas, la cara interna de los muslos, etc. Es importante detenerse en esas zonas corporales y variar la presión y el ritmo para provocar distintas sensaciones.

Pasar la mano lubricada con un gel al agua, incluso masturbarlo con movimientos suaves, ayuda a aumentar el placer al reproducir el calor y la humedad vaginal.

El sexo oral debe alternar movimientos suaves con otros más enérgicos.

Si la estimulación oral o manual del pene está por detonar el orgasmo (aumento de la frecuencia respiratoria y de los movimientos pelvianos) presionando la base del glande (sin provocar dolor) se corta el reflejo eyaculatorio.

Más allá de la *fellatio* y el recorrido genital, el intermedio entre los testículos y el ano puede generar mucho placer. Para algunos hombres el ano es zona vedada, por la connotación homosexual que aún posee. Si la mujer se aventura en esos terrenos y el hombre permite tan grata intromisión, el placer que resulta puede ser superior a otras prácticas. Se llama Punto G masculino (o punto prostático) a la zona que se encuentra en el recto aproximadamente a 5 centímetros del ano y corresponde a la cara posterior de la próstata, que limita con la mucosa rectal.

Sugerir un cambio de poses cuando el hombre está cerca del orgasmo ayuda a redoblar la excitación.

Finalmente, luego del orgasmo, mantenerse abrazados un tiempo ayuda a sentir cómo los cuerpos se van relajando y van apareciendo otras sensaciones: bienestar, calma, afecto, confianza, contención, y por qué no, puede ser un breve momento de transición hasta que se reinicia el deseo.

La construcción de la feminidad

Las representaciones clásicas de la feminidad han estado asociadas por siglos a la sumisión, la emocionalidad y la maternidad. La energía femenina, o fuerza centrípeta, construye su mundo en la retracción, las emociones y el mundo ilusorio que la cultura tiene preparado luego de cumplir con los ritos de iniciación (ser desposada para dar paso a la maternidad y el cuidado de la prole). La vagina, por su disposición anatómica, no sólo está escondida a la simple observación, sino que sirve de "escondite" a tabúes, falsas creencias y el desinterés por desentrañar los misterios de ese extraño órgano. Y digo "desinterés" porque muchas damas no se interesan por saber o preguntarse cómo se han formado todas esas construcciones mentales que durante tanto tiempo las han privado del disfrute del sexo. Pensemos que casi el 35% de las mujeres son anorgásmicas, y que una de las causas productoras de la disfunción es el desconocimiento de sus zonas erógenas, además de reprimir las sensaciones placenteras que provienen de ellas. Pensemos también que dicho conocimiento del cuerpo erógeno se adquiere por la autoexploración, la masturbación y la predisposición a querer saber y entregarse al placer. En fin, todo es cuestión de aventurarse, de entrenar capacidades que están dadas, pero necesitan del ejercicio voluntario. La sexualidad femenina estuvo muy influida por teorías psicológicas como el psicoanálisis y la concepción de que el clítoris es un resabio del pene, por lo cual su función orgásmica no define el verdadero orgasmo. Tuvo que pasar mucho tiempo para demostrar la relevancia de este órgano en relación al placer.

El misterio del clítoris

En la construcción misma del ser femenino, el órgano central siempre ha sido la vagina. Órgano representativo de la hembra, hendidura que en su profundidad conecta con la esencia, con el corazón de su función: la maternidad. A partir de ella se definieron los atributos del género cuyo eje central ha sido la reproducción de la especie. Sin embargo, el gran marginado ha sido el clítoris, desplazado por el reinado de la vagina bajo el amparo de la gran madre naturaleza y toda la pléyade de invocaciones religiosas y teorías psicológicas que le han otorgado un valor superlativo. El pequeño órgano, cubierto de su caperuza retráctil, habría seguido en el olvido y la marginalidad si no fuera por las lesbianas y las feministas que reivindicaron su accionar dentro del marco del placer no reproductivo. La ciencia sexológica les dio la razón (Masters y Johnson) al afirmar que la vagina por sí misma no puede disparar el orgasmo y que el clítoris es el que está preparado por la biología y la fisiología para semejante función. Y aunque algunas (y algunos) aún siguen esperando la madurez del orgasmo vaginal, tendrán que aceptar que la naturaleza le dio a la mujer un órgano específico para el placer. El clítoris es altamente sensible al roce, por lo tanto, toda mujer en los tiempos pretéritos o en los actuales seguramente ha sabido congraciarse de sus favores. La masturbación femenina siempre ha sido un gran tabú, pero en la intimidad esos tabúes pueden romperse o transgredirse. La represión sobre esta práctica ha sido tan poderosa que muchas, a pesar del intenso placer del roce, han sucumbido a la idea del pecado, de lo abyecto, de lo sucio, de la inmadurez o del *status* de mujer. Se toca una "puta", no una dama nacida y criada en un hogar decente. Menos mal que "las locas", "las putas", "las insatisfechas", "las marimachos", "las subversivas", salieron de sus armarios para mostrarles a "las otras", a "las normales" y al mundo masculino el poder que asienta entre sus piernas.

Ahora bien, desde el punto de vista hipotético, ¿si la mujer posee un órgano específicamente dedicado al placer, como es el clítoris (en el hombre el pene comparte la doble función de orinar y eyacular), podemos pensar que el placer sexual es patrimonio femenino, razón por la cual son ellas las que regulan desde el punto de vista evolutivo la función procreadora mediante la obtención de placer como satisfacción o ganancia personal?

¿Si no existiera el orgasmo como vivencia subjetiva de placer, las mujeres… estarían bien dispuestas a procrear?

Siguiendo con una mirada desde el punto de vista evolutivo, ¿si los hombres no tienen un órgano exclusivo de placer, entonces deben existir otras maneras de obtenerlo? ¿Será que ver y sentir el pene erecto se constituyen como las principales fuentes asociadas ambas a la virilidad y al dominio? Y si así fuera, ¿es posible decir que la evolución les dio a las mujeres un órgano de placer para que la experiencia de la procreación no fuera única y brindara una ganancia extra? Si la cría resultante no es un logro suficiente (ya que está preestablecida como determinante o condición biológica), ¿el orgasmo entonces sería la posibilidad de que los sistemas de recompensa del cerebro volvieran a necesitar de otro encuentro erótico para obtener los beneficios subjetivos de la respuesta orgásmica? Por lo tanto, procreación y placer no parecen ser tan opuestos, ya que la ganancia del placer permitiría repetir la cópula y así asegurar más descendencia. Cuando hablo de los "sistemas de recompensa" me refiero al funcionamiento de un grupo de estructuras cerebrales (mediadas por el neurotransmisor dopamina) que se retroalimentan con conductas que buscan satisfacción. Las moléculas que intervienen en la aparición de la respuesta orgásmica son: dopamina, oxitocina, prolactina, serotonina y óxido nítrico.

Si consideramos el orgasmo desde una mirada evolutiva la *homo sapiens* hembra ya estaba dotada de un órgano especial para sentir placer y repetir la experiencia con tal de mantener la reproducción de la especie. Por lo tanto, en algún lugar de los genes está "escrito" que la experiencia subjetiva del orgasmo es fundamental para que la hembra quiera y necesite volver a unirse sexualmente con el macho.

El clítoris no es, entonces, un pene atrofiado (aunque proviene de estructuras embriológicas comunes que después se diferencian). Es una estructura primaria (no es un resto anatómico derivado del pene) con una función específica inscrita en un orden evolutivo, cuya representación subjetiva sufre la influencia de factores culturales. La procreación como sentido de la existencia femenina no permitió durante siglos la emergencia del placer, ni siquiera como un sentir necesario para buscar nuevos contactos sexuales y con esto aumentar la posibilidad de nuevas crías. El temor arcaico por el placer femenino fue siempre una obsesión para los hombres y las instituciones ligadas al poder. Ese miedo basado en que la mujer se revelara y adquiriera poder estuvo presente durante siglos y aún hoy se mantiene por debajo de muchas conductas masculinas, sobre todo de aquellas que tienen que ver con el control y la violencia. Pero no culpemos sólo a los hombres de ser aún tan perseverantes en sus defensas del poder, también existen muchas mujeres que sostienen que la desigualdad debe persistir porque es la base de la construcción familiar y son reglas determinadas por la naturaleza. La resistencia al cambio está presente tanto en hombres como en mujeres que no cejan en decir y manifestar su desacuerdo con la flexibilidad de los géneros, haciendo extensiva su oposición a todo aquello que se llame diversidad sexual o salga de las normas impuestas. El poder del clítoris significa la primacía del placer, una amenaza que debe ser combatida con la represión y el control.

La feminidad es un estatuto cambiante que deja de lado la maternidad, la sumisión, la condescendencia, para dar lugar a otros aspectos que con firmeza se ubican como prioridades en el quehacer de las mujeres: la defensa de los deseos propios, la regulación del tiempo para concretarlos y la posibilidad de cambiarlos de acuerdo a su libre albedrío. Cuando una mujer dice "no", está afirmando el poder que tiene sobre su persona. No busca equidad con el género opuesto, decide por sí misma, vuelve a su centro, de donde fue corrida, anulada, cercenada por el poder ajeno. Y en términos de sexualidad, encuentra en la actividad autoerótica una fuente de conocimiento del cuerpo como experiencia; integración necesaria para ser con uno mismo y con el otro. La atención autoerótica en el adulto reproduce el desarrollo de la sexualidad desde el comienzo de la vida: descubro y reconozco mis placeres para luego abrirme al otro. En esta interacción dinámica entre uno mismo y el otro se basa todo vínculo sexual. El refinamiento de la conexión incluye dar y recibir con un conjunto de prácticas que nos complacen y complacen al otro. Cuando se abandona este delicado equilibrio y la balanza orienta el fiel hacia los extremos, la conducta varía entre el egoísmo (estar centrado en el propio placer) y la necesidad por complacer (centrado en el placer del otro). Recuperar el cuerpo erógeno femenino es retomar la senda del desarrollo y la maduración que nunca debió cortarse ni desviarse, tan sólo debía seguir su curso hasta la configuración adulta del mundo propio.

El orgasmo femenino

El orgasmo es una respuesta fisiológica, emocional y social: une el cuerpo a la capacidad de gozar y de compartir la experiencia sexual. Sin embargo, los condicionantes socioculturales han sido causa de muchas limitaciones a la hora de hacer el amor. La mayoría de las mujeres tienen orgasmos, aunque la respuesta puede variar. Algunas mujeres tienen orgasmos por coito vaginal y por la estimulación focalizada del clítoris (*cunnilingus*, masturbación, vibradores, etc.), otras encuentran más difícil la vía de la penetración y logran llegar por medio de la estimulación del clítoris. También existen mujeres que privilegian el uso de vibradores al de las manos, obteniendo una buena respuesta orgásmica por este medio. La sensibilidad del clítoris a los estímulos eróticos puede detonar el orgasmo por el simple roce con la almohada, el colchón, bajo la ducha o el chorro de agua del bidet o la bañera. Los componentes emocionales son imprescindibles: la relajación y la entrega a la experiencia emocional, considerando el encuentro sexual como positivo y vital, son fundamentales. En todos los casos la respuesta es fisiológicamente normal, sin embargo, hay mujeres que privilegian el orgasmo por penetración y creen (tanto ellas como sus parejas) que si no lo tienen son "anormales".

Fingir el orgasmo

A pesar de que muchas mujeres cuentan con las capacidades físicas y emocionales intactas para tener orgasmos, deciden fingirlo. ¿Por qué? Dos estudios realizados en Inglaterra y en Nueva Zelanda encontraron cierta incongruencia entre las verbalizaciones de placer y el placer real. Aproximadamente un 25% relató que emitían gemidos y verbalizaciones durante casi toda la relación sexual y un 50% durante una parte del encuentro. Cuando se les preguntó por qué necesitaban emitir gemidos y expresiones de placer, casi el 90% de las encuestadas respondió que lo hacían para aumentar la autoestima de sus parejas, y un 50% agregó a la respuesta anterior otros factores: dolor durante el coito, aburrimiento, cansancio y apuro por limitaciones de tiempo. Con el fin de evaluar la consideración del orgasmo en su vida de relación con sus parejas hombres, casi el 68% de las mujeres respondió que no dejarían a sus parejas, aunque nunca llegaran a un orgasmo con ellos.

El imperativo del coito

Otra hipótesis estudiada por los investigadores de Nueva Zelanda es si la relación pene-vagina seguía teniendo la misma importancia a la hora de tener un orgasmo, subestimando otras prácticas. La conclusión es que sí, el "imperativo coito" sigue ocupando un lugar privilegiado en las prácticas sexuales: "el sexo no es en realidad sexo si no ocurre la penetración pene-vagina". Otro aspecto que aún sigue vigente es la prioridad que tiene el hombre para guiar la relación y para alcanzar su orgasmo, dejando a la mujer a la espera de otra oportunidad con mejor suerte.

Tips para tener orgasmos verdaderos:

• Disponer de tiempo suficiente para el encuentro sexual.

• Un buen juego erótico ayuda a relajarte y a una buena lubricación.

• Intentar expresar lo que en verdad estás sintiendo.

- Ambos deben romper con el mito del "imperativo coito".

- Hay muchas variantes para obtener el orgasmo, no dar prioridad a la penetración.

- Dejar que el otro use la boca, las manos, un vibrador.

- Masturbarte durante la relación o usar un vibrador son posibles variantes para incorporar a la relación.

- Pedir lo que te gusta o necesitás para lograr el placer.

- No intentes dejarte de lado para complacer exclusivamente al hombre.

- La relación es de los dos, para los dos. Ninguno tiene prioridad.

La erótica homosexual

Describir el erotismo homosexual es, ante todo, considerar las particularidades que presentan la conquista amorosa, el erotismo y las relaciones estables. El erotismo homosexual ha sido pionero en incluir prácticas alejadas de los cánones conocidos, lo cual ha sido motivo de placer y de búsqueda para el todo el colectivo de la diversidad, pero también trajo consigo el rechazo y la marginación. Salir del *clóset* significó (y significa) que millones de personas en todo el mundo puedan expresar su sexualidad libremente, pero aún sabemos que en muchos países persisten rechazos y hasta severos castigos para quienes se alejan de la norma heterosexual. El medio social en general necesitó armarse de una imagen conocida para entender cómo funcionan las relaciones homosexuales, y la más cercana siempre ha sido la erótica heterosexual. Las sociedades prefieren lo conocido como una defensa frente a lo incierto, extraño y desconcertante. ¿Cómo entender dos o más cuerpos del mismo sexo que se estimulan, erotizan y hasta construyen una vida en común fuera de los referentes clásicos de la procreación y la vida en familia? Así también sucede con la construcción binaria que encasilla los cuerpos dentro de las dos grandes dimensiones de género: la masculinidad y la feminidad. Lo conocido debe ser la regla, aunque se aparte de los cánones esperables. Las personas heterosexuales piensan a la homosexualidad como "algo semejante", sólo que el objeto de amor es del mismo sexo o género. Les cuesta comprender que el erotismo homosexual tiene sus propias reglas de atracción y de relacionarse sexualmente. Pensar la sexualidad homosexual como un émulo de la heterosexual es uno de los aspectos que hay que deconstruir para darles valor, especificidad y claridad a las relaciones homosexuales. Y no estoy hablando sólo de lo qué piensan o suponen los heterosexuales, también me refiero a homosexuales masculinos que todavía se siguen presentando como pasivo/activo/versátil para exponer sus preferencias en la cama.

La representación de que toda relación debe seguir las reglas de la heterosexualidad machista es imperante: activo y pasivo, dominante y dominado. Este pensamiento frecuente demuestra la insistencia de crear roles fijos basados en que uno dirige la relación (el hombre) y el otro se somete (la mujer). Si un hombre homosexual presenta algún comportamiento "afeminado" o la mujer lesbiana destaca algún rasgo de virilidad, casi en forma espontánea se le otorgará un rol sexual: pasivo para el primero y activo para el segundo. Si existen comportamientos sexuales rígidos, previsibles de antemano, "lo esperable", es por la construcción de estereotipos de conducta, regidos por normas sociales y culturales que determinan lo que se debe hacer y lo que no. Entrando en tema: la erótica homosexual es un conjunto de prácticas dinámicas que prioriza el encuentro erótico, siendo el coito una práctica aleatoria (no urgente ni imperante) ya que no está determinada por la procreación. Tanto la erótica homosexual masculina como la femenina dan lugar a un juego rico en variantes: caricias, besos, abrazos, sexo oral, cambios en la intensidad de los contactos, cambio de lugares, uso de lubricantes, juguetes sexuales, juego de roles, etc., pudiendo terminar masturbándose o masturbando al otro, y/o usando la penetración (en las mujeres el uso del dildo para penetrar) como parte del juego, o al final del encuentro para llegar al orgasmo. Al contrario de lo que se piensa, la erótica homosexual masculina no culmina siempre con penetración, siendo la masturbación conjunta una de las variantes aceptadas. Estos conceptos también sirven para desmitificar la asociación entre el ano y la homosexualidad masculina. El ano como zona erógena produce placer cuando se lo estimula y para nada debería asociarse a ninguna práctica específica. El cuerpo y las emociones, bien dispuestos para disfrutar del sexo, no deben ser restringidos por esquemas de comportamiento socialmente esperables. No obstante, es difícil no dejarse influir por las construcciones de género, ya que forman parte del entramado mismo de la personalidad, tanto que a la sonada rebeldía (en realidad lucha por la visibilidad y derechos) se le siguen oponiendo las instituciones de siempre, pero además encuentran obstáculos dentro del mismo colectivo. En nuestro país, las leyes sancionadas de matrimonio igualitario y de identidad de género no sólo han permitido otorgar derechos civiles a las personas homosexuales y trans, también ayudan a la visibilidad social y a cuestionar normativas del género binario.

La sabiduría lésbica

Puedo afirmar que "sólo una mujer sabe lo que a otra mujer le gusta". El erotismo lésbico hace honor al clítoris. Ellas saben cómo contactarse, como entrelazar los cuerpos de manera tal que el roce siempre llegue al órgano del placer. Una mano acaricia los senos, la otra busca en la entrepierna; la lengua hurga desenfrenada en la boca, buscando y rodeando la otra lengua mientras las manos allí abajo, húmedas, calientes, se meten en los huecos y pulsan el clítoris. El erotismo homosexual de las mujeres pone en evidencia la importancia del contacto corporal, del juego, de las zonas erógenas femeninas. Los hombres y mujeres heterosexuales, apurados por penetrar y ser penetradas, muchas veces pierden de vista la importancia del juego erótico con tal de "ir a los papeles", es decir, al objetivo falocéntrico de la penetración. Parece mentira cómo sucumben hasta las damas más evolucionadas, llenas de información y de experiencia. El falo sigue siendo el eje de la cultura erótica heterosexual y todo debe girar a su alrededor. El falo sólo quiere cumplir con su función, la que le da sentido a su soberana existencia. Y las damas se arrodillan, o mejor dicho "se abren de piernas" frente a su poder omnímodo. Las mujeres lesbianas, aunque usen dildos, consoladores, o jueguen a reproducir la erótica heterosexual, siempre tendrán que ceder al influjo del clítoris. Sin embargo, nunca he escuchado decir "la cultura del clítoris", o algo similar que aluda a normativas sexuales "ginecéntricas". No existe un equivalente femenino del falocentrismo, así como no existe un equivalente femenino del machismo. El falocentrismo y el machismo son distorsiones culturales que han llevado al dominio masculino y del patriarcado por sobre el soma y el sentir de las mujeres. Ni el feminismo de la igualdad (lucha de equidad entre los géneros, por ejemplo, el sufragio femenino), ni el de la diferencia (el que propugna la autonomía femenina y la decisión sobre sus cuerpos y sus acciones personales) pretenden crear una cultura del clítoris que se imponga como soberana. Las mujeres bregan por sus libertades personales, así como los hombres debemos luchar por sacarnos siglos de imposturas para sentirnos también más libres, con menos responsabilidades para cumplir el "rol masculino" que la sociedad espera. Si el género es una construcción performática, como nos enseña Judith Butler, entonces… ¿qué habrá detrás de esa investidura de presentación social que nos convierte en sujetos sexuales bajo diferentes normativas sociales y culturales? ¿habrá, quizá, sujetos desvalidos, temerosos, desnudos como vinimos al mundo, pidiendo a gritos alguna vestidura social que dé sentido a la existencia? ¿o, quizá, la desnudez sea necesaria para un recambio saludable?

El erotismo bisexual

En el inicio de la personalidad, la bisexualidad es la regla que dirige la diferenciación del cuerpo físico. En el infante no existe diferenciación de las orientaciones hasta que, gradualmente, con el desarrollo, se va definiendo la orientación del deseo. Los adolescentes suelen aventurarse a experimentar con uno u otro género, es más, en estas épocas, los millennials y los centennials ya no se lo cuestionan y es parte saludable del desarrollo de su sexualidad. Es la presión del medio la que juega imponiendo una definición, como si las dinámicas subjetivas tuviesen que dar una respuesta apenas ingresan en la edad adulta: "tenés que saber qué querés hacer, qué querés estudiar, qué querés amar, qué querés hacer de tu vida". Si antes se era obediente, ahora no. El desconcierto de los padres ante la postura desobediente de los hijos pone en evidencia la falta de movilidad de los adultos para adaptarse a los nuevos modelos. Ya veremos que la bisexualidad se diferencia de la flexibilidad de las orientaciones (orientaciones fluidas). La bisexualidad se fija como una orientación en sí misma. La persona bisexual no tiene necesidad de estar con hombres y con mujeres, como decía Woody Allen: "un bisexual no es aquel que un sábado a la noche sale y tiene dos opciones para tener sexo", por el contrario, la orientación se mantiene como una base que puede llevar el deseo hacia ambos géneros. Tampoco es un sujeto que se compromete con una relación y está pispeando a un nuevo candidato/a para tener sexo. El bisexual no se siente tironeado por hombres y mujeres en simultáneo, sufriendo por indecisión. Es una persona que a la hora de amar puede hacerlo tanto con un género como con el otro. Sin embargo, ambas líneas de atracción no tienen el mismo grado de interés y de deseo. Hay una que sobresale sobre la otra. Una persona bisexual se puede excitar y ser funcional sexualmente con ambos géneros, más sentirá que uno de los dos le provoca mayor excitación, y si vamos más allá, podrá imaginar una vida en pareja. No existe la bisexualidad con igual grado de interés por los dos géneros. Siempre habrá uno que "tira más que el otro". Las prácticas sexuales no definen la bisexualidad, que a un hombre le guste ser penetrado o que a ese mismo hombre le guste penetrar por el ano a una mujer nada dice de su "deseo dormido". Existen muchas conjeturas al respecto, he escuchado mujeres que luego de separadas de sus esposos por "descubrir" que tenían relaciones homosexuales, dicen: "con razón le gustaba penetrarme por el ano" o "estaba conmigo y se imaginaría estar con el otro". Puede ser que la fantasía homosexual aparezca en la relación heterosexual, pero su presencia no define que el sujeto es bisexual, es sólo una fantasía. En este punto es posible observar las limitaciones de los hombres para expresarlas: les encanta que la mujer verbalice fantasías de estar con otra mujer, pero las rechazan cuando la mujer fantasea verlo a él con otro hombre.

La expresión de la bisexualidad se ve atravesada por los estatutos sociales. Es frecuente que la obediencia lleve a guardar en el *clóset* la orientación homosexual y sólo aparezca la heterosexual cumpliendo con las reglas esperadas (a esta forma se le llama bisexual ambivalente). El bisexual no guarda en el inconsciente su experiencia prohibida y de golpe y porrazo aparece un día en su conciencia; sabe de ella, la rechaza o la expele en la marginalidad de un contacto *express*. En algunos casos la atracción homosexual es meramente romántica (bisexual temeroso), como si de esa manera se atenuara el conflicto interno. La esposa dirá: "es el nuevo amigo de mi marido, va con él a todos lados, lo adoptó como un hijo". En otros casos la presencia del "amigo" acompaña a la familia de vacaciones y se integra a la mesa cotidiana como una comensal más, bien recibido, por supuesto. El *clóset* bisexual aguarda que exista el coraje para decidirse a abrirse de una vez por todas. Convertirse de una vez por todas en un bisexual autoafirmado. Las mujeres sufren más que los hombres cuando les son reveladas las verdades antes ocultas, como si nunca hubiera existido una señal de aviso. La sorpresa, la desolación, la angustia, el enojo hacia el hombre que ocultó la verdad durante tanto tiempo se acompaña de autorreproches por no haber sabido leer o interpretar actitudes del otro.

Descubrir la infidelidad bisexual es quitar la máscara no sólo de un acuerdo moral, es también, y por sobre todo, la revelación de un aspecto fundamental del otro que nunca se pudo expresar. Por este motivo creo que la repercusión es más sorprendente y angustiante que la infidelidad como conducta.

Hipocresía o defensa

¿Hasta dónde la conducta de un bisexual que oculta su orientación es una defensa del Yo para mantener al sujeto organizado, y hasta dónde es apariencia? Decía antes que la bisexualidad se define como la presencia de dos orientaciones, lo cual lleva a que el sujeto se oriente sexual y amorosamente hacia los dos géneros. Una de las orientaciones (generalmente la homosexual), se la guarda a conciencia con siete llaves en el *clóset*, excepto cuando la persona decide dar curso a su deseo con alguna salida *express*. En otros casos el Yo actúa defensivamente dejando fuera de la conciencia la otra orientación (homosexual). En este caso, el sujeto no sabe, no se entera, no oculta, simplemente no tiene conocimiento de eso, hasta que por algún motivo la experiencia guardada aflora. El deseo estaba reprimido y de pronto se libera. En cambio, cuando el sujeto sabe y la guarda, y, además, hace gala e impone a los demás la heterosexualidad dominante, ahí hay hipocresía. El sujeto sabe que se engaña y engaña a los demás, es un mitómano sexual. Durante el día habla de moral y por la noche se levanta a masturbarse mientras mira porno gay. En estas personas la exaltación del machismo, de las normativas conservadoras, del discurso moralizante es una constante, y cuando sale a la luz su doble discurso muchos dirán: "pobre, lo sufrió en silencio". No hubo tal silencio, silencio es no poder decir, estas personas dicen controlando e imponiendo reglas morales a los demás, como si ellos fueran un ejemplo a seguir. Esto no es defensa del Yo, es hipocresía lisa y llana. Ahora bien, cuando me refiero a líneas defensivas del Yo, estoy hablando de mecanismos internos que se movilizan para

dejar fuera del conocimiento aquellas representaciones, sentimientos, pulsiones, que pudieran, en caso de llegar a hacerse
conscientes, perturbar la idea que el sujeto tiene de sí mismo.
En el caso de las bisexualidades ambivalentes o las temerosas,
una de las representaciones debe ser postergada, más aún, mar-
ginada. Se margina el deseo y también las conductas que son
mantenidas en secreto. La sexualidad oculta de los bisexuales se
convierte en un problema cuando aparecen síntomas de angustia, depresión y enfermedades de transmisión sexual. De todas
las orientaciones, la bisexualidad es la que muestra índices más
altos de depresión, conductas marginales e infecciones asociadas al sexo *express*.

Nuevas orientaciones: el deseo divergente

Ser pansexual (el prefijo *pan* proviene del griego y significa "todo") es sentir atracción estética, amorosa, sexual, por las
diferentes formas de género, ya sea aquellas en las que existe acuerdo entre el sexo biológico y el género (cisgénero) o en
las que hay desacuerdo (transgénero). Las personas pansexuales tienen orientaciones cambiantes. Esto no significa que sean
inestables en sus relaciones, pueden tener parejas que perduren
en el tiempo, la pansexualidad sólo significa que sus elecciones
abarcan una amplia gama de posibilidades y se dan la libertad
para dar curso a sus deseos. Para las personas pansexuales, la
verdadera dimensión de las relaciones es el contacto interhuma-
no superando toda división o categoría que los encuadre.

Los sujetos pansexuales son diferentes de los bisexuales. En
la orientación bisexual la persona tiene contactos con personas
hétero u homo (no transgénero), pero prefiere una de las dos,
es decir, el máximo placer o la posibilidad de enamorarse define
una de las formas.

La pansexualidad irrumpe en el panorama actual del abanico de orientaciones cuestionando también la categoría de
género, ya que, a pesar de su flexibilidad, no deja de ser una

construcción subjetiva basada en un sinnúmero de influjos internos y externos. La relación libre entre personas adultas que se atraen sería la base de este modelo de orientación.

¿Es posible dejar de lado los puntos de atracción sexual que sirven de "enganche" para conectarnos sólo con la persona que tenemos enfrente? Quizá no sea posible, porque esos focos conscientes o inconscientes (cuerpo físico, expresiones, pensamientos, afinidades, gustos, ideología, etc.) estarán siempre presentes, sólo que en la orientación pansexual la atracción no está definida por esquemas estables; son medios para ir más allá, para ver detrás de la pantalla performática que construyen los géneros.

La visibilidad actual

Es posible que esta, como otras formas de vivir la sexualidad, haya estado reprimida para dar respuesta a las exigencias sociales, signadas por rígidas normas, casi incuestionables. Como decía antes, en el siglo XXI "salir del *clóset*" no significa sólo sacar del encierro la orientación homosexual, es también visibilizar las variedades de género, de orientación, de relacionarse. En síntesis: convertir la sexualidad en una capacidad humana crucial para llevar una vida más plena. Sin embargo, todo aquello que se aparta de la normativa binaria de género (hombre-mujer) todavía llama la atención o se comprende a medias. Para algunos, la diferencia entre sexo y género es una teoría que subvierte el orden natural. Los dogmas religiosos son inflexibles e insisten en "lo natural" como regente de la vida sexual, sin reflexionar que, si así fuera, no estaríamos en condiciones de amar, de abrazar, de gestar proyectos amorosos; nada que esté fuera del celo y la genitalidad procreadora. No obstante, este siglo nos convoca a realizar cambios antes impensables. La pandemia de coronavirus aceleró este proceso de reflexión, ya que no sólo está en peligro la vida, sino también los mecanismos conocidos para afrontar la adversidad. Se hace imprescindible sacar de la galera recursos viejos y nuevos, una mixtura que nos acerca y nos aleja de lo que sabemos de nosotros mismos. En este cuadro de situación, de cambio profundo, la vida de relación también se vio comprometida. El aislamiento, paradoja mediante, no acercó los cuerpos, simplemente los alejó. El anunciado "Baby Boom" no apareció, por el contrario, bajaron más de un 20% los nacimientos. Aumentó el sexo virtual y se triplicaron las ventas de juguetes sexuales. La retracción dentro de las casas provocó el uso desmedido de las redes sociales con tal de suplir la falta de contacto real, esto trajo beneficios a la hora de visibilizar relaciones y modos de expresar la sexualidad. Las restricciones encerraron los cuerpos, pero no sus numerosas expresiones. Fueron apareciendo fotos más subidas de tono, aplicaciones con personas que se animaban a mostrarse desnudas o insinuantes. Si bien la movida fue y es juvenil, los adultos no se quedaron atrás, es más, están haciendo más que antes para conocer gente. La pandemia limitó el deseo de los convivientes, pero exaltó el de las personas que se estaban conociendo y quedaron separadas, y también el de las personas solas. El tiempo para estar y organizar las actividades dentro del hogar, el *home office*, la soledad, permitieron que muchas personas se conectaran con otras, ávidas de comunicación y de sexo. Veremos luego cuál es la enseñanza que la pandemia nos deja. Quizá la vivencia de finitud nos convierta en sujetos menos egoístas y más empáticos. Importa la sexualidad de los demás en un mundo en peligro. ¿Hasta cuándo vamos a focalizarnos en las diferencias y no en la multiplicidad de acuerdos que seguramente tenemos con los demás? Si las personas encuentran en las diferentes formas de amar su realización personal... ¿con qué derecho criticamos o emitimos un diagnóstico, como si todo lo diferente fuese anormal o patológico?

Controlar o comprender

La visibilidad actual de algunas formas de relaciones abiertas, como el poliamor, no sólo cuestionan la monogamia, también influyen en las conductas de control sobre el otro, ya sea revisar dispositivos o desconfiar de la conducta temiendo una posible infidelidad. En el ámbito de la consulta por los problemas vinculares, la infidelidad sigue siendo unos de los temas más frecuentes. Sin embargo, más allá de la angustia por descubrirla, el nivel de tolerancia es mayor. Entre los factores que ayudan a enfrentarla interviene la apertura para poder pensar que el acuerdo de fidelidad es muy lábil, y que el amor y la dedicación entre las partes no es garantía de que ocurra. Las parejas también están pudiendo diferenciar "los desliz" de la "doble vida", es decir, los encuentros fugaces de las relaciones que conllevan algún grado de compromiso. Por supuesto que las primeras son mejor toleradas, siempre y cuando el vínculo desleal sea con alguien desconocido, esto es, fuera del espacio de amigos o de compañeros/as de trabajo. La cercanía de las personas implicadas (familiares, amigos, colegas, etc.) provoca más dolor y activa más mecanismos de control, aun cuando las relaciones con esas personas se corten para siempre.

La sexualidad es una prioridad

El lugar que ha tenido y sigue teniendo la sexualidad en una pareja es un factor fundamental para tolerar las infidelidades y para considerar la posibilidad de una apertura hacia otras relaciones, previo consenso: "sé que mi marido sale con otras mujeres, lo charlamos, pero no quiero hacer lo mismo que él, mantenerlo en lo oculto; quiero que compartamos la misma experiencia incluyendo un tercero", dice una paciente. En este caso la comunicación ganó al enojo y al control, en ningún momento esta mujer revisó el celular o las redes. La comunicación ganó al impulso de control y posesión del otro. Por supuesto que hay hombres y mujeres que ocultan, también están los que niegan y no se quieren enterar, por más de que existan evidencias. La imagen de corrección y abnegación que se tiene del otro no deja ver que detrás hay una persona que vive con contradicciones entre los deseos y valores.

Las relaciones abiertas no se ocultan

El tema del poliamor ha estado en todos los medios, no obstante, y más allá de las aclaraciones de los protagonistas y de los especialistas consultados, los comentarios más frecuentes en las redes hacían referencia a "legalizar los cuernos", lo cual es una creencia errónea, ya que no existe infidelidad porque las personas adultas acuerdan este tipo de relación. O en todo caso el concepto es "seamos fieles a este acuerdo de pareja abierta", para lo cual cualquier ocultamiento fuera del mismo sería desleal. También es tendencioso pensar que si no existen reglas de compromiso la consecuencia es el descontrol. Es el mismo discurso conservador el que pregona que toda conducta fuera de la norma es nociva socialmente. Las parejas, como toda relación, tejen sus acuerdos a medida que progresa el vínculo y a medida que atraviesan las diferentes etapas. No hay nada rígido (todo/nada; bueno/malo; fiel/infiel). Cada unión tendrá que encontrar su forma de estar y de afrontar las situaciones.

Apertura a los cambios

Estamos atravesando una etapa de profundos cambios en las relaciones amorosas y sexuales. Las redes sociales y las aplicaciones ponen al descubierto mensajes, relaciones, seducciones que antes quedaban en secreto. La facilidad de acceso a perfiles y a encuentros furtivos está a la orden del día; el que desea puede hacerlo con sólo armar un perfil o con un *like* en una foto como punto de partida. Esta facilidad despierta la curiosidad y el deseo que muchas parejas han perdido a lo largo de los años. El control y la desconfianza no sirven más que para potenciar las ganas de aventurarse a lo desconocido. Será entonces una oportunidad de potenciar los recursos de la pareja, y quizá se abran a nuevas experiencias. Saber que la exclusividad monogámica está siendo cuestionada ayuda a pensar que la fidelidad no depende de una norma, ni un modelo, sino de un estilo dinámico de relación que ambos deben acordar.

Capítulo 3

Heteroflexibles y género

El concepto de heteroflexibilidad se impone en este momento del siglo como una de las orientaciones más comunes entre los jóvenes y que tiende a perdurar en la edad adulta, además de que hay adultos que hace tiempo lo hacen y sin embargo sus escarceos sexuales aún no tenían nombre. La heteroflexibilidad es la orientación para tener contactos eróticos con personas del mismo sexo sin modificar ni cuestionar su orientación de base. Igual concepto se aplica para las personas homosexuales que tienen contacto con personas heterosexuales, llamándose, en este caso, homoflexibles. Una de las características que definen la flexibilidad sexual es la "curiosidad", la necesidad de aventurarse a otros terrenos con la finalidad de obtener placer. A veces el contacto surge en forma inesperada: miradas, besos, caricias, para terminar en un contacto erótico. Otras veces, la fantasía va ganando terreno hasta que aparece el momento y la persona adecuada para dar rienda suelta al deseo. El término "heteroflexible" se está haciendo cada vez más popular y ya forma parte del vocabulario de muchos jóvenes y de adultos. El concepto de homoflexibilidad es más conocido como "el tapado", es decir, aquel homosexual que tiene pareja o contrae matrimonio con una mujer (o un hombre, en el caso de una lesbiana) antes de definir claramente su orientación y salir del *clóset.* La heteroflexibilidad, como la pansexualidad, la asexualidad, los *swinger,* los "Hombres que siguen su propio camino", etc., dan cuenta de una movida que se impone cada vez con más fuerza. La sexualidad hétero se abre a la curiosidad, la prueba, la aventura, la osadía, la duda, el riesgo, etc. Las infinitas formas de acceder al placer van configurando gradualmente un nuevo constructo subjetivo. La elasticidad en las conductas sexuales lleva a apropiarse del cuerpo y sus correlatos emocionales para estimular y alimentar una identidad mucho más abarcadora. La idea de un Yo estable, rígido, limitado no encuentra cabida en un mundo que cambia y se transforma. Si hasta hace poco tiempo las conductas heteroflexibles eran secretas o limitadas a la marginalidad, hoy esos contactos se transforman en acciones genuinas y pasibles de ser mostradas y compartidas.

Los jóvenes millennials están más dispuestos a los contactos diversos, se dejan llevar por el deseo, las ganas, la inquietud por saber qué pasa con sus cuerpos cuando se unen a otros de su mismo sexo. Las prioridades sexuales van cambiando junto con las necesidades sensoriales de los cuerpos. La genitalidad para los jóvenes de este nuevo siglo no es una prioridad, tampoco cumplir con las reglas impuestas por el entorno. Quieren saber de qué se trata esto de ser libres en cuerpo y alma, una revuelta que exige ser sentida con todo el cuerpo y las infinitas sensaciones que aporta la unión genital. En épocas de alta influencia tecnológica, cuando pareciera que todo está centrado en el contacto virtual, el cuerpo sensorial pide a gritos recibir atención. Y es quizá en estos tiempos de extrema influencia del medio tecnológico, además de las exigencias para ganar espacios de trabajo y de poder social, cuando las demandas del cuerpo se hacen más aguzadas. Los pedidos del cuerpo para ser saciado de sus necesidades afectivas requieren de una toma de conciencia para dar una salida saludable a estas fuerzas internas. Por qué no pensar que los aumentos de trastornos de pánico, las depresiones, enfermedades nuevas como la fibromialgia, el síndrome de fatiga crónico, son respuestas adaptativas (que incluyen cambios a nivel del funcionamiento neuronal) a tanto "deber hacer" en pos de "Ser" en el mundo moderno.

Abriendo el concepto de heteroflexibilidad

Si bien la definición de heteroflexibilidad es precisa, me gusta pensar que el término bien vale para otras tantas representaciones de la heterosexualidad que están apareciendo en el campo sexológico y de la vida en general. Asistimos a cambios necesarios y bienvenidos en la identidad heteronormativa, pero también se observan malestares y resistencias. El machismo sigue imperando, desde pinceladas en el discurso hasta la violencia extrema; la crianza de los hijos se apoya en la idea binaria de género, la hipocresía de los padres que educan sin ser ejemplo de lo que trasmiten, son algunos de los problemas que aún están presentes. No obstante, observo que existen algunos estamentos que se están modificando con una finalidad de desarrollo, comprensión y crecimiento más genuino. Las identidades de género se abren en un arco diverso, y con ello, se cuestionan los estatutos de aquellas que han sido las imperantes por siglos. Junto a la masculinidad y la feminidad como estructuras identitarias rígidas se abren otras posibilidades como las personas transgénero, transexuales, genero fluido, disconformes con el género. Este conocimiento ayuda, directa o indirectamente, a repensar y a cuestionar las configuraciones clásicas de lo masculino y lo femenino. La compulsión por criticar, humillar, violentar a las personas que defienden y viven otras experiencias sexuales fuera de las clásicas instituidas es una resistencia al cambio. La visibilidad de las otras identidades llegó para quedarse. En realidad, las "nuevas" identidades sexuales siempre estuvieron, pero ocultas, formando parte de los márgenes de las sociedades. Ahora están presentes en la vida social, en los medios, llenan teatros, abren sus negocios, no se ocultan de la mirada ajena y, fundamentalmente, ganan derechos antes negados. Esta movida de las identidades de género invita a la masculinidad y a la feminidad a provocar cambios en sus bases. Y si a esto le sumamos el influjo del mundo globalizado, los medios de comunicación, la apertura a las redes sociales, etc., quien se queda defendiendo estamentos oxidados (pero no exentos de crueldad) seguirá con los mismos argumentos de la "naturaleza" del orden sexual y social.

Me interesa pensar y desarrollar el concepto de heteroflexibilidad como distintas maneras identitarias que se están visibilizando poco a poco, aun con oposición, resistencias y luchas contrarias. El gran avance de la sexualidad no es la llegada de la famosa "pastillita azul", son las transformaciones que están sufriendo (en el buen sentido de la palabra) las configuraciones de género en pos de vivir mejor. Sucede que estamos todavía en momentos de desencuentros, desconciertos, contrariedades, que buscan alguna resolución. Pensemos también que la estabilidad entendida como estructura inamovible primó durante siglos, por lo tanto, no debe llamarnos la atención que la flexibilidad sea la forma imperante en estas nuevas dimensiones del género.

El capital erótico masculino

La virilidad ya no es la de antes. El hombre "varonil" con gestos medidos, con una manera de mirar, de mover el cuerpo, de hablar, de conquistar existe sólo en algunos medios que aún sostienen la masculinidad como una condición de clase social. En las nuevas generaciones, a medida que el *status* de clase se incrementa por jerarquía laboral o académica, se incorporan nuevos modos que se integran a los clásicos dando lugar a una virilidad más flexible, *light*, "*cool*", centrada en el cuidado personal, la moda, la autonomía, la sensibilidad y la seducción como refuerzo narcisista. La virilidad se mantuvo con pocos cambios hasta el siglo XX, cuando el cimbronazo de postguerra (segunda guerra) trajo consigo modificaciones en los roles familiares, la mujer contribuyó a la economía del hogar, en un principio sin mucha novedad, hasta que la movida feminista fue provocando grietas en ambos roles de género. Si las mujeres comenzaron a golpear las paredes que las encerraban provocando un sismo irreversible en sus propias estructuras, el cambio en los hombres se viene dando en forma gradual, afectando tanto la virilidad como las relaciones con sus congéneres y las mujeres. Y digo que el cambio en la masculinidad no fue tan vertiginoso quizá por la solidez arcaica de la estructura, así como por la interpelación que la sociedad en su conjunto hace de estos cambios.

Las mujeres conjugan hogar y trabajo para estar a la altura de las circunstancias actuales, en cambio al hombre se le dice "pollerudo" cuando posterga alguna actividad "varonil" para estar en su casa, o "dominado" cuando se encarga de quehaceres del hogar; o "maricón" o "raro" si no está en pareja con una mujer o cuando su rubro laboral apunta a un público femenino. Muchos hombres viven en la encrucijada de comportarse como la virilidad clásica indica o hacerlo desde el lugar más sensible, acorde con el hombre urbano actual. En la configuración del hombre modelo del siglo XXI se juegan aún las dicotomías sensibilidad/rudeza; actividad/pasividad; erección/flacidez; inmadurez/madurez; relajación/tensión; obsesión/histrionismo, etc. La conducta masculina ha estado sectorizada en una suerte de compartimentos estancos donde es posible manifestarse de una manera o de otra según el contexto; en la casa, en el trabajo, con los hijos, con los padres, con los amigos, en la cancha, etc. Las conductas varían en cada uno de estos espacios. El hombre aprendió que la masculinidad tiene sus reglas propias de expresión, y una de ellas es diversificar la acción según el rol y el contexto social. Es notorio cómo muchos hombres "cambian de máscara" según con quien se encuentren, permitiéndose ser emotivos, pasionales, o reprimiendo las emociones, como si dentro de ellos existiera un dispositivo que regula la conducta según el termómetro del "ser varonil". Las mujeres conocen bien este comportamiento, por eso demandan a sus seres queridos que sean sinceros con ellas como son con el resto. Es frecuente escuchar: "con tus amigos te reís y en casa siempre con cara de culo" o "mi marido fuera de casa es otra persona". El capital erótico del hombre subyace bajo esta maraña de conductas aprendidas que tienen como fin defender la virilidad a ultranza y que nada demuestre algún rasgo de feminidad. Decía antes que el movimiento actual de la masculinidad afecta gratamente a los hombres, sobre todo a aquellos con algún grado de instrucción, de medios urbanos, clase media, que necesariamente deben incorporar nuevos modelos de virilidad para ajustarse a las demandas femeninas, y esto se hace extensivo a las laborales y sociales en general. Cuando en los pedidos de trabajo se solicita "hombres con buena presencia", además de una instrucción básica (según el perfil de búsqueda), se hace referencia a los modos masculinos de ser y a las habilidades de interacción social, es decir, capital erótico mediante: simpatía, predisposición, capacidad de escucha y resolución; pensamiento abierto, sensibilidad, cuidado personal y buen vestir. El capital erótico masculino se instala primero en clases medias y acomodadas que se valen de él para ampliar su ser social, lo cual favorece la integración al grupo. Todo comportamiento rudo, insensible, tosco, descuidado en su aspecto, con un lenguaje pobre será visto como "desubicado" lo cual quiere decir por lo bajo "desclasado". El capital erótico masculino ha pasado a ser una cuestión de *status* de clase, siendo la dimensión cualitativa de la virilidad según el estamento social al que se pertenezca. La virilidad y el capital erótico se integrarán a medida que ambos se necesiten mutuamente según las exigencias de grupo y de clase; la feminidad, en cambio, no sufrirá cambios significativos en tanto responda a su esencia (sensibilidad, expresión emocional, maternidad, cuidado del hogar y de la prole) y las modificaciones cualitativas del capital erótico femenino serán más aceptadas en tanto y en cuanto sigan esta línea. Una mujer hombruna, dominante, con apariencia viril; así como un hombre afeminado, sensible, emotivo, grácil, "dulce" estarán fuera de los parámetros ortodoxos del género, serán los que "no encajan", los "desclasados" de la concepción binaria de género.

La resistencia machista

Los hombres heterosexuales que salen de su propio *clóset* normativo se enfrentan con otros congéneres que aún persisten adentro del mueble, asfixiados por lineamientos inamovibles, inconscientes en la mayoría de los casos, naturalizados como propios y con la creencia del aval social. Para estos hombres adultos que desean adaptarse a las nuevas demandas culturales de la masculinidad les puede resultar difícil mostrar sus nuevos atributos, hacerlos visibles frente a aquellos que los rechazan o se oponen a los cambios. La idea de homogeneización grupal sigue siendo una regla en el mundo masculino. Comportarse como lo hacen los otros, hablar como ellos, usar las mismas frases o reírse de los chistes prejuiciosos son algunos ejemplos de cómo los machos muestran sus falos como símbolos de comunicación y de unión. Es triste, patético, ver cómo hombres que individualmente se comportan de una manera más abierta e inclusiva cuando están en grupos se ponen las máscaras del camuflaje viril, les cuesta ser consecuentes con los cambios y sostenerlos frente sus congéneres. Reproducen las alianzas entre machos como maquetas performáticas de la masculinidad acérrima. Y ni que hablar de los partidos de fútbol con sus cánticos que remiten al poderoso falo que coge, rompe, gana y suscribe cada evento con su firma imborrable. La identidad masculina flexible se topa con uno de los puntos básicos de la virilidad: la jactancia entre pares. Vigor, potencia, dominancia y jactancia han sido por siempre los lineamientos estructurales del macho social. La jactancia permite la interacción entre los comunicantes hombres. Y no es solo "quién la tiene más larga" a la hora de medir hazañas, es todo lo que se convierte en mensaje que le da homogeneidad al grupo: la manera de moverse, el lenguaje, las temáticas, etc.

Para el hombre nuevo, la percepción del mundo circundante se amplía como si se abrieran muchas ventanas antes cerradas. Y si la percepción se abre, el pensamiento que le da sentido a lo percibido sigue los mismos pasos, ayudando a una comprensión mucho mayor. La identidad que es registro de lo propio se enriquece con los nuevos aportes. Cuando se habla de deconstruir la masculinidad, se hace alusión a remover los mismos cimientos identitarios. Ir al hueso, a la esencia misma. No obstante, esta apertura, que no es solo de conducta, no la puede compartir con todos. Hasta las mujeres, que han deseado que estos hombres nuevos sean sus compañeros en la distribución de tareas en el hogar, en la cama siguen exigiendo la bravura potente del falo erguido. ¿En qué quedamos?, se preguntan, y con razón, estos varones que se sienten disociados y en conflicto con el medio circundante ¿quieren un hombre moderno fuera de la cama y un salvaje dentro? A diferencia de los varones, a las mujeres, con más tiempo de recorrido en estos dilemas de género, no les resulta un conflicto salir del *clóset* de la feminidad porque están siendo congruentes con los cambios que se esperan de ellas. Tampoco una mujer tiene que hacer un despliegue explícito de su feminidad en los grupos de mujeres. No tienen que mostrar sus ganancias eróticas como trofeos, si lo hacen es para compartir el orgullo de llevar adelante su sexualidad, pero no lo harán como código de homogeneización grupal. Pero a la hora de estar en la cama con un hombre, esta apertura no es tan congruente con lo que se dice y se hace fuera de ella. Ellas quieren hombres que las escuchen y se dejen guiar por sus necesidades eróticas, más a la hora de optar por variantes para el orgasmo siguen prefiriendo la penetración y aún más, muchas exigen que aparezca para sentirse plenas. En la consulta veo parejas con ganas de mejorar su *performance* sexual, más cuando se trabaja, el mito del orgasmo por penetración sigue siendo el deseado.

A los hombres les resulta difícil mostrar estos rasgos varoniles nuevos sin sufrir alguna "cargada". Temen ser vistos como extraños, afeminados o "raros". Tanto en la ropa, como en los gustos, en la expresión, en la apertura hacia otros modos sexuales, en la curiosidad por el conocimiento, en la capacidad para poner límites a lo que no les gusta, estos varones se destacan. Pero una cosa es la apariencia "abierta" y otra la configuración interna de la subjetividad, es decir, si aquello que se deciden a mostrar es congruente con lo que sienten. Existen hombres que se comportan de una manera libre, fuera de prejuicios, pero son posturas que aún no tienen raíces sólidas en su interior. Las contradicciones hacen un esfuerzo para intentar encontrar la unidad de las partes en conflicto, y en esta búsqueda de congruencia el conocimiento es fundamental. La ignorancia amenaza toda búsqueda libertaria, y para que el conocimiento se acerque sin miedo es necesario estar abierto a él con actitud curiosa y decidida. Aprender a cuestionar, a tener un pensamiento que critique la realidad en lugar de engullirla, debería ser una capacidad aguzada, presente en toda acción cognitiva. La educación de los niños debe contemplar esta capacidad innata, cercenada, aplastada por tantos refuerzos negativos. Siendo adultos tenemos la oportunidad de reparar el pasado, pero cuanto más ayudemos a los niños a realizar una lectura más amplia del mundo, estaremos garantizándoles una mejor vida adulta.

La resistencia violenta

Así como los machos resisten los cambios de sus congéneres, mucho más evidente y grave es el rechazo a los cambios en la feminidad. El patriarcado sigue imponiendo sus reglas, en algunos casos solapadamente, en otros, con las mismas conductas de dominio y violencia sobre las mujeres. La movida femenina necesariamente tuvo que interpelar a los hombres para que estos también revisaran las bases constitutivas de la masculinidad, cuestión que, como he dicho antes, no es nada fácil. No se puede remover en tan pocas décadas lo que se ha armado durante siglos. Las modificaciones del género femenino están siendo más rápidas en lo que va de este siglo, es un cambio vertiginoso comparado al tiempo de siglos que tuvieron para armarse. Frente a estas buenas nuevas, la resistencia machista se mantiene en pie de lucha: mujeres humilladas, controladas, celadas, muertas por no someterse a las reglas de la masculinidad machista y patriarcal. Entre algunas de estas conductas dañinas están los celos. Los celos son sentimientos que acompañan la vida emocional de todos. Desde niños tenemos esta necesidad de ser únicos para el otro, sintiendo inseguridad y enojo frente a terceros que pudieran disputar el amor exclusivo de los padres. Este proceso normal en el desarrollo de la identidad se convierte en patológico cuando ocupa la mente del sujeto y complica las relaciones interpersonales. Existen personas que sienten celos y demandan atención, otras que los usan para seguir los pasos y digitar la vida de la pareja.

Si los celos son causa de violencia, existen otros modos de resistencia masculina que hacen menos ruido que los celos, y me refiero a la desigualdad en la distribución de las tareas dentro del hogar: dar por sentado que existen acciones que competen a las mujeres, que por el hecho mismo de serlo están obligadas a cumplir con actividades que "son inherentes al género femenino". Hoy en día, las acciones no están delimitadas como en el siglo XIX, aunque en forma más solapada logran persistir al paso del tiempo. Que el hombre "proveedor" llegue tarde del trabajo no lo exime de colaborar en las tareas del hogar poniendo el género como excusa. Que un hombre llegue del trabajo y encuentre la comida hecha y que luego se siente a mirar televisión mientras la mujer (por ser mujer) baña, acuesta, arropa a los niños, y además tenga que estar preparada y lúcida para tener sexo, son acuerdos que comunican un *statu quo* peligroso. Y aquí no estoy hablando de celos, ni de gritos, ni de vigilancias, ni de golpes; estoy hablando de una serie de actos dañinos que ciñen la vida al extraño ritual de la cotidianidad. Y con la excusa de "esto les ocurre a todas las parejas" o "no es posible hacer cambios por la falta de tiempo", las relaciones y la educación de los niños sufren las consecuencias de esta violencia encubierta. El daño que provoca esta repetición de actos en la calidad y en la continuidad de la vida es inconmensurable. Quizá la medida posible del defecto sea la pobreza cognoscitiva que cierra la percepción a unos pocos datos, y con ello la reducción expresiva de las emociones, los sentimientos, las conductas; en fin, todo el Yo sufre limitaciones. La diferencia en los roles y las actividades resultantes, una vez que se afianzan según el género, comienza a extenderse a las otras áreas de la vida. En este contexto esquemático poco lugar queda para los cambios, sobre todo aquellos que cuestionan en forma tajante el ritual instaurado. En la actualidad, el sufrimiento personal está muy relacionado con la desigualdad solapada. Existe una disociación entre el mundo interno, subjetivo, y la experiencia externa, la que se puede mostrar. Por fuera vamos de la mano proclamando la autonomía y la libertad sexual; tras las puertas de los hogares se reavivan los modos anquilosados del patriarcado. Mujeres y hombres heterosexuales sufren o reprimen la angustia para seguir adelante con lo que se espera de ellos. Pero ¿qué se espera? ¿Quién espera? Hay un tirano interno que determina la secuencia de actos cotidianos, hasta que un suceso tiene el poder para romper el hechizo del sometimiento. No es la violencia explícita la única que se mete en los hogares. Si fuera así, sería posible distinguirla y denunciarla. Es el control social el que actúa desde la oscuridad naturalizando infinidad de actos que hacemos a diario. Si el control sobre las personas es violencia, el orden social heteronormativo la ejerce sin que nos demos demasiada cuenta de su acción, y es previa a la violencia explícita, va fijando los cuerpos a medidas irrestrictas, que no aceptan discusión porque son constitutivas, casi "naturales", como si naciéramos con ellas. Por tal motivo, cuando hablamos de violencia doméstica o de género, existe una primera instancia que opera sobre los cuerpos normativizándolos hasta que se ajustan al ideal social. Y este proceso nos alcanza a todos, y seguirá su mismo accionar si no se lo pone sobre el tapete para estudiarlo, describiendo estos mandatos sociales y cómo estamos a merced de ellos. Todo abordaje debe contemplar lo inmediato para darle una solución urgente, pero no debe dejar de lado las causas que operan desde las bases. Al cuestionar este accionar provocamos fisuras en este entramado de poder que, obviamente, provocará rechazos, pero los resultados serán más que favorables. En la medida en que estas fisuras se multipliquen, las leyes que operan sobre las formas de vivir de las personas gozarán de la libertad que nunca les fue concedida.

Los camuflajes de la virilidad

En este panorama de la masculinidad cambiante, encontramos dos perfiles de personalidad: los hombres histéricos y los narcisistas. Ambos, por poseer rasgos que son bien vistos socialmente (simpatía, carisma, sociabilidad, cuidado personal, seducción, etc.), abundan sin ser considerados un problema para las relaciones hasta que muestran sus facetas más controvertidas. Llama la atención el aumento en la prevalencia de estos rasgos de personalidad, lo cual lleva a pensar que existen rasgos de carácter que se incrementan como defensa al cambio y que se amparan en el refuerzo del entorno. Tanto los histéricos como los narcisistas intentan una adaptación forzada que se pone en evidencia en todas las etapas de la relación amorosa. El fin último no es la relación, sino mantener vigente la virilidad frente a tanto desbarajuste que la amenaza. Tampoco proceden de un modo brutal, mostrando lo más conspicuo del ser macho, por el contrario, se muestran tan afectuosos y sensibles que convencen con sólo verlos u oírlos hablar. Ellos saben que estar en este mundo moderno requiere de astucia, de saber combinar la sensibilidad, la audacia, la inteligencia, el *glamour*, la simpatía, y aprender a camuflarse para dar una imagen que se ajuste a los deseos del otro. Estas personalidades afloran hoy en día en cualquier medio, es más, diría que son tan frecuentes que lo que comienza en un medio social se extiende a toda la sociedad, con las consabidas diferencias de estilos según la clase social, el nivel educativo, el medio urbano o rural, etc. Lo que comenzó siendo un modo aceptado de clases acomodadas y de medios urbanos ya no es tal. Por su difusión y popularidad, estos comportamientos narcisistas e histéricos deberían ser fáciles de reconocer, sin embargo, encuentran camuflajes en las modas y en la valoración social que tienen estos rasgos. Las sociedades premian los comportamientos sociales de extraversión: la fluidez para las relaciones interpersonales; la simpatía, la seducción, el carisma; la inteligencia, la "chispa", la rapidez pensante, el humor, la producción, el dinero y el *status* social (no importa cuál sea el origen del bienestar). La sociedad consumista no quiere sujetos tristes ni apocados, quiere que sus súbditos anden sonrientes, llenando sus vacíos existenciales con tecnología y enseres descartables. Este es el marco que gesta y prepara la acción de estos caracteres que se identifican por atrapar la mirada del otro.

Hombres histéricos

La histeria ha ganado la personalidad de muchos hombres dispuestos a sacarles desde hace años este patrimonio desde siempre atribuido a las damas (la palabra histeria proviene del griego *hystera*, que significa útero). Si ellas tuvieron la corona durante siglos, no fue por azar o por determinantes de la biología, sino por lo que les deparó la historia o, mejor dicho, la masculinidad ajustada a las leyes dominantes. La historia de las mujeres en el mundo occidental ha sido un largo derrotero para salir de la opresión del patriarcado. La sociedad quiso siempre muñecas en el hogar, forzadas a decir sí, a criar hijos, a responder a las exigencias del hombre. Y por fuerza mayor (la Revolución Industrial, las guerras) y por la decisión de ellas mismas, las cosas fueron cambiando. Por lo tanto, la histeria no fue un mero cuadro psicopatológico que dio origen a un estudio más pormenorizado de las neurosis desarrollado por Sigmund Freud; fue y sigue siendo el resultado de una interacción desigual entre hombres y mujeres, en detrimento de estas últimas, resultando en un comportamiento inmaduro, en constante búsqueda de la confirmación externa. Porque la histeria es una forma de dependencia que remite a esos primeros lazos parentales (llamados Edípicos) donde todo ocurre en el espacio simbólico de la ligazón amorosa a los padres. Si la maduración de la personalidad histérica se debate entre la autonomía y la dependencia, ganando ésta última, la educación de las niñas en una sociedad desigual confirmará esta apuesta. Y aún hoy, la mujer se debate entre su propio saber y el saber ajeno, que espera de ella la dote para ser confirmada en su feminidad. La histeria sigue existiendo en su forma caracterológica (carácter histriónico) y en su equivalente sintomático (síntomas corporales y alteraciones de la conciencia que no responden a causas físicas u orgánicas).

A la personalidad histérica se la tilda de inmadura porque, justamente, no puede acceder a la autonomía que se espera de todo aquel que logre superar la ligazón edípica. La persona queda inmersa en una unión con los progenitores que no le permite la individuación, es decir, configurarse como un sujeto independiente. Salir del Edipo significa el desapego de los padres para encontrar la propia identidad, salir de ese contexto confuso de figuras y sentimientos encontrados de amor/odio. La corrida edípica favoreció siempre a los hombres, empujados desde pequeños a defenderse entre pares, y más aún, a gestarse su propio proyecto no bien entrada la adolescencia. "Estudiás o trabajás" decían los padres con la contundencia de la ley escrita que obliga a pasar a ser un "hombre de bien". La histeria masculina tiene una forma de presentación que confunde. Por un lado, llama la atención por sus modos agradables, "entradores", siempre a la moda; por otro lado, están muy bien dispuestos un tiempo hasta que se van enfriando y dejan de responder a los llamados. Al hombre histérico le encanta la seducción, es su manera de presentarse socialmente, no existe histeria sin dotes de sociabilidad. Se sienten bien cuando son el centro de atención, tienen humor y saben cómo complacer las expectativas de los demás. No obstante, esa efusividad y aparente compromiso que ponen en los vínculos, no son así como se muestran. Una vez que seducen y comienzan una relación se cansan fácilmente, no saben cómo continuar con un vínculo que no cubre sus vacíos. También las personas que están a su lado se agotan con sus "borradas". Si en un principio eran ellos los que pedían hablar y verse con frecuencia, después de un tiempo serán sus parejas las que demanden un poco de atención. El histérico dedica tiempo al gimnasio, a estar a la moda. Seduce a todos; hombres y mujeres caen bajo su influjo. En el sexo nunca están a la altura de lo que proponen o provocan en los demás. Les gusta mostrar sus músculos, su cuerpo trabajado, pero no tienen suficientes habilidades eróticas, se quedan en la clásica por temor a fallar. Bajo todo este despliegue de pavo real subyacen inseguridades y una severa dificultad para tolerar las frustraciones. La inmadurez de sus conductas evidencia los pobres recursos del Yo para sostener su autonomía. Viven para que los demás llenen sus vacíos y les confirmen que la virilidad está sana y salva.

Hombres narcisistas

Los varones narcisistas se parecen a los anteriores, sólo que no precisan la mirada ajena para reconfortarse, con la propia es suficiente. Se convencen de que son los mejores en todo: en el amor, la bondad, la inteligencia, las relaciones sociales y la capacidad para arribar a las metas propuestas. De lo que no tienen registro es de que de todo eso que dicen tener, existe muy poco, y de que sus logros son consecuencia de sus malas acciones hacia los demás. Si el hombre histérico arma su defensa concentrándose en las ganancias que provienen de los demás (ser el centro de atención), en el narcisista los premios son el resultado de defender su virilidad con gestos glamorosos, pero en el fondo es un guerrero cínico que siempre busca ventajas a partir de la sumisión ajena. Es increíble el uso del cuerpo y de los recursos expresivos que ponen en acción los narcisistas. Ellos se presentan con esa mezcla de virilidad y feminidad, de entrega y resistencia que seduce y atrapa a mujeres y hombres. Sólo ellos saben sacar partido para su insaciable "poner a prueba" la virilidad: manipulan, mienten, seducen, conquistan, son buenos amantes y se muestran comprensivos, luego, una vez logrado su cometido, huyen sin dar explicaciones. La cultura de centrarse en uno mismo y la carencia de empatía es uno de los aspectos que caracteriza a este tiempo de ambiciones personales. Las personas deben contar con más y más herramientas para vivir en los medios urbanos y subsistir en cada uno de los espacios conseguidos. La demanda laboral de personas cada vez más capacitadas y las exigencias a la hora de la conquista amorosa llevan a afinar rasgos de supervivencia, entre ellos los del cuidado personal. Todos somos narcisistas por el simple hecho de que tenemos que cuidarnos y bregar por la supervivencia, pero estos rasgos conviven sin conflicto con la solidaridad y el pensar en el otro. Sin llegar a hablar de patología, muchos varones adoptan sin pensarlo rasgos narcisistas, con los cuales van chocando con el mundo para no mostrar sus debilidades. Las relaciones amorosas ponen en vilo este tipo de rasgos, haciendo que el hombre se prepare para defender su hombría; de esta manera impone sus pareceres, desprecia e inutiliza al otro, cuestiona cualquier acto ajeno que ponga en juego su virilidad. Estas manifestaciones del narcisismo abarcan diferentes conductas que se expresan en todos los ámbitos, pero es en el relacional hacia donde más apunta sus defensas.

Estos tipos de personalidad dependen fundamentalmente de dos factores que las alimentan y se relacionan entre sí: las demandas de una virilidad que se resiste al cambio y las determinaciones culturales transmitidas de padres a hijos. No es posible pensar la construcción de estas estructuras neuróticas sin tener en cuenta estas fuerzas que influyen desde la tierna infancia y modelan la forma de ser de cada sujeto.

Mujeres del siglo XXI

Que las mujeres han logrado enormes avances en materia de derechos, empoderamiento y decisión sobre sus proyectos no es ninguna novedad. Tampoco lo es que existan mujeres que han internalizado esos cambios, los defienden y son parte fundamental de sus conductas. Sin embargo, existen aquellas que toman parcialmente los adelantos en materia de género y otras que directamente levantan una barrera de "no pasarán". Hay de todo en el vasto universo femenino, quizá por eso son más impredecibles que los hombres (aunque últimamente esta creencia ya no tiene el mismo asidero).

Puedo definir la presencia de tres grupos:

- Las que viven y defienden sus derechos y quieren aún más cambios que abarquen la igualdad de derechos, pero, sobre todo, la autonomía y enriquecimiento personal.

- Las que, tironeadas por los preceptos clásicos de género, se animan a algunos cambios. El conflicto interno entre liberarse o someterse se resuelve asumiendo lugares intermedios, quizá más cerca de los patrones más conservadores.

- Las que viven abocadas a defender los estatutos rígidos y una vida dependiente de las leyes patriarcales. Claro que sus conductas no son tan ostensibles como antaño, se presentan en forma más solapada, enmascarada bajo la abnegación de la madre y ama de casa eficiente, que además hace gimnasia, sale con amigas, estudia, pero sin mover demasiado la estructura del pensamiento más ortodoxo.

Cada una de estas dinámicas de género reproduce comportamientos que impactan en todas las áreas: relaciones sociales y de pareja, trabajo, proyectos personales, disposición subjetiva para enfrentar circunstancias vitales, etc.

¿Las mujeres son más emocionales?

La mujer tiene el beneplácito de la expresión emocional. Nadie se extraña si las ve llorar, sensibilizarse y hasta enojarse. No existe un patrón estándar que mida el mundo afectivo femenino; existen las más lábiles, de humor cambiante, impredecible; las de ánimo estable, ya sea placentero o displacentero; y las apocadas, áridas o poco afectuosas. El dolor y el placer están muy asociados al accionar del otro. La responsabilidad asumida desde la infancia está siempre presente. La feminidad incluye al otro en su construcción; otro que determina su accionar y su razón de ser. La mujer se frustra cuando no puede satisfacer las demandas del *partenaire*: madre, esposa, amante. Puede tolerar las frustraciones individuales, laborales, amistades, etc., más no se perdona las decepciones fruto de las responsabilidades esenciales atribuidas al género. Ante las mismas decepciones, los hombres reciben compensaciones permanentemente, o ponen en juego las habilidades aprendidas para paliar las frustraciones, la mayoría de ellas restringidas al desarrollo laboral y la competencia por los lugares de poder social. El hombre se frustra (y se deprime), cuando ve herida su capacidad de dominación sobre los demás, ya sea por ineptitud, incompetencia o porque otro ha pasado con éxito el umbral de selección del más apto. Aunque parezca que el mundo se destruye, cuando un hombre pierde el trabajo o queda desplazado en la selección, los recursos de superación están más aceitados que en las mujeres que no pueden cumplir con los preceptos clásicos de género. Convengamos que los varones hacen más concesiones con la realidad obteniendo de ella más apoyo social. Un hombre sin trabajo es un desocupado, en todo caso un vago; pero nadie diría que se ha suspendido la capacidad de dominación y virilidad. En cambio, una mujer que no ha hecho pareja no ha tenido hijos o defiende la libertad individual es una solterona, una estéril, una hombruna o una excéntrica.

Los sentimientos convierten a las mujeres en *geishas*, diosas, monjas o locas desequilibradas. Son polo de atracción o de rechazo. Las variaciones en el área emocional son muy evidentes en aquellas mujeres que muestran desde muy jóvenes rasgos de inestabilidad. Otras se vuelven más emotivas y lábiles de humor después de los cuarenta. Son este tipo de mujeres las que provocan reacciones de rechazo en los hombres que no las conocen y pretenden acercarse. Ya veremos cómo la insatisfacción es una constante y no hay nadie que pueda colmarla. Hoy el término bipolar describe el ánimo inestable de muchas mujeres que alternan momentos de buen humor con otros de ansiedad e irritabilidad. Se ha hecho tan famoso el término "bipolar" que es un nuevo adjetivo para nombrar las emociones femeninas. Se dice con total liviandad e ignorancia sin preguntarse qué es lo que realmente significa "ser bipolar", ya que el trastorno es una forma psicopatológica (y en algunos casos, grave) en la expresión de las emociones. Más allá de las diferencias en el mundo emocional, existe una clara evidencia de que se espera más de ellas desde el punto de vista sentimental que de los varones. Ellos pueden decir "no sé qué siento" o "yo soy así, fui criado de esa manera", "en mi casa no se trasmitían los sentimientos", etc., en cambio, las mujeres deben sentir y decir qué sienten por el simple hecho de ser mujeres. Sin embargo, están las otras emociones, las que acompañan las quejas femeninas para que los hombres las escuchen de una vez por todas. Hablo de escuchar, no sólo mirarla y decir "ya se te va a pasar". Hace unos días una mujer joven, esposa y madre de dos hijas me decía: "me siento una mujer vacía". "¿A qué se refiere?", le pregunté. A lo cual respondió: "mi marido hace que me mira o me escucha, en realidad está casado con su trabajo, no conmigo". Esta joven vivió con entusiasmo el comienzo de la relación para dar paso a una vida sin demasiadas estridencias, combinando el trabajo con las responsabilidades del hogar. Sin darse cuenta, su vida quedó presa de un sistema vincular que se fue superponiendo, como capas, por sobre la esencia igualitaria del vínculo. Su ánimo fue cambiando para mal, sintiéndose angustiada, con quejas permanentes "ni yo me aguanto", dice. Ya no sabe cómo pedir lo que necesita, le sale con tono de queja o bien levanta la voz haciendo que su marido deje de escucharla. Los hombres no saben cómo contener a sus parejas, no entienden sus demandas, creen que por el sólo hecho de ser madres, de tener sus necesidades cubiertas, no deberían tener estas conductas. Las tildan de insatisfechas, de ser las que atentan contra la relación, de no cuidar a sus hijos de sus arranques. Cómo explicar entonces que no es el hecho (casi siempre olvidable) lo que motiva la discusión, son miles de capas de desacuerdos que día a día han construido un estilo de relación basado en el enfrentamiento y la inhabilidad para tratarlos. Las mujeres, cuando quieren que se las escuche, deben primero afrontar el prejuicio externo de ser desmedidas y demasiado emocionales en sus pedidos. Los hombres quieren que sean más concretas, que dejen de hacer rulos con el pensamiento, que no sean complejas y que vayan al grano ofreciendo también soluciones. Ellos verán luego qué hacen con eso. Cuando las parejas se deciden a tratar los desacuerdos, las soluciones que se proponen son como remiendos de corta duración. Después, con el tiempo, esas soluciones que no resultan provocan más resignación que desafíos: "ya me cansé de decirle y que no pase nada".

El capital erótico femenino

Las estrategias de marketing tienen como objetivo a las mujeres más que a los hombres. A ellas se les ofrecen ropa, electrodomésticos, alimentos saludables, cremas; y en todo caso, alguna bebida alcohólica (compartida con los hombres). En esta oferta coexisten tanto objetos que refuerzan los comportamientos de la vida hogareña (limpiadores, comidas, cuidado del bebé) como las que apuntan a una "mina" independiente, atractiva y segura de sí misma. Si se sigue insistiendo en el hogar como centro de producción y consumo burgués, será porque aún existen consumidoras afines a esos gustos. La idea de familia sentada en torno a la mesa, con un padre que ocupa la cabecera, la madre del lado derecho y los pequeños (casi siempre dos: una nena y un varón) del lado izquierdo, es el marco perfecto que resume la felicidad hogareña. Incluso los problemas que pudieran surgir son resueltos por la intervención del objeto milagroso que todo lo resuelve, llámese gaseosa, milanesas de soja o un nuevo *smartphone*. La publicidad siempre usó la imagen de la mujer hogareña para publicitar sus productos, así como para sostener la representación de la familia tradicional que se ajuste a la sociedad capitalista y cristiana. La mujer que muestra su quehacer en los escaparates es ama de casa, señora de su marido, madre de sus hijos y empleada ejemplar. En todos estos roles la mujer debe estar impecable, debe tener un saber completo de las necesidades de sus seres queridos, además de conservar la feminidad a toda prueba. No se verá a una dama sucia, desprolija, desgarbada o machona. La feminidad debe ser la esencia que sostiene cada rol. No deben colarse ambigüedades ni insinuar alguna transgresión de orientación o de género. Creo que el marketing actual es efectivo en tanto y en cuanto aún existe un nicho sobre el cual actúa para lograr conductas "políticamente correctas". No obstante, existen otros nichos que para nada cumplen con las características anteriores pero que no deben ser visibilizados.

El capital erótico femenino se ha visto muy influido por estos modelos externos amparados por una concepción moral de lo femenino. Tanto el cuerpo, como cualquier expresión proveniente de él, debía ajustarse al modelo impuesto, de ahí que es difícil desentrañar el verdadero capital erótico dejando de lado estos estereotipos internalizados en la trama misma de la subjetividad. El aporte a la subjetividad de género que hacen la publicidad y el marketing deja afuera a los mismos grupos sobre los que se ejerce discriminación por orientación, género, raza, etnia, peso, figura corporal y conformación familiar. La dicotomía del pensamiento se traduce en acciones que influyen negativamente en un sinnúmero de personas que no se ajustan a las normativas anteriormente descritas, las cuales no son visibilizadas. La paradoja es que esos mismos objetos son consumidos también por aquellas personas a las cuales no estaban destinados, creando la ilusión perversa de que también ellas pueden servirse del banquete ofrecido, pero no sería "políticamente correcto" visibilizarlas. De esta manera el sistema de producción de objetos impone su poder heteronormativo sobre todos los que estén "abiertos" a la aceptación sin cuestionamientos previos. Se acepta o se rechaza. El capital erótico femenino de base, aquel que se configura desde la infancia, ha tenido que aceptar sin miramientos, por lo menos hasta la adolescencia o la adultez joven, las uniformes maneras morales de "ser mujer". Si bien existen diferencias entre la biología de las hembras y de los machos, la psicología de las primeras se mueve en forma más acelerada en estos últimos tiempos, dejando atrás a la de los machos, más lentos para los cambios.

Los sistemas de producción capitalista rotan constantemente los objetos que satisfacen el capital erótico y otorgan *status* de clase. En estas últimas décadas estas metas, antes ilusorias, se convierten en posibilidades reales ya que pueden ser adquiridas por clases populares. Las cirugías estéticas son un ejemplo de ello. Que una joven quinceañera pida como regalo "hacerse las lolas" no sorprende. Menos que menos que una mujer adulta decida hacerlo. La modificación del cuerpo por el "bisturí estético" llegó para quedarse. Los tratamientos se extienden a otros abordajes quizá menos cruentos que las diferentes cirugías que ofrece el mercado. El capital erótico, que originalmente se basaba en rasgos propios de expresión, suma cada vez más elementos para ampliar su patrimonio. Y si en su origen esta dimensión humana favorecía la interconexión entre las personas, el sentirse parte de un sistema de relaciones de atracción y de rechazo, ahora se centra en el bienestar personal y en la autoimagen. Volvemos hacia nosotros mismos con la satisfacción de haber cumplido con las reglas del cuidado personal y el ideal de belleza social. No cuestiono la decisión de mejorar el cuerpo, de exaltar esas partes del mismo que han quedado rezagadas por la genética personal, los embarazos, el paso del tiempo, etc. Cuestiono la homogeneización del cuerpo para ajustarlo a los modelos imperantes. En este caso no es el deseo de cambio el que prevalece, es la imposición externa que se camufla a la manera de un deseo personal, como si desde nosotros surgiera esa necesidad. Y hablando de cirugías y de procedimientos sobre el cuerpo, "el rejuvenecimiento" de la vulva, labios mayores y menores es una de las más pedidas. Los genitales femeninos deben lucir como en la adolescencia, incluso con restitución del himen o himenoplastia. Día a día salen nuevas técnicas para mejorar el cuerpo y el ánimo de las mujeres, ejemplo de ello es el chip sexual que libera hormonas bioidénticas a las naturales para mejorar la piel, la tonicidad muscular, controlar la pérdida de masa ósea y despertar el deseo sexual de las postmenopáusicas. Ya no es suficiente el cuerpo que sólo se cubre de ropas, maquillaje, cuidado del cabello, *bijouterie*; es necesario actuar sobre él, modificarlo, volverlo joven, apetecible. El espíritu joven debe acompañarse de un cuerpo que esté a la altura de las circunstancias. El incremento de la expectativa de vida lleva a buscar esa congruencia entre el sentir juvenil y el cuerpo que envejece. Y este desafío al tiempo compete tanto a hombres como a mujeres. Ellos también se someten a cirugías y pasan horas en el gimnasio para estar bien con ellos mismos y, al mismo tiempo, convencerse de que aún están vigentes en el mercado de la conquista. La regla general de que el hombre adulto maduro busca mujeres más jóvenes también se está modificando. Hay jóvenes que no tienen ningún prurito de salir con una mujer varios años mayor (se denomina *Cubbing*) y existen mujeres que prefieren la juventud de los cuerpos que al hombre que peina canas y está lleno de manías. Para el imaginario popular, tan ducho en poner motes, el maduro que sale con una joven será "el piola", "un ganador", y la joven que sale con un maduro será una "interesada" que busca seguridad económica. La mujer madura con el joven será "la que banca con dinero" la carne joven, y el joven será el "pollerudo" que está buscando una madre que lo proteja. Nada se dice de la libertad que tiene cada uno para hacer elecciones despojadas de cualquier connotación. ¿Y si las tuviera? ¿Cuál es el problema? Las sociedades precisan tener en claro qué tipo de relaciones afincan en su territorio. No quieren ni entienden las medias tintas, prefieren los vínculos concretos, despejados de dudas y ajustados a la realidad, tanto en lo que respecta a la edad, como a la madurez, el *status* económico y el género. Las relaciones "difusas", poco claras, provocan rechazo o una aceptación librada al mote o a suponer que existe un beneficio que subyace al aparente amor.

Solteras y en pareja

Vemos alrededor mujeres que permanecen solteras por decisión propia, por hacer caso a un deseo que no las convoca a estar en una relación comprometida. Viven la soltería como una parte de su identidad: "no estoy sola, soy sola". También están aquellas que están solas por no haber encontrado pareja a lo largo de su vida, por decepciones amorosas o por otros factores como rasgos de personalidad temerosos, solitarios, depresivos, o por haber vivido la sobreprotección de sus padres y la dependencia hacia ellos. Estas mujeres que no quieren volver a sufrir o no saben cómo estar en pareja se recluyen en sus hogares y, si no tienen sexo, es debido a las inhibiciones o la aprensión que las domina. Viven sujetas a creencias negativas que no las dejan avanzar y arriesgarse.

Actualmente vemos a mujeres que deciden estar solas, viven el "soy sola" como una forma agradable de ser honestas con sus necesidades, quizá momentánea, hasta que decidan cuándo es el momento para estar con alguien. Estas damas disfrutan la soltería con libertad y ganas. No hay nada que las detenga. Tienen muy en cuenta las restricciones que han pesado en la vida de otras mujeres: abuelas, madres, tías, hermanas, etc. Por el contrario, adhieren a las movidas de género, quizá sin saber que cada decisión que ellas toman ha costado a las generaciones pasadas "sangre, sudor y lágrimas", y aún sigue el esfuerzo para que las mujeres tengan libertades y derechos justos.

La juventud a pleno

Las mujeres solteras jóvenes se animan a tener más sexo y disfrutarlo con más libertad. Lugares de trabajo, boliches, presentaciones de amigos, aplicaciones como *Tinder* y *Happn* abren espacios posibles donde se pueden establecer contactos. Las personas jóvenes tienen menos inhibiciones y dan prioridad al disfrute más que a la realización de un vínculo duradero. Los millennials (jóvenes nacidos entre 1981 a 1996) y los centennials (nacidos a partir de 1997) no quieren compromisos serios, tampoco gozan de un deseo sexual alto o bien se no quieren sentirse presionados a tener sexo sólo por el hecho de ser jóvenes. Las mujeres millennials dan prioridad a los trabajos o carreras profesionales, son muy afines a la tecnología y establecen muchos vínculos sociales (diferentes grupos nuevos que se suman a los de la infancia). La relación entre amigas suele ser franca y se toleran las diferencias en las orientaciones sexuales, es más, no provocan ninguna crítica o prejuicio porque forman parte de la naturalización de lo diverso. Las que se aventuran a tener encuentros sexuales mantienen un chat más o menos prolongado hasta que se produce el encuentro. Las aplicaciones sirven de enganche, este primer paso precede a la comunicación vía *WhatsApp*, con lo cual se logra un mayor conocimiento del otro, y recién ahí pasan a conocerse personalmente, lo cual no es garantía de encuentro sexual. Es muy llamativo cómo este primer paso de seleccionar perfiles y establecer múltiples contactos es de una labilidad sorprendente, ya que lo que comienza con entusiasmo sucumbe sin ninguna explicación posible. Tener diferentes contactos abiertos supone una selección y descarte que sólo la persona sabe, aunque del otro lado el interlocutor esté haciendo lo mismo. *Instagram* es para los jóvenes lo que *Facebook* es para las personas mayores de cuarenta. Ambas aplicaciones, más allá de las diferencias, permiten que jóvenes y adultos tengan espacios virtuales para compartir sus experiencias vitales. Cada uno, a su manera, recibirá retribuciones para un Yo que precisa de ganancias sociales. Los adultos además obtienen la ventaja de sentir que este tipo de experiencias los iguala con los jóvenes, compartiendo una actividad y homogeneizando los discursos, por lo menos en este aspecto. "Las historias" cuentan en breves segundos la situación que se está viviendo, generalmente agradable, con "buena onda". Llama la atención la importancia que se le da a los *likes* y a la cantidad de seguidores, cuestión que refuerza la estima al punto de darle un significado personal que en realidad no tiene. Ni los contactos ni los "me gusta", o los aplausos, o los emoticones que se usen son expresión de la realidad vincular.

Treintañera y sola

Las solteras por encima de los treinta están más interesadas en conocer; en ellas el sexo está mediado por el deseo de saber quién es el otro, más que de "tener sexo y chau". En un principio, salir con la expectativa de descubrir quién se esconde tras el perfil de contacto produce una adrenalina especial. Se puede ganar o perder. Impactar o sucumbir frente a la persona real. Con el tiempo les aburre la idea de encontrarse con gente nueva y repetir el discurso de "quién sos, qué haces, qué te gustaría" y demás cuestiones de la conquista para sólo terminar en la cama. Muchas veces el desencanto abruma a las mujeres y prefieren quedarse solas o rodeadas de amigas antes de salir a enfrentarse con lo conocido. Si bien las aplicaciones son el primer paso para conocer gente, pasar a la segunda etapa del chateo por teléfono parece una mejor opción que quedarse en la etapa de selección de perfiles esperando que aparezca uno mejor. El FOMO (*Fear of Missing Out*) o el miedo a perderme algo más interesante que estar con mi pareja, también aplica para los casos de mujeres u hombres que se están conociendo por algunas de las aplicaciones y al mismo tiempo tienen la sensación de que un mejor candidato está esperándolos.

¡No quiero exponerme más!

"Estoy cansada de exponerme", dice una joven con una mezcla de bronca, angustia y resignación. El desgano casi obligado por contactos amorosos que no cumplen con las expectativas está siendo una constante en muchas mujeres a partir de la década de los treinta, e incluso antes. Si hasta hace unos años esta queja provenía de mujeres maduras, con ganas de salir a conquistar después de separaciones o rupturas más o menos complicadas, ahora abarca una franja etaria de menor edad, pero con las ganas de armar un proyecto de pareja. Las reglas del cortejo amoroso están cambiando, sin embargo, las normativas culturales de formar una familia y tener hijos siguen imperando, y son las mujeres las que más sufren este arrebato permanente de sus ilusiones. Si ellas se hacen cargo de su independencia, de completar una carrera o crecer en sus lugares de trabajo, en algún momento de este desarrollo personal aparece el deseo de completar el panorama vital con la llegada del amor e hijos. Y hay que hacer un esfuerzo para esquivar o tolerar las demandas externas (familia de origen, amigas, medios de comunicación, etc.) que imponen sus exigencias a manera de un subtexto tendencioso. "Todo bien con la libertad… pero si no te apurás te vas a quedar sola".

Diferencias con los hombres

Las presiones no son las mismas para los varones. La soltería masculina goza de una mejor imagen, sobre todo si tienen una vida independiente, lejos de la casa de los padres. Por supuesto que existen hombres que quieren enamorarse y tener una relación duradera, pero también están aquellos que le encuentran el gusto a no asumir las responsabilidades que trae la vida de relación. Para estos hombres el espacio y los tiempos individuales son prioridad y no desean ceder nada de lo conseguido. También están los que viven solos a costa de la ayuda parental, pero la imagen será de autosuficiencia. Ser solo, con auto, casa, y algo de plata (no importa el origen) tiene más valoración social que una mujer con las mismas condiciones ya que será vista como "difícil, demasiado independiente". Si decimos que el machismo está arraigado en la sociedad, este tipo de creencia pone en evidencia cómo los mismos datos son evaluados en forma diferente según el género.

Diferencias según la edad

A estos adultos, que fueron jóvenes una década atrás, con una libertad para pensar y aventurarse sin condiciones severas, al entrar en la adultez la normativa externa (e internalizada), se les viene encima. El peso del "deber ser" será una condición a sortear. En las mujeres la resistencia para mantener firmes sus deseos frente al "deber ser" se convierte en un desafío. En los hombres, la licencia que le da la biología y la valoración social al sujeto solo e independiente marcan las diferencias. Las mujeres que desean estar en pareja, o por lo menos encontrar una relación más sostenida que los *"touch and go"*, se frustran al encontrarse con hombres que "están en otra". Los problemas del cortejo están signados por esta falta de sincronía en tiempos y deseos personales. Y a pesar de los desencuentros, los encuentros se producen, son necesarios, e inevitables hasta cierto punto.

Formas de encuentro

El auge de las aplicaciones acerca a las personas; se favorece el *revival* con compañeros de la escuela, se forman nuevos grupos de amigos; las personas se acercan y se alejan por estos medios virtuales. Ya nadie discute la importancia de las redes sociales y las aplicaciones como recurso para conocerse, coexistiendo e interactuando con nuevos lugares como gimnasios, grupos de *running*, meditación, cursos, lugares de trabajo, etc. La virtualidad comparte con estos espacios la autonomía, el cuidado del cuerpo, la vida social, al aire libre o las posibilidades que brinda el ámbito de trabajo. Si varias décadas atrás los vínculos amorosos se generaban en el barrio, por "sugerencias" de los padres, en medios escolares o académicos, en el trabajo, hoy en día estas opciones suman espacios de sociabilidad y cuidado personal. En ellos la seducción es reina y el compromiso afectivo un ingenuo mendigo que cree en las dispensas recibidas.

Si me expongo, sufro

Si la juventud trae consigo las ganas de libertad, también las decepciones se resuelven con menos sufrimiento y no afectan los nuevos contactos. "Ya está, a otra cosa", "no fue lo que pensaba", "quedamos como amigos" o "resultó ser un boludo, un creído, allá él". La juventud no se enrolla ni se complica con las relaciones fallidas. Muy atrás quedó el joven Werther de Goethe, joven que decide morir antes que soportar el dolor de la pérdida de Lotte, su amor, casada con un hombre once años mayor. Y si los tiempos han cambiado en los jóvenes, no ha sido tan benévolo con los adultos que quieren estar en pareja. La soledad no es buena compañera, sobre todo cuando se quiere estar con un amor y no es posible hacerlo. Existen personas solas que organizan su vida de tal manera que pueden llevarla adelante sin demasiado conflicto, no obstante, la mayoría desea en algún momento cumplir con el sueño de un vínculo amoroso duradero.

Será un ejercicio, entonces, tolerar las frustraciones amorosas atenuando el impacto que tienen sobre las emociones. Estos son algunos tips para lograrlo.

- Si conocés a alguien por medio de las aplicaciones o redes sociales, tené en cuenta que la conexión es más racional que afectiva. Tomando los recaudos necesarios, intentá conocerlo "cara a cara" para saber qué te pasa y tener una idea más cabal del otro.

- La seducción es un factor de enganche. Muchos hombres saben cómo desplegarla incluso con promesas que después no se van a cumplir. Sé cautelosa, las relaciones requieren tiempo para conocer al otro en sus diferentes aspectos.

- No te dejes llevar por la ilusión. Criterio de realidad y tiempo son fundamentales.

- No te dejes abrumar por comentarios o demandas externas. Tu deseo es personal, único, y para nada debe cumplir con condiciones que no te pertenecen.

- Si ponés muchas expectativas en una salida y no resulta como lo deseaste, fue sólo esa experiencia actual. No sumes las otras que no resultaron. De nada sirve cargar con reproches o quejas hacia los hombres por toda la historia de decepciones.

- No dejes que las preocupaciones por la falta de pareja te abrumen. Darle demasiado lugar al problema lo magnifica; además limita los recursos para evolucionar en otras áreas.

- También es importante tener la capacidad para el humor y tomar lo sucedido con más plasticidad emocional.

- Uno de los temas más tediosos en el primer encuentro (virtual o real) es todo el desarrollo formal de las presentaciones "qué hacés, dónde vivís, qué te gusta, qué querés, etc." Esto, repetido varias veces, más la exposición a relaciones esporádicas agota a muchas mujeres y se resignan a esperar tiempos mejores. Podés aprovechar tu creatividad para charlar sobre cosas diferentes e ir dando a conocer estos datos de a poco.

- La ansiedad y el deseo muchas veces se confunden. No dejes que el deseo se convierta en una necesidad que debe ser saciada con urgencia.

- No te llenes de reproches ni de bronca porque no se da un vínculo amoroso. Existen muchos factores que actúan en la formación de un vínculo. Décadas atrás muchas relaciones se formaban por obligación, por indicación ajena, por "tener que cumplir". Hoy tenemos la opción de elegir, de ampliar nuestros horizontes más allá de una pareja, de decidir ser madres o padres, de tener hijos solas/os, de decir "no" a los imperativos ajenos ¡disfrutemos de esa libertad!

¿En pareja es mejor?

Si para algunos temas, sobre todo la apertura sexual y la apertura de los géneros, la heterosexualidad está saliendo del *clóset*, en temas de vínculos estables y de matrimonio está de vuelta. Los homosexuales quieren casarse y los heterosexuales reniegan de la institución matrimonial. Seguramente hay mucho para decir y cuestionar del matrimonio. Lo que mueve a la decisión de los homosexuales, además del componente afectivo, por supuesto, es la consecución de derechos que protegen el vínculo.

En la heterosexualidad la iniciativa de casarse sigue vigente como parte de una secuencia de hechos signados por la sociedad. Desde mediados del siglo pasado, la convivencia es una opción antes de concretar el acuerdo legal. Las parejas jóvenes se avienen a convivir antes de convertirlo en una acción formalizada. Uno de los temas que aparecen en la consulta son las

consecuencias de apurarse a convivir. Así como existe la tendencia a pasar un tiempo solos/solas, cuando se forma la pareja,
poner el límite para que ese espacio de intimidad personal pase
a ser de convivencia suele ser un problema. Los objetos que se
van dejando en la casa de uno o de otro explican el interés por
asentarse y quedarse. El apuro o la inconsciencia lleva a decidir
la convivencia cuando aún no existe el deseo pleno de hacerlo;
la costumbre guía cuando el deseo todavía está dudando. Es
frecuente que estas parejas de convivientes jóvenes tengan que
"barajar y dar de nuevo", volver atrás con el bagaje de lo vivido,
para volver a respetar los espacios individuales sin apresurarse a
estar juntos bajo el mismo techo.

Camas separadas

Un único cuarto y la cama que albergue a la pareja se han
convertido también en un espacio de discusión y cambio. La
Revolución Industrial movilizó gente a las grandes ciudades con
la consiguiente adaptación al nuevo medio urbano, cosmopo-
lita y con escasos recursos. La población de las ciudades creció
en forma exponencial y con ello la necesidad de crear hábitats
para las familias. Así se fueron abriendo pensiones, hoteles de
mala muerte y cuartuchos para alquilar, lo cual llevó al hacina-
miento y a la pérdida de la intimidad. La cama grande dentro
de un cuarto único dedicado al matrimonio fue un símbolo del
desarrollo y del acceso a la vida burguesa. Los que ascendían en
posición social podían adquirir el nuevo mobiliario (semejante
al de las clases nobles, pero de menor calidad) y así adaptar la
vida en pareja y familiar a la funcionalidad que brindaban estos objetos. El espacio pequeño al que los obreros y las obreras
podían acceder dio lugar a la construcción simbólica del cuarto
como lugar privativo de la intimidad y de los adultos. Es a partir
de este siglo, conjuntamente con la llegada de la Internet, que
muchas parejas deciden separarse y tener un cuarto cada uno,
convirtiéndolo en un espacio para pensar, leer, escuchar música,

meditar, pernoctar, sin la interferencia del otro. En algunos casos son los ronquidos los que llevan a tomar esta decisión de los cuartos separados, en otros casos, los horarios o los gustos de cada uno (diferentes horarios para levantarse a la mañana o dificultades para compartir alguna actividad, como mirar TV o leer antes de irse a dormir). Lo que en apariencia se justifica por los motivos anteriores, esconde en el fondo una necesidad de estar solos, de crear un pequeño mundo de acciones de protección y disfrute.

Sexo y convivencia

"La convivencia mata al amor", dice el dicho popular; yo agregaría: "lo que mata al amor y al sexo es creer que surge apenas las personas se miran o se tocan". La idea del sexo como un acto espontáneo hace que las parejas se queden esperando la chispa del encuentro. Las mujeres solteras todavía ponen sus reparos para tener sexo en la primera cita, sobre todo cuando no ha sido planteado de antemano. Las mujeres casadas quisieran tener más y mejor sexo, pero las exigencias de la vida laboral, tanto fuera como dentro de la casa, impide que los encuentros eróticos sean más prolongados, lo cual conlleva una merma en el disfrute y en la necesidad de repetir la experiencia. El lugar de "comodidad" también compromete al área sexual, convirtiendo una dinámica que tendría que ser más variada en una secuencia de acciones conocidas. A pesar de la flexibilidad en los roles de género, la sexualidad de las parejas muchas veces se basa en acciones rígidas y previsibles: "el hombre es el que debe tomar la iniciativa", "tengo que resultarle atractiva para que no desee a otra mujer", "tengo que complacerlo", etc. Estas creencias actúan restringiendo los encuentros sexuales, lo cual genera expectativas que no son cumplidas. Hasta los besos profundos escasean. El típico beso francés ha dado paso al famoso e impersonal "piquito", acción que puede ser muy provocadora entre artistas que juegan a ser heteroflexibles, pero en la pareja son expresión de ternura con poca carga erótica. Una encuesta reciente revela que 1 de cada 4 parejas con más de 3 años de relación mantiene el beso como un contacto necesario y pasional, el resto lo deja pasar restándole importancia. El beso y las caricias son los primeros contactos, no sólo para vincularnos con el cuerpo del otro, sino con el propio. Las sensaciones eróticas y el deseo se activan cuando besamos y nos besan. Es una interacción de sensaciones que crecen en potencia a medida que se hace más profundo y lleno de intensidad. Si el beso queda a un lado y el juego previo se desprecia por la falta de tiempo ¿volveremos entonces a una erótica primitiva, casi animal donde sólo cuenta la intervención genital? Espero que no sea así, lucho con estas palabras para que no lo sea. Ya existe un desprecio del placer; la ansiedad y la urgencia cubren lugares antes patrimonio del tiempo y de la satisfacción, por tanto, queda en nosotros el compromiso de no convertir la urgencia de vivir en una constante.

Relaciones convencionales y no convencionales: pros y contras

Hace pocos días escuchaba a una joven diferenciar y comparar las relaciones convencionales de aquellas que no lo son. Había disfrutado por años de una pareja estable, con acuerdo familiar, con una vida de relación marcada por pautas de acuerdo (días para verse, salidas con amigos solos y en grupo con otras parejas, apertura en la comunicación, proyectos de convivencia, etc.). Sin embargo, las diferencias subyacentes estallaron cuando se pusieron en evidencia marcados contrastes en los objetivos personales: ella avanzó mucho más rápido que él, conquistando metas y logrando un importante desarrollo académico y laboral, en cambio él quedó atrás, quizá por cierta inmadurez o adolescencia tardía o bien porque el ámbito de amigos y familia era más protector que la independencia que ella proponía. No hubo acuerdo y la pareja decidió separarse en buenos términos. Al poco tiempo ella conoció a un hombre que le propuso otro tipo de vínculo, intenso, pasional, pero sujeto a vaivenes de atracción y rechazo por parte de él, que aún no se decidía a dejar su vida de soltero en pos de un mínimo de compromiso. La ambivalencia amor/odio se hizo presente en el mundo emocional de ella, y también la nostalgia por lo perdido y la seguridad que le brindaba la relación anterior. De ahí surgieron las comparaciones entre "lo convencional" del vínculo perdido y lo "no convencional" del actual.

¿Y ahora qué hago?

¿Cómo adaptarse a los cambios del otro? ¿Y cómo el otro no puede entender que necesito seguridad para continuar? ¿Se puede sostener una relación con tal grado de tentación y de rechazo en simultáneo? Con la otra relación sufría por la apatía, por la falta de movilidad, por la rutina. ¿Tengo que elegir entre estas dos formas, poner límites, alejarme y ver qué pasa? ¿Será que no soporto que nada suceda y necesito relaciones al límite? ¿Será que es convencional también vivir este tipo de vaivenes, como un estilo, una forma estable de relacionarse? En estos casos no es suficiente pensar en lo que "me hace bien" o "me "hace mal", el deseo es más fuerte que la racionalidad.

La estabilidad tiene sus exigencias

Las relaciones estables, comprometidas, con objetivos de crecimiento, con una base afectiva y sexual, dentro de un marco familiar, o sin él, pero con la plenitud de estar en un espacio simbólico y real de contención, están signadas fundamentalmente por la seguridad emocional. Necesitamos, si elegimos estar en pareja, que se cumplan ciertas condiciones para que el deseo de crecimiento y de plenitud personal encuentre su refuerzo necesario gracias a la interacción con el otro, quien se nutre de las mismas condiciones.

Pero sostener tal grado de estabilidad no es gratuito ni espontá-neo, se necesita hacer antes que esperar, hablar antes que callar, y fundamentalmente no olvidar que la pareja es también prioridad frente a la construcción de una familia con hijos, sin olvidar que muchas veces la familia de origen, el trabajo y los amigos presionan para ganarse un lugar o para no perder el lugar que antes tenían.

¡Basta de rutina!

Romper con un estilo de relación "convencional" en pos de un cambio, de un recupero de la libertad adolescente, o por lo menos de un modelo más dinámico que el anterior puede ser una grata aventura o un riesgo que pone en el tapete las inevi-tables comparaciones. En un primer momento lo que la nueva unión ofrece será vivido como agudo, con la intensidad de lo nuevo. Pero las pasiones tienen un tiempo y luego se van cal-mando para dar paso a un sentimiento amoroso, necesario para las líneas de conexión y compromiso. Las parejas que viven en el vaivén constante inconscientemente luchan para no perder la pasión que debe sostenerse en niveles altos de ambivalencia (amor/odio). No pueden dar el paso para que llegue algo de paz y se puedan encontrar desde otro nivel de emoción y compromi-so. Es un desgaste emocional y subjetivo vivir en estas condicio-nes de labilidad. La persona se "estanca" porque todo su Yo está abrumado, tomado por la situación, y no puede dedicarse a bus-car herramientas de superación. Cuando el estancamiento hace presa a la persona y comienza a cuestionar sus cualidades, cuan-do los pensamientos de fracaso aparecen, cuando se cree que no será posible vivir sin el otro, el límite debe llegar, aunque cueste hacerlo. Seguramente no será fácil superar la "abstinencia" del otro (en alusión a relaciones "convencionalmente adictivas"), pero será más sanador. La angustia y la depresión son reacciones emocionales esperables luego de una separación, pero vivir con ellas durante toda la relación, esperando (o rogando) momentos de plenitud, no es una forma saludable de sostener un vínculo.

Las mujeres fieles son más ansiosas

En estos últimos tiempos asistimos a un notable incremento de los trastornos de ansiedad y depresiones ansiosas, siendo las primeras causas de consulta en el área de salud mental. Se estima que en EE.UU. 1 de cada 5 personas sufrirá en su vida uno o más de estos trastornos. Una investigación reciente de la Universidad Complutense de Madrid revela que en prácticamente todos los países europeos las mujeres tienen más síntomas de ansiedad, casi el doble que los hombres. Estas marcadas diferencias no se explican por la biología (hormonas, neurotransmisores, etc.) sino por los factores sociales y culturales que configuran las normativas de género. Las mujeres que han ganado en autonomía y en equidad con los hombres sienten que además tienen que cumplir con las pautas clásicas del género: formar una familia, cuidar la pareja, tener hijos, organizar el hogar y redistribuir los roles familiares, todas cuestiones que pueden convertirse en factores de estrés. Para la investigadora Marta Aparicio, autora del trabajo sobre ansiedad y género, los aumentos en los niveles de ansiedad cognitiva (percibir, pensar, estar atentas o evocar situaciones de alarma) se vinculan fundamentalmente con la delgadez, la fidelidad sexual y la inversión para tener una mejor apariencia.

La fidelidad tiene sus consecuencias

Los ideales de belleza siguen siendo un factor de presión sobre el género femenino (delgadez, apariencia, modos sociales, etc.) Sin embargo, el factor fidelidad no aparecía como marcador de ansiedad. La investigación de la especialista Aparicio sostiene que aquellas mujeres que se ajustan a la norma de la fidelidad tienen poca experiencia con otras parejas sexuales y sostienen relaciones prolongadas, son más proclives a padecer síntomas de ansiedad. No se está cuestionando la fidelidad, sino cómo actúan las modelos de género sobre el armado subjetivo de la feminidad. Estas mujeres desde jóvenes naturalizan normativas que se dividen en siete apartados: ser amable en las relaciones, delgadez, fidelidad sexual, modestia, interés en las relaciones románticas, inversión en la apariencia física y cuidado de los niños.

Resistencia a los cambios

Los cambios en las estructuras de género llevan su tiempo. Los movimientos feministas actuales invitan a las mujeres a cuestionar estos mandatos que desde siempre estuvieron marcados a fuego generando desigualdades de todo tipo. Si bien están aquellas mujeres que reflexionan, cuestionan y se sienten libres de la intromisión social y cultural sobre sus cuerpos y subjetividades, la mayoría aún se siente tironeada por modelos de empoderamiento y, por otro lado, por cumplir con las convenciones clásicas del género (ser amables, comprensibles, estar atentas a las necesidades de los otros, cuidar del hogar y de los hijos, sentirse atractivas y defender la exclusividad sexual), sin olvidar a un tercer grupo de mujeres que se resisten a todo cambio y defienden los modelos rígidos de la feminidad.

Rasgos y roles

Los rasgos son expresiones de la conducta que se pueden modificar, ya sea por el paso del tiempo y las experiencias vividas, o bien por la reflexión y el cuestionamiento de los mismos. El tema es cuando estos mismos rasgos se reúnen y arman un rol que se expresa en lo social y en el ámbito de la pareja. Son estos roles rígidos los que intervienen en la vulnerabilidad femenina a la ansiedad. Una sumatoria de demandas a las que hay que obedecer y cumplir. Lo novedoso de este estudio es que señala que la fidelidad no es sólo una postura o un valor para quien la defiende, es también un factor de ansiedad porque se asocia al conjunto de rasgos que determinan para el imaginario social y personal "cómo debe ser una mujer".

¿Qué son las relaciones *goals*?

El lenguaje urbano ampliado por la Internet y las redes sociales se nutre de términos para definir el tipo de relaciones que se visibilizan. Un ejemplo son los *"relationship goals"*, especie de metas románticas o ejemplares para nombrar una categoría de vínculo. Las fotos de partes del cuerpo entrelazadas con el otro, abrazos y besos, caminar de la mano, compartir un evento mostrando siempre imágenes juntos, en síntesis: la felicidad de la pareja que expone a la mirada del otro un hermoso estado de amor y bienestar, son todos ejemplos que entran en la categoría "goals". Además, aquello que se sube a las redes en forma de fotos siempre será para mostrar lo mejor y no lo peor de las relaciones. No se ven parejas peleando u odiándose, a menos que se trate de imágenes que ilustran notas alusivas. Por el contrario, todo es agradable. Sin embargo, aunque el término alude a un modelo de unión que se muestra en las redes, su significado se está extendiendo al habla de los adolescentes y seguramente llegará a los adultos. Habrá que ir definiendo qué es y qué no es ser "goals".

La foto no define

Desde el punto de vista de las fotos que se suben para ser *goals*, es necesario que la imagen no tenga tinte publicitario, tiene que ser una imagen cuyo fin sea "mostrar lo bien que estamos". Esa es la meta. Si la foto es usada para publicar otra cosa, por ejemplo, un reloj, un auto, un teléfono nuevo, algo que distraiga la mirada del objetivo, no es *goals*. Ahora bien, como el término se extiende al habla en general, más allá de las redes, se podría decir que las parejas que se llevan bien, que comparten objetivos, que no dependen el uno del otro, que se respetan, que disfrutan del amor, han encontrado en esta denominación un término que los representa. Tampoco se trata de idealizar un modelo de estar en pareja, pero sí es una meta que perseguimos cuando estamos enamorados. El secreto es sostener la búsqueda del bienestar a lo largo del tiempo, sin olvidar que el objetivo no está allá lejos, en algún lugar del futuro, si no que cada día es un desafío para estar mejor.

La verdad de ser *goals*

Las publicaciones en las redes pueden definir una categoría, pero es sólo una apariencia que puede ser real o no. Desde el punto de vista social no cabe la apariencia, ni el desacuerdo entre las partes. Ambos miembros del vínculo deben coincidir en los beneficios saludables que se obtienen por "trabajar" para sacar lo mejor de cada uno y así enriquecer el vínculo. Y para tal fin se deberá tener en cuenta que la comunicación, el respeto, compartir objetivos, alentar los objetivos de cada uno, expresar el amor que sienten, así como el malestar; afrontar los desacuerdos, son algunas de las pautas a seguir para que la imagen subida a las redes tenga el sustento que da la verdad.

Menstruación y deseo sexual

Los ritmos internos

La materia viva no se mantiene en un movimiento lineal, tiene oscilaciones rítmicas sistemáticas. La cronobiología es el estudio de los fenómenos biológicos que se expresan con un patrón rítmico, por ejemplo: las secreciones hormonales, el metabolismo corporal, la temperatura, el sueño, la alimentación, el sexo (etapas de celo en los animales), etc. El ritmo de estos cambios en la materia se produce en una línea de tiempo y es una propiedad fundamental de la vida.

Los ritmos endógenos pueden ser:

- **Circadianos:** (de aproximadamente 24 h) como pueden ser los de temperatura corporal, sueño/vigilia, ciclos hormonales.

- **Infradianos:** (menos de 24 h) como sucede con algunas secreciones hormonales.

- **Ultradianos:** (más de 24 h) como sucede con los ciclos menstruales.

- **Circunvales:** (anuales) ejemplo de la reproducción de algunas aves y mamíferos.

Estos ritmos demuestran que existe un reloj biológico que regula la actividad del organismo en sincronía con el ambiente, ejemplo: la relación con el ciclo luz/oscuridad, presión atmosférica, temperatura externa, ciclos lunares, etc. El principal sincronizador endógeno de las secreciones hormonales es el hipotálamo (pequeña región del Sistema Nervioso Central, localizado por encima de la hipófisis o pituitaria). Cada día de nuestra vida el hipotálamo repite los ciclos que afectan a diferentes hormonas (por ejemplo: la melatonina que induce el sueño) o el cortisol plasmático que media en diferentes procesos como el despertar y el de estar alertas al entorno. Todas las hormonas tienen su biorritmo, pero las que más influencia tienen sobre el deseo sexual a lo largo del ciclo menstrual son los estrógenos y la progesterona.

La influencia sobre el deseo

El deseo sexual está muy influido por factores psicológicos, sociales y culturales, y en las mujeres este influjo de las normativas externas y naturalizadas como propias en la construcción subjetiva de género ha sido decisivo a la hora de relacionarse con su propio cuerpo y la sexualidad. Sexualidad y género femenino establecieron durante siglos una alianza a merced de normativas patriarcales. A pesar de los cambios que brindan una expresión más libre de la sexualidad, existen ritmos que están sometidos a reglas biológicas, sujetos a modificaciones más lentas que las que inciden en el mundo subjetivo femenino. Las mujeres se ven más influenciadas por las hormonas que los hombres, sin embargo, esta condición biológica no debe ser motivo de obediencia a las "reglas de la naturaleza", como defienden a ultranza. Las mujeres saben que pueden regular sus deseos, comunicar, pedir, guiar a sus cuerpos y sentimientos en pos de conseguir congruencia interna.

Hormonas femeninas y deseo

El ciclo menstrual tiene tres fases: menstrual (hemorragia menstrual que se produce hasta el 5.o o 7.o día aproximadamente); fase estrogénica (desde el día 5 hasta el día 13 y se caracteriza por la producción de estrógenos) y fase progestacional o lútea (desde la ovulación hasta la caída del endometrio en forma de hemorragia. En esta fase se producen grandes cantidades de progesterona). Los estudios demuestran que durante el pico ovulatorio las hormonas preparan el organismo para ser fecundado, con un incremento del deseo sexual y de las fantasías sexuales. Sin embargo, en este momento especial influye notoriamente el atractivo de la pareja y el tipo de estímulo que de este provenga. Es decir que si la pareja no ayuda, no sugiere, no acompaña o hace poco o nada para provocar el encuentro, es posible que el deseo no tenga modificaciones.

Las molestias premenstruales

Casi al final de la fase progestacional o lútea (días antes de la menstruación) la mujer suele sentir modificaciones en su estado de ánimo (labilidad emocional) así como molestias corporales (dolores pélvicos, tensión mamaria, etc.). Se denomina Síndrome de Tensión Premenstrual al malestar que aparece días previos a la hemorragia menstrual y no es intenso ni incapacitante. Estas molestias ocurren en un 70 a 80% de mujeres y por lo general no tienen valor patológico. A diferencia del anterior, el Síndrome Disfórico Premenstrual (5 a 8% de las mujeres lo padecen) cursa con una serie de síntomas emocionales (irritabilidad, angustia, pérdida de energía, dificultades en la concentración, en la atención, etc.) además de síntomas físicos (dolor mamario, edemas, aumento del apetito, etc.). El síndrome Disfórico puede incapacitar a las mujeres para realizar actividades, además de provocar conflictos de pareja. La mujer sabe que durante estos días su personalidad "cambia" al punto de sentir que tiene dos caracteres diferentes, uno durante la disforia y otro después.

Sexo y anticoncepción

La aparición de la píldora significó un gran cambio para las mujeres, que pudieron empezar a controlar la concepción y disfrutar libremente de la sexualidad. El impacto en la vida de las mujeres fue y sigue siendo significativo, no sólo marcó un antes y un después en el control de la natalidad, también en su empoderamiento. La píldora es una combinación de estrógenos y progesterona (por ejemplo: etinilestradiol y drospirenona) que impide la ovulación, pero no anula el sangrado, ya que en nuestro medio la mujer valora por cuestiones culturales la aparición de la regla. Existen otras que tienen sólo derivados de la progesterona, como el desosgestrel, pero que anulan totalmente el sangrado menstrual (que en realidad cuando ocurre bajo el uso de anticonceptivos es una falsa menstruación, porque la medicación impide la ovulación).

La menstruación es nuestra

La menstruación es la expresión biológica de la fertilidad. Mientras la mujer menstrúe, será fértil, sus ovarios seguirán produciendo óvulos y el útero estará preparado todos los meses para recibir al embrión. Lo que sucede con la fisiología se traduce en una serie de representaciones psicológicas y sociológicas en torno a la regla, a partir de la menarca (primera menstruación), recibida como un rito de iniciación, una entrada a la feminidad y a sus reglas. "A partir de ahora sos señorita, tenemos que hablar", decían las madres y abuelas transmitiendo los riesgos por venir. "Poco de disfrute, mucho de cuidado". Llama la atención cómo la ciencia ha procurado una serie de métodos anticonceptivos para la mujer y unos pocos para el hombre. Recién en estos últimos tiempos están apareciendo opciones para que el hombre sea el que se cuide; además del profiláctico, la vasectomía (con y sin bisturí) u otros métodos aún no aprobados (implantes temporales, píldoras orales, ultrasonidos en los testículos), etc., lo cual evidencia la preocupación de los laboratorios por estar a la altura de los tiempos que corren.

La pérdida de la menstruación que producen los anticonceptivos puede ser un factor de ansiedad para aquellas que la necesitan como atributo de feminidad y fertilidad. No verla, no actuar sobre ese mínimo y falso sangrado (recordemos que los anticonceptivos impiden la ovulación) sería perder condiciones de género. Pero también las mujeres se están negando a ser ellas las que deben elegir el método anticonceptivo e ingerir pastillas a diario. Los hombres siguen poniendo las excusas clásicas para no usar profiláctico (pérdida de sensibilidad, miedo a perder la erección) y sólo algunos se deciden por la vasectomía.

Anticonceptivos y estado de ánimo

No existe una evidencia clara del efecto de los anticonceptivos sobre el estado de ánimo, en general se reporta que son mayores los efectos beneficiosos que los perjudiciales. En la práctica clínica recibo el aporte de mujeres que dicen sentirse mejor de ánimo cuando dejan de tomarlos, pero es difícil cuantificar que esa mejoría se debió a discontinuar el fármaco o a la decisión de dejar de tomarlo, lo cual ya de por sí es liberador. Estudios realizados en EE.UU. y Finlandia concluyen que los antecedentes, o una predisposición individual a la depresión, o a la ingesta de alcohol, pueden ser potenciados por los anticonceptivos, pero aún falta más evidencia. Las mujeres que dicen sentirse mejor al dejar la píldora comentan estar con un ánimo más estable y con más claridad cognoscitiva (atención, concentración, memoria) además de sentir un aumento en el deseo sexual.

Sexo y embarazo

Mantener la intimidad durante todo el embarazo es una preocupación que aparece en muchas parejas. Ante todo, hay que desmitificar: si no existen motivos obstétricos (amenaza de aborto, rotura de bolsa, placenta previa u otras situaciones que configuren un embarazo de riesgo), la sexualidad no debería tener impedimentos. Es frecuente que se activen mitos: "le puedo hacer daño al bebe", "se puede provocar un aborto", "hay más riesgo de infecciones", etc. La información es fundamental para aclarar estos temores y dejar el camino libre para el encuentro erótico. Durante el primer trimestre puede aparecer una leve disminución del deseo por la acción de las hormonas, además, las náuseas y la pesadez en los miembros inferiores pueden generar molestias a la hora de tener sexo. Consejo: el sexo no es sólo genital, mantener las caricias, las manifestaciones de ternura, incluso un contacto erótico sin penetración activa el deseo sexual.

Pasado este primer trimestre el cuerpo está más adaptado a la situación de embarazo y las parejas deben aprovechar este buen momento. Desde el punto de vista orgánico, los genitales están más turgentes y hay mejor lubricación, lo cual favorece la penetración; las emociones están más calmas, ceden los miedos iniciales y hay una mejor predisposición para el sexo. A medida que progresa el embarazo hay que adaptarse al crecimiento de la panza, buscando nuevas poses para tener una mejor conexión. La pose del misionero (el hombre arriba y la mujer abajo) no es la más recomendable por la presencia de la panza en el medio de los cuerpos, excepto que la mujer coloque un almohadón bajo la pelvis para mejorar el contacto con la pelvis del hombre. Las posiciones más recomendadas son: acostados "haciendo cucharita" o la mujer arriba y el hombre abajo (cabalgando). Es importante aprender a comunicar lo que sucede, informarse cuando existen dudas y hablar con el obstetra sobre estos temas.

La sexualidad durante el embarazo tiene muchos beneficios:

- Se liberan hormonas que favorecen el apego y la sensación de bienestar.

- Es una buena oportunidad para que las parejas se reencuentren corporal y emocionalmente.

- Las curvas, la turgencia mamaria y genital, son factores que ayudan a aumentar el atractivo.

- El embarazo no es una situación para que el hombre se sienta al margen de un proceso "femenino", por el contrario, debe acercarse e incluirse como parte del vínculo.

- Mantener la intimidad durante el embarazo refuerza el vínculo y favorece a los futuros roles de ser padres.

Mujeres a la conquista

Las mujeres tienen que salir del *clóset* de la heterosexualidad munidas de nuevas armas de conquista. Hartas de esperar al príncipe azul, cansadas de estar aburridas de la pasividad de sus maridos, abren la puerta del *clóset* fisgoneando con asombro cómo sus congéneres seducen, eligen, proponen, guían y las alientan a seguirlas. Desde la mesa de café hasta en el campo de la militancia, las mujeres heterosexuales saben que ya es hora de hacer valer su voz en todos los ámbitos. Las jóvenes se cuestionan sus amores cuando llegan a la edad adulta. Ya no se sale de la casa para casarse, se sale de la casa con la pregunta ¿es esto lo que quiero para mí? El amor juvenil no conlleva muchos cuestionamientos: es amor, descubrir, compartir, dejarse llevar. Al llegar a la adultez son ellas las que comienzan a cuestionar a sus hombres perezosos, con resabios aún de la adolescencia. Los hombres son más rezagados en su maduración, sobre todo aquellos que provienen de medios urbanos y de clase media. El apego a la familia, al barrio, a los amigos, a los hábitos compartidos, son aspectos que causan el apego a lo conocido. Si hace unas pocas décadas atrás los jóvenes proyectaban la partida apenas terminada la escolaridad secundaria (y aún antes), hoy se resisten a dejar el hogar que les brinda todo tipo de protección. En este punto las mujeres toman la delantera y avanzan ganando lugares.

Las mujeres más audaces y seguras de sí mismas tienen una alta estima. Saben seducir con el cuerpo, con las ideas, con el lenguaje, según la ocasión lo requiera. Una vez que ellas "ponen el ojo" en el hombre que desean, arman inconscientemente las estrategias de acercamiento. Claro que no siempre fue de la misma manera. Quizá en los primeros acercamientos amorosos necesitaron poner la atención en las diferentes posibilidades que brinda el cuerpo, los gestos, las palabras, lo que el otro espera ver y escuchar. Lo que sucedió en ese momento iniciático fue un aprendizaje de habilidades de conquista, que luego se convierten en conductas naturalizadas, a la espera de un hombre apetecible que aparezca en su territorio. Cuando los rasgos narcisistas son los que dan sustento a las conductas, estas no paran hasta conseguir lo que desean y no tendrán miramiento si es un hombre casado, compañero de trabajo o el novio de una amiga. Es más, a mayor riesgo más ganancia para la estima personal. En otros casos la conducta audaz no es tan intrépida y requiere de averiguaciones previas o del incentivo de amigas para dar el paso. Más allá de cómo juegan las diferentes personalidades en la conducta de conquista, hay una constante: disfrutar de cada uno de los pasos que llevan a arribar al objetivo. Las más duchas saben que pueden fallar y no se decepcionan fácilmente; el rechazo puede servir de estímulo para reorientar las estrategias. Otras, con menos experiencia, se desencantan y quizá les cueste volver al ruedo.

La conquista se vuelve desigual

Una mujer con afán de conquista es más selectiva que los varones. Aun en situaciones de *affaire* y de *"touch and go"* la valoración del otro (corporal, afectiva, intelectual) es fundamental a la hora de acercarse. El despliegue en la conquista amorosa debe necesariamente tener en cuenta al otro, de esa dinámica resultará la unión o el alejamiento. Existen mujeres más intrépidas que el otro y se establece como una condición casi inevitable: hay que ir hacia él. La imaginación construye un escenario donde sólo es posible un protagonista (la mujer), las acciones, una meta y su concreción. En este campo la simetría ("yo hago, tú haces") que debe existir siempre se pierde y la conquista se vuelve desigual. Es la mujer quien se mueve hacia el objetivo.

Las mujeres más audaces necesitan una personalidad segura, simpatía, cuerpo desinhibido, buena tolerancia a la frustración y valoración de cada uno de los pasos de seducción porque de ahí proviene la ganancia emocional. La autoimagen es muy importante. Por supuesto que los años de juventud o de joven madurez ayudan a tener un registro más confiable de sí misma. Pasada esta etapa será necesario recurrir a otros medios para lograr lo que antes se obtenía con belleza y sensualidad. En muchas mujeres el paso del tiempo no llega a ser un obstáculo. Saben que su experiencia puede ser más que interesante para jóvenes que quieren aprender del sexo y, por qué no, algo de la vida. Ellas sabrán cómo llegar a ellos con sus atributos. Ser una mujer audaz, que sabe lo que quiere, no la inhabilita a tener relaciones perdurables. Se tiene la falsa idea de que una dama poderosa en sus determinaciones sólo puede tener relaciones fugaces. Nuevamente, esto es resultado del estereotipo que fija a la mujer en la dicotomía "mujer autónoma/mujer sumisa". Lo que en algún momento de su vida sirvió para obtener refuerzos positivos para su feminidad también abarca la posibilidad de hacer lo mismo en pareja. No es excluyente. Y así la ganancia para el Yo se alcanzará por medio de la interacción entre las partes. Esta audacia que hasta hace unas décadas atrás convencía a muchas mujeres de sus potencialidades amorosas y eróticas, hoy en día se ha extendido como una oportunidad de conquista que no requiere de tanta osadía. El empoderamiento femenino permite que lo que antes era una excepción, propia de mujeres con "carácter" y una autonomía a flor de piel (se las denominaba mujeres fálicas), hoy se valore como un atributo incorporado al género.

Orientaciones elásticas

Mi marido es gay

Y un día llegó con un nuevo amigo a comer, compañero del "gimnasio", dijo; otro día se quedó a dormir en su casa; otro día, ella, sospechando que algo pasaba, le revisó el teléfono y ahí se confirmó la sospecha: "mi marido es gay". Esta escena aún ocurre en este siglo XXI donde pareciera que el *clóset* está entreabierto y sólo basta un empujón para "patear" la puerta y abrirlo del todo. Sin duda, la represión, el miedo, la creencia de que es sólo un deseo pasajero, la imposibilidad de romper con las normativas sociales, la vergüenza de encarar a pareja, familia, amigos, etc., actúan de tal modo que se posterga por años la decisión de aclarar la orientación sexual. Para estos hombres el panorama de la verdad es desolador y deciden ocultarla, a costa de sufrir.

Deseo y orientación

El deseo sexual no se elige, se construye con la subjetividad, como un aspecto central que orientará en un futuro las motivaciones amorosas y eróticas. La elección será la manera de llevarlo adelante, de visibilizarlo u ocultarlo, de guiar los modelos de conquista, los proyectos personales y vinculares, las diferentes maneras que tiene la sexualidad de intervenir en nuestra vida. El sexo es un determinante de "lo natural", sin embargo, la sexualidad es diversa, está influida por muchos más factores que el sexo biológico, nos comprende como seres humanos en toda su dimensión. La heterosexualidad, la homosexualidad, la bisexualidad, la pansexualidad, la asexualidad, son distintas orientaciones del deseo y la atracción. En las personas estas orientaciones suelen ser congruentes con sus deseos y sus elecciones de pareja, pero en otros casos, el deseo no condice con la orientación que se muestra, como ocurre cuando una persona quiere estar con alguien del mismo sexo y no se lo permite, es más, hasta puede reaccionar con conductas homofóbicas. Quisiera aclarar que todos podemos tener deseos homosexuales sin que esta orientación esté definida en la conducta amorosa y erótica. Estos deseos pueden aparecer en diferentes etapas de la vida, ser despertados por el contacto con el otro de mismo sexo, etc., hasta se puede concretar en un contacto sexual, pero en estos casos el deseo homosexual será transitorio e indica la versatilidad del mismo. No obstante, el deseo puede quedarse y comienza a pulsar en el interior buscando algún modo de salida.

El deseo como parte de uno mismo

Cuando el deseo homosexual aparece y se instala en el sentir de la persona, miles de imágenes aparecen en la mente: "¿qué hago?" "¿cómo hago para saciarlo?", "¿lo comparto?", "¿seré homosexual o bisexual?", "¿cómo hago para vivir con esto?". En algunos hombres el deseo homosexual aparece en la adolescencia y "aprenden" a ocultarlo, con algún escarceo sexual ocasional, a veces marginal, sin que esto sea cuestión de conflicto, amparándose en el "soy macho y lo meto en cualquier agujero" (aunque sea él el penetrado). En otros hombres el deseo homosexual es cada vez más fuerte, no sólo en lo sexual, sino en la aparición de afecto, amor, ganas de estar con ese otro ser que movilizó las estructuras defensivas hasta hacerlas caer. Y ahí viene el dilema, el conflicto insomne que perturba y al mismo tiempo apura a una rápida resolución.

¿Qué hacer?

Cuando el deseo y la orientación homosexual aparecen y se configuran como una verdad sin vueltas en un hombre en "apariencia" heterosexual, la salida del *clóset* es la conducta más saludable. La congruencia entre el deseo, la orientación sexual y la proyección amorosa alinea las motivaciones de desarrollo y alimenta la estima. Seguramente antes de decir, de poner en palabras la verdad, habrán ocurrido numerosos acercamientos al mismo sexo: porno gay, levantes callejeros, contactos por las redes sociales, interés solapado por el "mundo gay", concurrencia furtiva a algún boliche "de onda"; hasta que brota sin vueltas la opción de conectarse de una vez por todas con esa verdad oculta. No se puede vivir en el medio, tironeado por dos deseos dispares: uno el más débil (sostenido por las convenciones sociales y el miedo), el otro más fuerte (transgresor, desafiante, pero con una carga de verdad intrínseca). Será "un inútil combate", parafraseando el título de la maravillosa *nouvelle* de Marguerite Yourcenar.

Adolescentes bisexuales

El descubrimiento del cuerpo y la sexualidad adolescente comienza en etapas más tempranas que décadas atrás y esto adelanta también el inicio de las relaciones sexuales. Los niños "juegan a ser novios" sin comprender el significado de dicho vínculo, pero llegada la pubertad (entre los 11 a 14 años para las niñas y de 12 a 16 para los varones), con el desarrollo de los primeros caracteres sexuales externos, el cuerpo, las emociones y el deseo sexual comienzan a tener un valor especial en la construcción subjetiva. El entorno puede influir satisfactoriamente en el desarrollo del adolescente, brindando las condiciones adecuadas para la maduración, como también puede retrasar o acelerar el proceso. Si los tiempos de maduración física entre varones y mujeres púberes son diferentes, también lo es el desarrollo de la sexualidad. Décadas atrás las jovencitas se observaban entre sí comparando sus cambios físicos con las compañeras o amigas, condicionando la estima al resultado de esas comparaciones. Hoy en día, lo que se pone en juego no es sólo el cuerpo sino sus capacidades de avance hacia otras jovencitas (deseo, sensualidad, seducción, audacia) como una forma de reafirmación personal que incluye cierta osadía. En realidad, estos primeros escarceos con personas del mismo sexo nada tienen que ver con un deseo y una orientación homosexual, son formas de expresión basadas en el descubrimiento de la sexualidad y en el encuentro de pares que se aventuran en esta búsqueda de emociones nuevas. Si los avances en materia de género provocaron cambios en los roles femeninos, no ocurrió lo mismo con los hombres, que se han visto más rezagados en dichos cambios. Los jovencitos miran el cuerpo del otro varón con pudor y aún persisten inhibiciones y temores basados en el miedo de ser homosexual. Los jóvenes construyen su propia imagen con lo que saben de sí mismos y bajo el influjo de modelos externos, que en un primer momento son los padres y luego serán los influencers y los artistas preferidos. Ahora bien, los avances tecnológicos son fuertes estímulos que impactan en la subjetividad de los jóvenes, generando altos niveles de exposición personal. Las redes sociales se convierten en espacios de interacción donde la posibilidad de compartir experiencias pareciera no tener límites, sobre todo para el cuerpo y el juego de la seducción sin importar el sexo del que está del otro lado. La dificultad de los jóvenes para medir las consecuencias de la exposición es escasa o nula. No se dan cuenta de las consecuencias de exponerse, sobre todo si no han asimilado pautas de cuidado. Pareciera que la motivación principal es la acción, como estrategia para llamar la atención o como un acto impulsivo. Aún no se conoce a ciencia cierta la influencia de los avances tecnológicos en la construcción de psiquismo. Por el momento sabemos que potencian conductas de dependencia, incremento de rasgos solitarios o de aislamiento social, aumento de la ansiedad, etc. Los jóvenes están inmersos en un mundo que impone formas, normas, modas, entre las cuales los adolescentes (y los adultos) quedan cautivos.

Los millennials y el deseo

Los millennials afrontan las responsabilidades con un saber más congruente con sus deseos. No están preocupados por el porvenir, para ellos la vida es hoy y la encaran con interés, le "ponen onda" e intentan no prolongar los conflictos cuando estos aparecen. Asisto a jóvenes que trabajan unos pocos meses para juntar ahorros y con ellos irse de vacaciones; otros se presentan para trabajos temporarios en el exterior y hacer su aventura fuera del hogar. Sin embargo, esta postura frente a la vida dura corto tiempo, luego asumen que deben ser exitosos y ganar *status* social. Es sorprendente cómo lo que aparece en un principio como una esperanza liberadora se transforma en una visión más competitiva, apenas cumplida esta libertad fugaz. Muchos de estos jóvenes saben (como nosotros lo supimos en nuestra juventud) que pasado el tiempo tendrán que asumir las mismas responsabilidades adultas para mantenerse a tono con un sistema de relaciones y de valoración social. Son resabios de otras generaciones las que animan a estos jóvenes, junto con los modos propios de percibir la realidad. Han quedado en el medio entre la generación X y los centennials, por lo tanto, en ellos conviven el CD y la Internet, hacen vida social o se quedan disfrutando del espacio propio. La idea de responsabilidad ha cambiado para dar lugar al deseo personal: ¿realmente quiero hacer esto? Hay un saber que influye en su mundo afectivo; el poco interés por el porvenir convierte las circunstancias vividas en "todo o nada", como si en poco tiempo tuviesen que decidir qué hacer, desde sus conflictos personales hasta la vida social. Tienen menos tolerancia a la frustración, pero también saben cómo salir de ella. Los sentimientos son fluctuantes, así como las conductas. En general, cuentan con una base de personalidad más segura, sobre la que se montan oscilaciones en el ánimo y en el comportamiento. Los vemos cambiantes pero seguros de sí mismos, no se quiebran fácilmente. No están atados a historias familiares, respetan a sus padres, pero saben separar sus vidas de los deseos parentales. Los que reciben la presión externa sienten el tironeo y luchan por sostener sus convicciones. Esa lucha definirá en parte el porvenir: o se gana o se pierde. Perder es entrar en el mundo de las convenciones, entonces la lucha será la de gran parte de la población adulta, sin muchas prerrogativas. Esta generación millennial (o generación Y) puntúa más alto para los rasgos narcisistas; dirigen sus vidas centrándose en sus intereses, los que defenderán en sus espacios de trabajo, sociales y de pareja. Tienen una idea del éxito logrado por su proceso personal y sin desmerecer el tiempo dedicado a actividades recreativas. Si los padres (generación baby boom) postergaban sus gustos creativos, deportivos, etc., para los fines de semana, los millennials les dan una importancia al mismo nivel que el trabajo.

Mujeres millennials y sexualidad

Las jóvenes millennials disfrutan más de su sexualidad que las generaciones pasadas, aquí es donde encontramos uno de los cambios más relevantes: la libertad sobre el cuerpo y el sentir placer. Si en las mujeres el cuerpo erógeno ha sido desde siempre objeto de represión y de temor, en estos tiempos se libera, no sólo para sentir, también para guiar al *partenaire* expresando lo que necesita y le gusta. La anorgasmia es una disfunción que afecta a más del 20% de las mujeres adultas; revisando las causas, el escaso contacto con el cuerpo y las sensaciones que de él provienen es la más frecuente. En algunos casos nunca visualizaron sus genitales y desconocen las partes que los configuran; creen que los orgasmos son vaginales y clitorianos (sólo este último órgano genera el orgasmo); esperan que la penetración por si sola dispare la respuesta orgásmica y no se estimulan el clítoris en el encuentro erótico porque "qué podría pensar el hombre si ella lo hace". Las inhibiciones sobre la respuesta orgásmica devienen de tabúes, mitos, y la creencia basada en que deben complacer al hombre, lo cual lleva a que dejen de lado su deseo. Las mujeres millennials nacieron en épocas de cambios y se nutren permanentemente de las movidas feministas. Más allá de ser parte o no de este movimiento de cambio, internalizan las nuevas pautas que descomprimen los cuerpos de las obligaciones y exigencias culturales. Sin embargo, aún queda mucho camino por recorrer. Las mujeres jóvenes de medios urbanos con acceso a medios de comunicación y a la educación superior reciben y se nutren de información del medio y de sus pares, lo cual lleva a naturalizar los cambios con más rapidez. Esto supone una desventaja en relación con aquellas jóvenes que viven en medios rurales o en núcleos sociales cerrados, donde la religión y las reglas patriarcales siguen determinando las normas a seguir. También la comunicación en los grupos de mujeres es más abierta y franca, en cambio en los grupos de hombres todavía se miente con tal de mantener la jactancia y la virilidad.

Tanto las mujeres como los varones millennials están más dispuestos a los contactos diversos, se dejan llevar por el deseo, las ganas, la inquietud por saber qué pasa con sus capacidades para seducir y visibilizar sus cuerpos. El deseo no está influido por la presión social de que "por ser joven debo tener ganas", por el contrario, ellos valoran y defienden el deseo sexual personal. La falta de atracción sexual en las relaciones (jóvenes asexuales) no les trae conflicto. Los modos de amar dan prioridad a la comunicación virtual, así como a compartir gustos o tener afinidades por ciertos temas. La genitalidad para los jóvenes de este nuevo siglo no es una prioridad, tampoco cumplir con las reglas impuestas por el entorno. Quieren saber de qué se trata esto de ser libres en cuerpo y alma, una revuelta que exige ser sentida con todo el cuerpo y sentidos, y no sólo con las sensaciones que aporta la unión genital. Las parejas de jóvenes han naturalizado como "norma" la defensa de los tiempos de cada uno, por lo tanto, no existen reclamos; si el otro estudia, trabaja, hace deportes o se reúne con amigos, no es motivo de conflictos. Se busca que la unión de pareja no absorba la vida personal. Si la generación X vivió la epidemia del SIDA, la falta de tratamientos, las muertes cercanas y el miedo a padecerla, además del obligado uso del profiláctico como la prevención más efectiva, los millennials asisten a la cronicidad de la enfermedad mediante el cóctel de drogas y cierto relajo en el uso del condón, lo cual es una situación que alarma. En el año 1998 el viagra salió a luz con "bombos y platillos", descubierto por un laboratorio internacional. La difusión de sus virtudes (y sus efectos colaterales) dio la vuelta al mundo rápidamente. Destinado para los hombres adultos con disfunción eréctil, lo cual supone un diagnóstico médico, con el tiempo también se convirtió en un recurso para los varones más jóvenes embargados por el miedo "a fallar". Los machos millennials, que parecían superar la instancia del juego sexual sin problemas, sucumben a la misma presión cultural que les exige tener una buena potencia sexual.

Asexualidad: ¿trastorno o una forma de ser?

Desde hace un tiempo a esta parte viene adquiriendo visibilidad social el movimiento de asexuados o AVEN (*The Asexual Visibility and Education Network*) con representación en diferentes países.

El concepto de asexualidad se refiere a la falta o a la disminución de atracción sexual haciendo uso de otros recursos para sostener la relación. Las personas asexuales consideran que no sufren ningún trastorno en la sexualidad (deseo sexual hipoactivo o fobias sexuales), por el contrario, se sienten saludables y aceptan la disminución del deseo como una de las diferentes formas de identidad sexual. La mayoría de los sujetos asexuales se sienten así desde el inicio de su vida sexual, otros han pasado por un periodo de deseo más alto, volviendo luego a niveles bajos de deseo. Existen asexuales hétero, homo y bisexuales, en todos los casos se estimulan otras áreas para sostener a la pareja: romanticismo, comunicación, afinidades, gustos, trabajo, etc. Sin embargo, no sentir atracción sexual no excluye a las relaciones sexuales: se pueden masturbar o tener encuentros sexuales. El tema es la conquista y la atracción, no el despliegue del erotismo. Existen por lo menos cuatro formas de atracción que no son específicamente sexuales: la sensual (caricias, besos, sensibilidad al contacto); la estética (atracción por la figura corporal); la romántica o demisexualidad (afecto, compartir, contención, comunicación, escucha) y finalmente la atracción por el saber o inteligencia (sapiosexuales).

Sufrir la asexualidad

La asexualidad puede aparecer desde el principio: sujeto joven (hombre o mujer) que se siente diferente al resto de sus pares por carecer de interés o atracción sexual. Muchos jóvenes se aíslan y no comparten actividades por temor a sentirse discriminados por no hablar de sexo, o por no compartir con sus pares experiencias de esta índole; otros mienten para ser aceptados. Cuando se enamoran dejan que el otro se dé cuenta de su nivel bajo de excitación o se exponen a relaciones sexuales para "probarse". Es muy común que estos adultos jóvenes tengan la esperanza de que en algún momento el deseo se intensifique, construyendo un "ideal" inalcanzable, con el consiguiente sufrimiento o extrañeza de sí mismos por "no ser como los demás". En todos estos casos observamos cómo las pautas de "normatividad" influyen en la vida de los jóvenes imponiendo su estatuto de normalidad: esto es sentirse estimulados, seducir, conquistar y tener relaciones sexuales como consecuencia inevitable.

Descartando causas

Las personas asexuales no quieren ser consideradas "enfermas" (no lo son) ni catalogadas con diagnósticos médicos (deseo sexual hipoactivo o trastorno por aversión al sexo). También rechazan interpretaciones psicológicas que explican su "problema" como el resultado de las defensas: la represión, sublimación o desplazamiento del deseo hacia otros objetivos. Los asexuales definen la asexualidad como una de las tantas formas de identidad sexual y son congruentes con su forma de sentir. Defienden las relaciones vinculares basadas en el romanticismo u otras formas de enganche libidinal sin tener el sexo como objetivo prioritario. No obstante, se debe tener en cuenta que muchos problemas que aquejan al deseo son provocados por problemas médicos (endocrinos, efectos adversos de fármacos, etc.), así como psicológicos (traumas sexuales, parejas conflictivas, violencia, poca estimulación, rutina, etc.). El descarte de estas y otras causas que pueden bajar al deseo es fundamental. En estos casos es posible que la persona llegue al consultorio médico con este motivo de consulta, y se precisa de la pericia para saber detectar cuándo es un síntoma y cuándo es la manera personal de sentir y experimentar la asexualidad. La visibilidad de esta orientación ayuda a que muchas personas identifiquen que no es una patología y se sientan acompañadas por otros que viven de la misma manera su sexualidad. En las páginas de asexualidad aparecen muchos jóvenes consultando y compartiendo con otros sus vivencias, sin embargo, existen muchos adultos que aún no saben qué les pasa con su deseo. Estas personas que han pasado los 30, y aún más, no han tenido muchas parejas o aún conservan la virginidad. Asisto a adultos demisexuales (atraídos por el aspecto romántico/afectivo) que ignoran que esta es su forma de acercamiento amoroso y se cuestionan el poco deseo sexual que experimentan, o que este aparece sólo si se da la condición de un afecto sólido, verdadero.

Reconocerse como asexuales implica, entonces, asumir esta condición como un aspecto de la identidad en general, aceptando que no es una forma rígida, sino que está sujeta a variaciones según el momento de vida y las relaciones amorosas, pero el denominador común seguirá siendo un nivel bajo de atracción sexual y la movilización de otros recursos amatorios.

Adultos asexuales

Si en este último tiempo la asexualidad dice "presente" en sus diferentes formas, este fenómeno ayuda a entender la falta de atracción sexual en adultos pasados los cuarenta, diagnosticados muchos de ellos con trastorno del deseo sexual hipoactivo o padeciendo fobias sexuales. Son los jóvenes asexuales los que más se visibilizan y se organizan en colectivos o grupos con sus páginas web y publicaciones en los diferentes medios. Sin embargo, existen muchos adultos que desde siempre han tenido esta forma de orientación y eran considerados "asexuados", apocados, miedosos, o sufriendo algún trastorno del deseo sexual. El término "asexuado" en realidad se refiere a la falta de sexo, sujetos carentes de toda función genital. El termino asexualidad, en cambio, está centrado en la falta de atracción sexual entre las personas, existiendo otros modos de atracción (basadas en la sensualidad, el romanticismo, la sensibilidad, la inteligencia), lo cual no invalida que la persona pueda tener relaciones sexuales.

Virginales y apocados

Los adultos asexuales todavía ignoran que es una orientación sexual; han tenido que afrontar sus propios cuestionamientos y

los ajenos por "no ser como los demás". Algunos han sido objeto de *bullying* por ser retraídos o por no seguir al grupo en las
salidas y en los "enganches" amorosos y sexuales. En realidad,
no sienten ganas de hacerlo ni han desarrollado habilidades de
cortejo ni eróticas. Siendo adultos, la presión social de tener pareja o por lo menos contactos eróticos es muy fuerte, son los
"solterones" o "solteronas", tímidos, "de sexualidad dudosa" o
"nenes de mamá" que viven bajo el amparo familiar o del barrio
que los contiene. Otros adultos asexuales dedican muchas horas
al trabajo u otras ocupaciones, las que sirven de excusa para
encarar las preguntas suspicaces de los demás "no tengo tiempo
de pensar en el amor", "así como estoy, estoy bien, no quiero
complicaciones".

La asexualidad como orientación permite entender que la
atracción sexual entre las personas es una condición que puede
no estar, dando lugar a otros estilos de conexión. Es frecuente
que los adultos asexuales, que desconocen la orientación, con-
sulten a médicos, psiquiatras y sexólogos tratando de entender
qué les pasa: se sienten diferentes a los demás. Es fundamental
que el profesional pueda descartar patologías médicas, psicológicas o farmacológicas que bajan el deseo, y, una vez descarta-
das, se considere la orientación como expresión de su sexualidad. En este caso, entender que las personas tenemos diferentes
orientaciones (heterosexual, homosexual, pansexual, bisexual,
asexual) es el primer paso para bajar los cuestionamientos
personales.

Capítulo 4

Roles en la conquista y en la pareja

Para ser más preciso, separaré la dimensión de la conquista y la de la pareja ya establecida. El hombre moderno dosificará su capital erótico con tal de insinuarlo y, al mismo tiempo, ponerlo a resguardo en cada conquista. Esta es una forma moderna de preservar la virilidad a costa de una "pantalla" más actual y *cool*: la seducción del discurso, gustos sofisticados y alarde de apertura de pensamiento. Por supuesto que los determinantes de clase tendrán sus equivalentes según la clase social y el nivel educativo. El hombre de clase media, urbano, con nivel de educación superior, tendrá más información y recursos a mano que aquel que vive en ciudades del interior, menos complicado en sus dotes de atracción, algo así como: "al pan, pan y al vino, vino". Aun así, con sólo ver las publicidades (con personajes y situaciones preponderantes de clase media) podemos inferir que la dirección del mensaje es fuertemente clasista e influye además en las clases más populares. Es posible, entonces, que la conquista amorosa aún resguarde pautas clásicas de la virilidad, la cual recién podrá "aflojarse" y mostrar sus nuevas adquisiciones cuando se está más seguro (léase, confiado) con la pareja.

Las mujeres modernas saben que deben dosificar sus ganancias de género a la hora de exponerse a la conquista. Mostrarse segura y empoderada no es una manera efectiva de generar el "enganche", tampoco mostrarse condescendiente. El equilibrio entre la seducción y la seguridad personal debe ser preciso. Hay mucho de estrategia en las relaciones actuales que comienzan, a diferencia de las de antaño, que estaban más definidas por los comportamientos de género. Los varones reprimen avanzar y las mujeres guardan para sí su postura independiente. Estas idas y vueltas en las relaciones heterosexuales crean un marco de inestabilidad en el cual cada uno defiende lo suyo sin mostrarlo crudamente, sino en forma solapada, medida. Son pasos que cada uno da midiendo las consecuencias y animándose cada vez más. En este punto los hombres están aprendiendo a cuestionar sus mandatos y a relajarse. Ya no es necesario pasar por el examen de la virilidad ni que la mujer se entere de toda su entereza de macho. La mujer también hace lo suyo con su feminidad puesta a prueba, se afirma en lo que le gusta y pone límites cuando está en desacuerdo. Más que acciones de interacción entre las partes, son determinaciones personales que se deben tomar a la hora de hacer valer los nuevos códigos de género. Ni las mujeres son tan aguerridas ni los hombres tan hijos de puta que sólo quieren hacer valer su masculinidad.

Las redes sociales son aliadas a la hora de conocerse y encontrarse. Esto ha puesto de manifiesto una serie de comportamientos tanto masculinos como femeninos que merecen ser estudiados: diversidad en la elección, simultaneidad, uso de la racionalidad en la elección en desmedro del componente afectivo, ocultamiento, mentiras, ganas de "conocer "al otro, rupturas virtuales, demandas, angustia post separación, impacto emocional al bloquear o ser bloqueado de la red, necesidad de saber qué hace el ex luego de la separación, etc.

Las redes sociales para conocer gente: amigos, sexo, buscar pareja, etc., son los instrumentos actuales de acercamiento. Al uso de las redes se le suma el contacto en la escuela, la universidad, los diferentes grupos de amigos: del barrio, deportivos, del trabajo, etc. Los más jóvenes sostienen una red social real mucho más amplia que los adultos, quienes tienen que recurrir a nuevos grupos para conocer gente y hacerse de nuevos amigos. Desde hace unas décadas a esta parte, la reunión de gente con gustos afines (favorecida también por las redes sociales): bailar, correr, andar en bicicleta, se instaló con entusiasmo creciente.

Así se forman cada vez más grupos, lo cual permite que la gente se conozca y quizá nazca el amor. A los rasgos de sociabilidad, de tolerancia y respeto mutuo se le suman el cuidado del cuerpo y estar a la moda en todo sentido. La cultura general es un recurso cada vez más valorado, tanto en mujeres como en varones adultos. No es posible tener información tan cambiante y cercana y no enterarse de las buenas nuevas del mundo. El cuidado del capital erótico se alía a las nuevas maneras de conocerse, necesita ser puesto a punto (mostrado, disfrutado, sentido) en el interjuego social.

Existen diferencias entre la conquista juvenil, la adulta de inicio y la adulta posterior a parejas fallidas.

Los primeros amores

Es muy raro encontrar hoy en día la dolencia romántica del joven Werther de Goethe, sumido en la tristeza por el amor no correspondido. Esta concepción romántica del amor como sufrimiento no es frecuente hoy en día, a menos que se padezca una patología de base que convierta la frustración en síntoma. Salir a la conquista entra en la dimensión del entusiasmo, las ganas de aventurarse a lo que vendrá, a qué sucederá en cada salida. Las nuevas aplicaciones instalaron el término *"stalkear"* (mirar) como una forma de conocer más al otro con sólo poseer unos pocos datos. Si antes de estos medios tecnológicos "gustar de alguien" se convertía en un recolectar datos entre amigos, lugares comunes o aventurarse a ir donde trabaja o sale; ahora con sólo un "clic" se puede saber mucho del otro. Y no sólo importa el nombre, dónde vive, a qué colegio va; interesan los datos del perfil, cuantos seguidores tiene, cuantos le ponen "like" o qué fotos elige para presentarse en sociedad. *WhatsApp, Telegram, Instagram, Facebook, Tinder, Happn,* son los medios de contacto virtual que han desplazado a otras formas de acercamiento. El cortejo juvenil se ha convertido en una verdadera búsqueda, tan, tan lejos de la costumbre de ser elegidos por la familia, aunque la opinión del medio todavía se tiene muy en cuenta. Las redes se estudian como un mapa por donde circulan muchas opciones para recorrerlo. No obstante, en esta diversidad de encuentros posibles siempre está el deseo de enamorarse, de hablar y nombrar la relación con el clásico "somos novios". En este tema las cosas siguen siendo del mismo modo. Cambian las maneras de buscar, de saber, de conectarse con el otro, pero el deseo del amor subyace siempre como una línea que tiene una dirección irrenunciable. Existen jóvenes asexuales, que no quieren tener sexo simplemente porque no sienten deseo y, aun así, creen en la unión amorosa y se entregan a ella con la salvedad de que la estimulación erótica será pobre. En el otro extremo, se encuentran los poliamorosos, quienes desafían las normas de monogamia distribuyendo el amor entre varias personas del mismo o de diferente género. No existe, en el campo de lo saludable, los privados del amor. El amor es un sentimiento posible en la mayoría de las personas y es un indicador de salud mental. La excepción son las estructuras de personalidad como los sujetos narcisistas o los psicópatas, que se nutren del amor perverso. El amor saludable es una condición que asienta en la base emocional de todo sujeto, y aunque después puede ser objeto de modificaciones por las experiencias vitales, estará presente en nuestro capital de sentimientos altruistas. Cuando uno es joven (no importa la generación a la que se pertenezca) el deseo amoroso guía el desarrollo del psiquismo al punto de ser considerado como un factor de seguridad y estima importante. Ser joven y rechazado en el amor provoca dolor en esta expansión del Sí Mismo. La figura del amor romántico ya no es un valor social ni cultural, dado que estanca al sujeto en una trascendencia emocional que no es real, sino que está sujeta a las reglas de lo ideal. La fantasía romántica nutre a los amantes y los encierra en una ilusión. Si el amor romántico significó en su apogeo la dimensión del amor como nutriente de la frágil estima, hoy en día la realidad se impone con sus múltiples accesorios tecnológicos para crear otra realidad (la virtual) que juega las veces de una realidad objetiva. La virtualidad en las relaciones permite acercarse al otro desde un armado racional (ver el perfil y sacar conclusiones) que no compromete los sentimientos altruistas, aunque sí la propia estima que se ve vulnerada cuando el otro no contesta, se "borra" o bloquea el contacto. La compensación ante el rechazo o la frustración la brinda la diversidad de opciones o de candidatos con quienes se puede tener un contacto casi simultáneo. La decepción seguramente será leve, pasajera, y en todo caso se puede pensar "ella o él se lo pierde". La conquista unisex es otra de las características del uso de las redes sociales ya que no es posible hacer una diferencia de comportamiento según el género, tampoco existe una valoración negativa si conocés a alguien por Internet y estás saliendo con esa persona. Las recomendaciones y las dudas surgen de las cabezas de los adultos, pero no de los jóvenes. Además, lo viven como algo posible, como podría ser conocer a alguien en la facultad, el trabajo u otro lugar social.

¿Ansiedad o deseo por debutar?

Según una encuesta de Salud Sexual en los adolescentes, la edad de "debutar" se sitúa entre los 13 y 15 años y no todos usan profilácticos (sólo un 17,5 %).

Si bien la encuesta no precisa los factores que influyen en el debut a esas edades ni en las conductas de riesgo, se pueden inferir algunas hipótesis:

Es posible que en los tiempos que vivimos, la unidad funcional que constituyen los procesos biológicos y psicológicos sufra algún grado de "disociación", como si el cuerpo fuera el pivote o el ejecutor de comportamientos que aún no han sido "pensados" y sin considerar sus consecuencias. Y no me refiero a cuestiones morales, aunque también las incluyo entre posibles pautas a reflexionar, me refiero a pensar si es una conducta deseada (¿es lo que yo quiero?), qué sentido tiene para mí (¿me reafirma en mi estima?), cómo la viviré luego (¿me haré responsable del placer o del dolor si siento culpa, o miedo?).

La necesidad de pertenencia al grupo lleva muchas veces a conductas que no han sido "pensadas": hay que hacerlas porque todos lo hacen. El deseo sexual tiene sus urgencias, sin embargo, la ansiedad por no sentirse diferente a los demás suele ser mayor.

La influencia de las redes sociales y la hiperconectividad apura procesos que requieren sus tiempos. Los jóvenes usan la virtualidad para hacer realidad sus impulsos sexuales. Los adultos también lo hacen, pero en los adolescentes o en los apenas adultos, los contactos son más eróticos que amorosos. Para encontrar un amor tienen otros ámbitos: colegio, clubes, diferentes grupos, boliches, etc.

Los padres de los adolescentes de hoy pertenecen a generaciones más libres, que han roto con las clásicas pautas rígidas que ceñían los cuerpos de los jóvenes de antaño. No obstante, haber vivido esas épocas no es garantía para trasmitir la rica experiencia del sexo con la libertad y los conocimientos que esa comunicación amerita. Aún hay mucha ignorancia, mitos que prevalecen, hipocresía y prejuicios. La ansiedad por saber algo más sobre sexo se satisface en otros ámbitos cuando en el hogar no se obtienen respuestas, o los mensajes están sesgados por género ("sos mujer, decile a mamá que te explique"), imperativos con misterio ("no hagas eso, yo sé porque te lo digo") y nadie pregunta o ayuda a poner palabras sinceras a lo que el joven siente (¿me querés contar qué te pasa?).

La conquista en adultos jóvenes

Pasadas las primeras e inolvidables experiencias del amor juvenil, el pasaje a la adultez no es tan contundente, se dará gradualmente, defendiendo los espacios de *confort* familiar. Existen motivos inexcusables: dificultades para conseguir trabajo, pobre capacidad de ahorro, etc., si a esto le sumamos estudiar una carrera, la cosa se complica. La dificultad para salir al mercado laboral y de la conquista amorosa con aires de

compromiso trae como consecuencia la prolongación de la adolescencia hasta pasados los veinticinco años. Si en la juventud
los códigos de búsqueda amorosa son más unisex, en la edad
adulta ya se muestran diferencias entre los géneros. Las mucha-
chas que estudian o trabajan no quieren tener un novio que aún
permanezca en su casa, sin miras de crecimiento. Pueden salir y
pasarla bien, hasta "bancar" por un tiempo esta situación desigual, pero en algún momento vendrá la queja o la demanda de
cambio. En este punto las mujeres jóvenes están aprendiendo
a respetar sus deseos, o sólo por causas muy especiales los trai-
cionarían, por ejemplo: el don de gente de la pareja, que esté
incluida en el medio familiar del novio, que mantenga aún espe-
ranzas de cambio. El nivel de tolerancia de las mujeres a la falta
de perspectiva de crecimiento de sus parejas varones es cada
vez menor. Ni siquiera las dotes de virilidad y buen sexo pueden
acallar las demandas femeninas frente a un hombre joven que
no asuma responsabilidades. Las mujeres pueden aceptar la sensibilidad masculina, pero no renuncian a esa imagen de hombre
seguro, que afronta las circunstancias con garra y hace cualquier
cosa con tal de seguir su crecimiento. El varón adulto joven tiene
que tener algo preciso que ofrecer: trabajo, estudio, proyectos,
compromiso, voluntad, para convertirse en un candidato posible. La conquista, entonces, por más superflua que parezca, en
algún momento empezará a reclamar la dote cultural que todo
hombre que se precie de su virilidad debe otorgar.

Para los hombres esta presión por ocupar un lugar social
es determinante: o se quedan en sus casas con la excusa de la
falta de oportunidades o salen a buscar a toda costa su horizonte. Las familias están más tolerantes y aceptan en su seno
al varón que aún no "despegó". Se justifican en el afuera demasiado adverso en todo sentido, como si ese medio familiar
fuera un nido de protección ante las dificultades externas. Los
que mejor están son aquellos que se benefician con el trabajo
en familia, lo cual tiene también sus dificultades. Ser parte de
un proyecto familiar es prolongar un sistema jerárquico de relaciones (abuelos, padre, madre, tíos, hijos, sobrinos, cuñados)

con el consiguiente control y distribución de intimidades dentro del mismo sistema. Toda persona necesita probarse, salir al ruedo, equivocarse y encaminarse en una búsqueda constante. Aquellos que se quedan gozando los supuestos beneficios de lo construido por los ancestros no están capacitados para afrontar la vida con sus propios recursos, simplemente porque nunca los han puesto en funcionamiento o los desconocen. Mantenerse en ese "*statu quo*", pensando que todo está más que bien, es una defensa inconsciente de aceptación, incluso de resignación. Las capacidades de desarrollo están presentes en todos y pugnan por cumplir su cometido, y, cuando están tabicadas o reprimidas en algún momento dirán lo que tiene que decir. La vivencia de frustración, de no haber hecho nada con lo propio, el haber sido un mero instrumento de designios ajenos empezará a pesar en la conciencia de aquellos que se den el tiempo para la reflexión.

Los adultos jóvenes, mujeres y hombres, tienen la oportunidad de hacer valer sus deseos y ponerlos en acción. Siempre habrá un sistema de orden que pone reglas y pautas para ser tenidas en cuenta, mas existe el libre albedrío para armar la propia vida como les plazca. Y se puede decir con la palabra, "hago lo que deseo", sólo que se debe ser congruente y acompañarlo con acciones dignas de esa frase.

Después del desencanto: la conquista en adultos maduros

Las historias de amor y desamor marcan, suman experiencias, pero también alertan para no repetirlas. De este equilibrio entre la experiencia y la expectación para no equivocarse se nutren las relaciones venideras. La identidad heterosexual es una construcción cultural que comanda los cuerpos y las decisiones a tomar. Por más mente abierta que se tenga, en algún momento empezarán a pesar sobre la conciencia las mismas y repetidas pautas: pareja, maternidad, hijos, familia. En la actualidad, cada una de esas instancias puede ser abordada con más libertad de acción, pero al fin de cuentas algo hay que hacer con ellas, como si aún condicionaran el sentido de la existencia. Decidir no tener pareja estable, no armar una familia tradicional y decirle no a la maternidad requiere tener argumentos para justificar estas decisiones. Por supuesto que estará el/la que dice "no me importa lo que digan", pero en el fondo estará expectante esperando la clásica pregunta ¿y vos, por qué no tuviste hijos?

Cumplidas estas premisas que sostienen el devenir heterosexual, las personas se sienten más libres, sobre todo cuando se rompe la relación estable y se sale con nuevos bríos al mercado actual de la conquista. La sorpresa es comprobar que muchas cosas han cambiado, los millennials comenzaron sus escarceos amorosos Internet mediante, los centennials ya vienen con el teléfono en la mano, en cambio las generaciones anteriores se deben poner a tono con las aplicaciones y las reglas actuales de cortejo. Los adultos heterosexuales maduros prefieren los lugares típicos para conocer gente: boliches, milongas, grupos recreativos, etc. Les resulta difícil entender cómo las personas pueden programar "citas a ciegas". Hay miedos y muchas decepciones. Los más jóvenes (entre 40 a 60) se animan con las aplicaciones, pero no con el compromiso afectivo. Prefieren que sea algo transitorio y que nada enturbie la estabilidad conseguida en soledad.

Todavía el mito de que la sexualidad se ve afectada por la edad está presente. Si la persona no padece enfermedades orgánicas o psíquicas que puedan influir sobre las fases de la respuesta sexual no tendría por qué verse significativamente alterada. Por supuesto que las funciones no están tan aguzadas y activas como en la juventud, pero lo estarán lo suficiente como para continuar disfrutando del sexo. Las mujeres menopáusicas se lubrican menos por la falta de estrógenos, los hombres sienten que el período que media entre las relaciones no tiene la inmediatez dada en la juventud: lo que antes eran unos pocos minutos u horas ahora son días. Pero hay que aceptar la realidad y no vivir de la nostalgia. Por supuesto que el cuerpo sufre el embate del paso del tiempo, incluso manteniendo el espíritu joven. Es frecuente escuchar de las personas maduras esta disociación entre la mente joven y el cuerpo que pone límites a las motivaciones y a la voluntad. En estas últimas décadas las recomendaciones sobre el cuidado de la salud se han naturalizado y ya casi nadie hace alarde de la novedad. Todos sabemos los beneficios que aportan el ejercicio físico, una buena alimentación, la vida social, el no fumar, y la sexualidad activa. Es probable que la expectativa de vida siga en aumento, lo cual exigirá más estar a tono con la edad y los cambios sociales. Una mente abierta debe acompañar a un cuerpo que se empeña en estar cada vez mejor. Los adultos que son abuelos tampoco quieren sentirse tironeados por los hijos para que se ocupen de los nietos. Ya no son los abuelos de antaño. Desean cumplir con su rol, pero también defienden las actividades y los tiempos propios.

Amores de otoño

Para muchos adultos mayores la decisión de tener una nueva pareja y presentarla a la familia suele ser un problema. Y lo peor de todo es que el rechazo, "cuando se enteren me matan", no lo imaginan: es tan real que confirman la presunción. Es notable cómo los sistemas familiares mantienen en resguardo el lugar que cada uno ocupa, sobre todo si se trata de los mayores. Un joven se adapta mucho mejor que un adulto maduro a las nuevas parejas de los padres. En el imaginario familiar se tolera al padre o a la madre, aún jóvenes, que deciden rehacer su vida en pareja. En cambio, la misma aceptación tendrá sus reparos cuando estos mismos superan los sesenta. "Si le digo a mi hijo, va a poner el grito en el cielo: ¡ves, mamá, seguro que te quiere sacar plata!". El tema económico es uno de los que provoca discusión: los hijos no sólo temen perder los derechos sucesorios, lo que más los rebela es que un advenedizo les arrebate lo que les corresponde por historia.

Comunicación y sexualidad

La comunicación cumple una función fundamental en la conexión sexual, y no sólo se basa en expresar en forma verbal las necesidades sexuales. El cuerpo, los sentimientos, las insinuaciones, incluso el humor, ayudan al acercamiento. Esperar que "todo suceda en la cama" es pretender que el deseo se encienda mágicamente: se necesitan de estímulos previos que "calienten" los cuerpos para el encuentro erótico. La comunicación es la base para todo contacto, de cualquier índole, sin embargo, cada vez más el lenguaje real se empobrece de palabras y la virtualidad reemplaza sin lograrlo la riqueza expresiva de la comunicación cara a cara. La heterosexualidad, cuando sale del *clóset* con nuevas marcaciones de conducta, debe saber que las reglas han cambiado, que ya no son las mismas de antaño cuando los hombres hablaban y las mujeres callaban. Los varones heterosexuales han ido incorporando con el tiempo una expresión más rica, tanto en el lenguaje como en el comportamiento. El aumento en la expectativa de vida obliga a estar con espíritu y cuerpo joven para ponerle el pecho con salud y motivación. Sin embargo, lo ganado para sí mismo no es siempre así para el otro. La conexión con uno mismo y con lo que uno elige es superior a lo que se puede compartir. Y está bien que así sea. La defensa del mundo propio no es una postura egoísta (aunque en algunos casos lo sea), es una vuelta necesaria al Sí Mismo, a aquello que podemos hacer para enriquecerlo. Las personas ya no quieren postergar, quieren concretar, y en esta acción hay elección, ganancias y pérdidas. El indicador de salud no es destinar la energía a otros requerimientos, tampoco es el pensar sólo en uno, sin empatizar con el otro, es ese delicado equilibrio entre la defensa de lo propio y la entidad que adquiere las acciones compartidas. Lograr ese equilibrio no es sencillo, se cae fácilmente en los extremos del narcisismo o de la sumisión. Cuando una persona, no importa la orientación, sabe lo que quiere, debe luchar por eso que mueve el deseo y lo fortifica, sin importar los resultados. Todos tenemos ideales, objetivos postergados por ser considerados inalcanzables, por creer que no es posible acceder a ellos por falta de pericia, miedo, o simplemente porque no tenemos los medios económicos para lograrlo. En este contexto de fantasías e ilusiones que mueven al Yo hacía metas más cercanas, es indispensable revisar en uno mismo las herramientas que poseemos para lograrlo y cuánto hay de inhibición. En el marco de las relaciones con otras personas vemos cómo los demás acceden con más facilidad (o eso creemos) a la concreción de sus metas. Esa mirada sujeta a la comparación no ayuda, cada uno hace lo que puede con lo que tiene, y puede hacer mucho más si sabe reconocer las capacidades propias que intervienen en cada propuesta personal. Lo veo en las mujeres que desean tener hijos y no pueden lograrlo "fácilmente", como si la fisiología ya estuviera preparada para tal fin y sólo faltara la decisión de buscarlos. La frustración aumenta a medida que ven alrededor cómo las otras se embarazan sin demasiadas vueltas. Las mujeres que quieren tener hijos, pero no tienen pareja, saben de antemano que la concepción necesitará de la mano de la ciencia, por lo tanto, se someten a los tratamientos sin cuestionar su decisión. Existe una comunicación obligada con uno mismo, fundamental a la hora de tomar decisiones que atañen sólo a la persona. Incluso estando en pareja, sus integrantes saben que existen circunstancias que, aunque se hablen y se compartan, son decisiones muy personales. La comunicación en la pareja heterosexual, si bien mantiene sus temas convocantes (distribución de tareas, economía, educación de los hijos, cumplir con sus familias de origen, etc.), suma otras temáticas más actuales, como son los cuestionamientos a los roles fijos, la defensa de las tareas y el crecimiento individual. En los vínculos homosexuales el contrato de unión no es contundente respecto a los roles sociales, domésticos y sexuales. Si bien existen modelos de uniones homosexuales más rígidas en sus papeles, la mayoría se mueve con más libertad. El imaginario social cree que los homosexuales deben seguir el mismo régimen heterosexual y que esto impregna todas sus conductas, cosa que no es así. Hasta las familias homoparentales arman sus propios estilos de vida, algunos más cercanos a los heterosexuales y otros se aventuran a crear el propio. En este punto es notorio cómo las familias de origen (padres, madres, abuelos, tíos, etc.) cambian su parecer cuando se anuncia la llegada de un vástago. Los mismos que rechazaban la homosexualidad de un hijo o una hija se alegran, y mutan la incomprensión, hasta el odio, cuando llega un nuevo integrante a la familia. Pareciera que la comunicación cortada por la intolerancia se restableciera apenas se anuncia la buena nueva de un hijo por venir. Para estos padres de hijas o hijos homosexuales el fantasma de la falta de descendencia, de la trascendencia del apellido, se disipa de golpe.

Me complazco, te complazco, nos complacemos juntos

Los modos actuales en la cama ya no tienen la penetración como una meta imprescindible, poco a poco el juego erótico se incorpora con todo su poder como una fuente de placer y de conocimiento del cuerpo propio y del *partenaire* sexual. Los sexólogos sostenemos que toda relación erótica empieza mucho antes, cuando alguno de los dos, o varios, o una persona, empieza a pensar o a fantasear en tener sexo, desplazando la supremacía del coito y poniendo especial acento en la amplitud que debe tener el contacto sexual.

La cama, como territorio real y simbólico del lazo sexual, puede ser un lugar de placer o de conflicto. Optar por lo primero requiere de una apertura antes inusual, pero frecuente en las nuevas generaciones. Los varones han incorporado las nuevas demandas femeninas e intentan satisfacerlas con el agregado fundamental de su propia satisfacción. Poco a poco van entendiendo que para brindar placer primero hay que sentirlo, lo cual requiere una vuelta obligada hacia el propio placer. Y tal percepción de uno mismo y del otro invita a ampliar el contacto, y esto se traduce en más juego erótico. La mujer y el hombre están aprendiendo a disfrutar del sexo sin pensar en complacer exclusivamente al otro. La consigna sería: "me complazco, te complazco, nos complacemos juntos". Ya basta de sexo para autómatas: abrir las piernas para ser penetrada. Los modelos actuales, más saludables, por cierto, rechazan todo tipo de rigidez o estereotipo de relación. Y no importa la edad, ni la figura, ni el estrés cotidiano. Muchas veces los supuestos impiden el avance o la innovación: "a mi pareja no le va a gustar", "va a pensar que soy una puta o que lo aprendí con otro". Hay que animarse. Cada día, cada instante, puede ser un buen momento para descubrir cosas nuevas en materia de sexo. Hay que tener la mente abierta, sacarse de encima las represiones absurdas, aprender a proponer, a pedir lo que se necesita y a gozar.

Encontrar "el estilo" de conexión erótica

En esta apertura que tiene como objetivo el mayor placer sexual, la mujer debe comunicar lo que le gusta y lo que no. Para este propósito es importante entender que toda pareja debe buscar su "forma" o estilo de encuentro, y que esta no es rígida, sino que está sujeta a cambios permanentes; un alfabeto sexual que se construye poco a poco, con la consigna de variar las letras para no caer en la rutina. La idea de que cada pareja "arma" su propio modelo de relación rompe con la idea de que tanto el hombre como la mujer saben lo que tienen que hacer por ser hombre y mujer, respectivamente. Esto no es así. Ni los hombres ni las mujeres nacen sabiendo qué hacer, la sexualidad se construye a través del tiempo y durante toda la vida. Las mujeres pueden convertirse en guías de los comportamientos sexuales de los hombres para que estos conozcan los lugares que a ellas les dan placer. Las manos, las palabras, los movimientos del cuerpo son todos recursos para hacer saber al otro los puntos de goce.

¿Relaciones amorosas afines o dispares?

Los factores que intervienen en la atracción amorosa han sido por siempre una gran pregunta para la ciencia, provenga del campo de la biología, de la psicología, de la sociología, o de otras disciplinas. Más allá del ámbito académico, solemos preguntarnos qué nos gustó del otro, si fue la mirada, el cuerpo, la forma de pensar, la sensualidad, etc. Sin embargo, desconocemos a ciencia cierta los fenómenos que suceden en ese instante en que empezamos a sentir que ese otro adquiere un significado en nuestra vida. Y yendo más allá, qué hace que una relación persista durante años o se terminé a poco de empezar. Es indudable que la pasión no es duradera, que el amor como sentimiento se apaga si no existen acciones que lo estimulen y que muchas parejas pueden amarse, pero en otros niveles no existen acuerdos posibles. En fin, los vínculos no son rígidos, están sometidos a constantes cambios, algunos más sutiles, otros más evidentes, y en otros casos, existen fuertes resistencias a la capacidad de cambio. Dentro de este contexto relacional las afinidades o las diferencias pueden ser causa de atracción o de rechazo. El concepto popular dice que "los opuestos se atraen y las semejanzas se rechazan". No obstante, en la relación amorosa y desde el punto de vista emocional esto no suele ser tan así. Nunca somos tan diferentes ni tan parecidos, las formas de relación se integran en un todo que se va modificando.

Aportes de la ciencia

Las ciencias biológicas contribuyen cada vez con más datos a explicar la conducta humana, pero no somos sólo moléculas traducidas en instinto; sobre este nivel signado por las reglas de la naturaleza se configuran otros estamentos que nos convierten en sujetos con deseos, emociones, pensamientos, capacidades intrínsecas y otras provenientes del entorno. Si desde la biología los cuerpos están preparados para buscar el candidato más seguro para procrear, desde las ciencias humanas la elección es sinónimo de estima, placer, empatía, proyección personal y vincular.

Un estudio de la Facultad Médica de la Universidad Técnica de Dresde, publicado en la revista Nature, concluye que "la ley de la atracción en las parejas" está marcada por los denominados antígenos de histocompatibilidad (HLA), es decir una serie de moléculas que se hallan en la superficie de los glóbulos blancos y que tienen como función reconocer las propias células de las extrañas, además de responder con diferentes líneas de defensa al ataque de virus, bacterias u otros agentes. Parece ser que estos mismos antígenos intervienen en la atracción amorosa haciendo que la persona busque como pareja a sujetos con antígenos diferentes, de tal manera que la unión favorecería una descendencia con más variedad de antígenos, protegiéndose mejor contra los agentes patógenos. En este caso podríamos decir que "a mayor diferencia, mayor variedad y mayor defensa". El estudio basado en la conducta sexual de 254 parejas además revela que aquellas que tienen antígenos de histocompatibilidad diferentes tienen mayor deseo de procrear y más satisfacción sexual. Desde la perspectiva biológica se sabe desde hace tiempo que el intercambio de genes diferentes (cruce entre personas que provienen de distintas familias) permite que se elimine o se atenúe la trasmisión de enfermedades hereditarias, cosa que no ocurre cuando la trasmisión se da en un mismo clan, raza, o grupo étnico.

¿Qué hacer con las afinidades o las diferencias?

Como decía antes, la biología puede servir para entender algunas conductas, pero no para explicar la diversidad de los comportamientos humanos. Respecto a las afinidades o las diferencias en el ámbito de la relación es fundamental evaluar cómo se desarrollan estas experiencias. Uno puede ser muy diferente al otro, pero para que este vínculo se nutra de la disparidad debo "empatizar" con la diferencia, ponerme en el lugar del otro y comprender su punto de vista. Esto es una forma de acordar con el desacuerdo. Ahora bien, si se usa la incompatibilidad para cerrarse cada uno en su mundo y compartirlo a "cuenta gotas" no será muy efectivo. Por otro lado, las relaciones basadas en la afinidad deben enfrentar el desafío de romper con tanto acuerdo. Cuando ambos coinciden en trabajos o gustos semejantes, deben salir de la monotonía proponiendo acciones nuevas que traigan "nuevos aires" a tanto conocimiento compartido.

Las relaciones que nacen bajo el amparo de un trabajo en común, a veces bajo el mismo lugar, están marcadas por un contacto excesivo que llega impregnar el discurso. También se produce cuando se comparte la misma profesión, los médicos son un buen ejemplo de ello ya que les cuesta dejar de hablar cosas relacionadas con su profesión, lo mismo sucede con otras profesiones.

Las diferencias a la mesa

El discurso heterosexual no tiene muchas variantes, si con el tiempo no se producen, se vuelve poco interesante. Las madres hablan de sus hijos, los hombres de su trabajo y del deporte que practican. Sólo en las salidas con otras parejas se permiten sacar trapitos al sol de cómo cada uno se comporta en la relación ¿Por qué no me dijiste que no te gustaba tal o cual cosa, que lo venís a decir delante de fulano o mengano? ¡Qué costumbre que tenés de hablar cosas de la intimidad cuando están otros presentes! ¿Si crees que soy un/a inútil, por qué no me lo decís en el momento y no ahora, para que todos se enteren? La mesa del encuentro de amigos heterosexuales sirve de confesionario para que cada pareja coteje entre sí cómo resuelven cuestiones de la cotidianidad. En cada una de estas "juntadas" siempre está el espacio para que las mujeres por un lado y los hombres por el otros hablen "sus cosas", después se reunirán a la mesa para que se active la interacción cargada de reproches entre risas y alguna miradita cómplice.

Las afinidades como resguardo

Otro espacio de comunicación forzada son los chats de madres del colegio o los que unen a los familiares de un lado y de otro. Creo que el más molesto es el de las madres, especie de cofradía donde lo que menos se discute es el bienestar y la libertad de los hijos, por el contrario, abunda en suspicacias y rumores que comprometen a docentes y a otras madres que no están incluidas. Aquellas madres que no quieren pertenecer porque saben lo que deben soportar, sobre todo la dificultad para plantear el disenso, son excluidas de toda información, sobre todo de la que es relevante. Este chat de madres es, en la mayoría de los casos, la expresión cabal de la cerrazón de la heterosexualidad a sus prácticas. Una especie de recinto virtual donde se defienden las tradiciones y las reglas morales y se cuestionan las diferencias. Los colegios religiosos, los clubes, las instituciones deportivas, algunas universidades privadas, etc., suelen ser reductos donde las normativas de la hetero-sexualidad subyacen a veces en forma no tan solapada. La he-terosexualidad con sus pautas incuestionables precisa de estos nichos para sostener sus preceptos y divulgarlos a sus adhe-rentes. El chat de la familia cumple con el mismo fin protector de la tradición. Todos saben de todos. Si antes algún espacio de intimidad quedaba a salvo del chisme, ahora todo se sabe (y se opina). En estos chats existen aquellos que despiertan al grupo casi de madrugada y a diario: "buenos días, familia" y siguen con mensajes a cada momento, y están los que apenas quieren figurar o responden casi en forma obligada. El silencio, o la salida del grupo de chat, generan un montón de suspica-cias y de comentarios. En estos dos casos (chat de madres y de familia) se reproduce el mismo fenómeno de agrupación como protección, no sea cosa que se rompa la estructura con conductas indeseables para la sociedad.

¿Qué buscan los hombres jóvenes en las mujeres más grandes?

Las convenciones de género siguen dando batalla con tal de permanecer en el imaginario social. Y si de relaciones amorosas se trata, un hombre joven con una mujer mayor será visto ante todo como un "oportunista" con ansias de dinero o ascenso social o "un nene de mamá" que busca la teta "simbólica" (y real), proveedora de cuidado, afecto y alimento. Mucho más cuando es la mujer la que se planta y muestra cómo se puede estar en pareja con un hombre más joven. El que está fuera de las críticas, por su aceptación social, es cuando el hombre maduro sale con una jovencita "que bien podría ser su hija", pero que es bien mirado por sus congéneres pasando a ser el piola; "Vos sí que sos afortunado", le dirán. La mirada ajena es crítica e impiadosa. Dejando de lado los condicionantes, existe el hombre joven que desea estar con una mujer que lo supere en edad, es su "target". La experiencia se le presenta como algo novedoso, y por qué no, posible. Existe el deseo que los une; no hay en ellos intenciones espurias ni pulsiones inconscientes que guían las elecciones de pareja. Estos hombres salen del molde preestablecido (estar con una mujer joven o con escasa diferencia de edad) y se dejan llevar por la nueva relación sin cuestionamientos. Son congruentes con lo que sienten. Ellos valoran la experiencia femenina en todos sus aspectos: la apertura del pensamiento, la comunicación franca, no tener que dar respuestas a los pedidos de tener hijos, la autonomía, etc. Estos hombres defienden la pareja frente a las críticas externas y dejan que ellas se arreglen con sus hijos, no se entrometen en la relación. Viven con libertad y optan por mujeres libres. La experiencia humana es tan vasta y compleja que no habría que limitarla a unos pocos modelos de relación.

Entre seres adultos todo es posible si existe acuerdo. Viven el aquí y ahora con más ahínco y no piensan en las diferencias que el paso del tiempo marcará inexorablemente en sus vidas. Este modelo de relación heterosexual no sólo tendrá que enfrentar las criticas externas, también tendrá que saber equilibrar los miedos por la diferencia de edad, sobre todo el miedo de que ellos puedan conocer a una mujer de su edad y concretar un vínculo más cercano al modelo social esperable.

Este modelo de unión heterosexual marcado por la diferencia de edad (la mujer mayor) tienen mayor visibilidad en estos tiempos. En las relaciones homosexuales este tipo de vínculo entre un hombre joven y un adulto maduro es muy frecuente, es más, hay jóvenes que se sienten atraídos por estos hombres canosos, panzones y con una vasta experiencia de vida. El grupo de los osos (colectivo de hombres homosexuales maduros, obesos, peludos) es un ejemplo de estereotipo social que gusta a muchos jóvenes con iguales o diferentes características físicas.

Cuando el amor es oportunismo

No obstante, existen excepciones, es decir, jóvenes que buscan mujeres más grandes para valerse de las comodidades y del dinero que estas les ofrecen. En estos casos la determinación del varón es bien consciente, voluntaria, y sólo tiene fines utilitarios. Los varones que buscan sacar provecho de este tipo de relación tienen una ductilidad para convencer a la mujer del amor que sienten por ellas, son manipuladores, carecen de franqueza y dejan siempre entrever la diferencia de edad.

Las mujeres puma

La visibilidad de este tipo de relación trajo aparejada la creación de un nombre para estas mujeres que gustan de varones jóvenes, las *Cougar Women* o mujeres puma. Incluso ellas mismas acuerdan con la denominación y abren sus páginas web (*Cougar Life*) para hacerse conocer, formar un colectivo de iguales y conectar con jóvenes varones interesados). El término fue popularizado por la actriz Courtney Cox en su serie televisiva *"Cougar Town"*, donde protagoniza a una mujer madura sexualmente agresiva para con los muchachos. La historia les viene reservando un lugar: Isabel I, Catalina la grande, Colette, Mae West; el personaje de *Sunset Boulevard* (Norma Desmond) interpretado por Gloria Swanson, Anne Bancroft en *El Graduado*; Liz Taylor, Cher, Ellen Degeneres, Samantha de *Sex and the City*, Demi Moore; las argentinas Nacha Guevara, Susana Giménez, y tantas mujeres anónimas que se animaron a estar, a disfrutar, a vivir con un hombre más joven.

Perfil de la mujer puma

Estas son algunas de las características que definen a las mujeres puma: mayores de 40 años, independientes, osadas, con buen trabajo, sociables, tienen seguridad económica y vida urbana. Algunas han cumplido con las reglas del matrimonio, han tenido hijos y se han divorciado, otras defienden su soltería y la autonomía ganada. Todas tienen una premisa que las identifica: no quieren estar con tipos mayores que ellas, menos que menos si son esquemáticos, conflictivos, demandantes, posesivos o se jactan del poder que da un cargo o el dinero. Ellas quieren frescura, cuerpos gráciles, mente abierta, cierta cuota de singularidad, si es posible exótica; y como garantía de mayor compromiso, que el joven haya pasado por alguna instancia social: parejas anteriores, matrimonio, hijos, etc. Si la corriente de las Mujeres Puma comenzó como un juego de mujeres maduras buscando hombres entre 10 a 20 años menores que ellas, casi exclusivamente para tener encuentros sexuales o de corta duración, hoy la movida se está convirtiendo en un fenómeno social que revela cambios en los comportamientos de género, tanto de las mujeres como de sus *partenaires* hombres, y por qué no, otras mujeres (como Ellen Degeneres y su esposa Portia De Rossi, 15 años menor).

Los complejos a la hora del amor

Para las mujeres, amar a un hombre más joven es un acto de transgresión. No sólo se transgrede la pauta social, que impugna desde el vamos la relación (recordemos el refrán: "el que se acuesta con niños, amanece mojado", que alude claramente al castigo por crédula, por confiar en la inmadurez juvenil), sino que también se transgrede la impronta social sobre el propio cuerpo femenino: el valor de la juventud es la fertilidad. Vencer a los determinantes culturales es un desafío que trae sus frutos. No obstante, no es una tarea fácil. Las Mujeres Puma deben afrontar los fantasmas que todo *partenaire* joven moviliza: la diferencia de edad, la falsa idea de reconquistarlo día a día, ocultar las arrugas o la flacidez del cuerpo, someterse a tratamientos estéticos, ejercicios tediosos, o elegir ropa que no condice con sus gustos. Qué paradoja: tienen el temple para desafiar a la sociedad amando a alguien más joven y, con tal de mantenerlo, se someten a los otros parámetros que la sociedad marca: el ideal de belleza, la homogeneidad estética que arrasa con toda la autenticidad y los comportamientos de complacencia.

Los *toy boys*

Cuánto de burla hay en estos términos que los medios imponen cuando las relaciones amorosas salen de lo acostumbrado. La sociedad precisa nominar las conductas que salen del carril como una manera de clasificar. Lo bueno de esto sería apropiarse de estos nombres, internalizarlos como parte de la identidad, tal cual hizo el colectivo *queer* cuando usó el nombre despectivo puesto por la sociedad para su propósito de lucha. Se cree que la relación amorosa entre una mujer madura y un

joven 20 años menor es un acto de rebeldía, una conducta osa-
da, desprejuiciada, pero no se dice nada de los dilemas internos,
los conflictos que albergan las mujeres maduras que aman a los
hombres más jóvenes. Así, para el imaginario social, una Mujer
Puma tendrá a su cachorro, a su juguete, como una especie de
presa aferrada a sus garras llenas de anillos, pero como en toda
relación esta tendrá sus conflictos especiales, fundamentalmente sostener la relación sin pensar en que el paso del tiempo marcará más las desigualdades corporales, mas las sentimentales
pueden mantenerse intactas o crecer. Los jóvenes que deciden
estar con alguien mayor no se someten a las reglas de la virilidad
que imponen a mujeres de su mismo grupo etario, quizá con la
premisa interna y darwiniana de perpetuar la especie, exigen
de ellas singularidad, no les piden que reduzcan la edad a base
de cirugías y estéticas (son ellas las que lo hacen), les piden que
sean singulares, auténticas.

Relaciones fugaces

Sexo con un chico nuevo

Muchas veces, un primer encuentro sexual con un partenaire que recién se conoce se acompaña de infinidad de dudas:
¿le digo que no? ¿podré?, ¿qué voy a hacer en la cama?, ¿me
sentiré bien?, ¿le gustará mi cuerpo?, ¿tendré los cuidados necesarios?, ¿qué pensará él de mí?, ¿cómo me sentiré después?,
¿será la primera y la última?, ¿me llamará después?, ¿qué hago
si me duele?, etc. Las citas a ciegas, o en las que se conoce poco
y nada a la persona, pueden llevar a una serie de dudas. El
enganche físico muchas veces las resuelve sin tanto conflicto
interno: "me gusta y chau". La cosa se complica cuando aparecen otros datos en la conexión: buen diálogo, interés más allá
de lo físico, amigos o conocidos en común, etc. Estas cuestiones ponen a la persona en guardia "no me tengo que mostrar

desesperado/a". Los perfiles en las aplicaciones y las primeras charlas virtuales ya evidencian el interés. Hoy no existe reparo en decir "quiero sexo nada más". Lo que se rechaza es la mentira, cuando se dice "busco una relación" y el otro seduce para obtener nada más que sexo.

Que una relación sea pasajera no implica que esté signada sólo por el frenesí sexual y la genitalidad. Las mujeres gustan más de un contacto pleno que ir de lleno a los papeles. Son ellas las que pueden frenar a los varones y decirles que bajen las ansiedades y sientan el placer del contacto en general. Concentrarse en "el aquí y ahora" ayuda a relajarse, a estar centrado en las sensaciones placenteras. Aprender a comunicar las expectativas, las dudas, las ganas, los sentimientos, etc., es una manera de disipar temores, conocer al otro y estar mejor dispuestos al sexo. Las relaciones pasajeras tienen menos inhibiciones por el hecho de la fugacidad del acto, pero, ya que se logra bajar la expectativa por la falta de compromiso posterior, ¿no sería mejor dejarse llevar por la situación? En este punto son los varones los más exigidos, los que miden su performance en términos de erección o de cantidad de "polvos" que logró. Para ellos es muy difícil abstraerse de la demanda social que pesa sobre sus penes. "Tenés que ser potente". El deseo sexual puede aparecer espontáneamente; para sostenerlo durante toda la relación se precisa tiempo y juego erótico que incluya a todo el cuerpo y variantes. Todo el cuerpo está preparado para disparar sensaciones de placer, por lo tanto, hay que darle el lugar que se merece y no centrar todo en la genitalidad. Tocar, sentir, guiar al otro con las manos, decir lo que te gusta, hacer lo que al otro le gusta, son acciones indispensables del buen sexo. Cuando el cuerpo erotizado está activo, la mente no deja entrar pensamientos críticos. Bajar la ansiedad es fundamental: la urgencia predispone a que los varones no usen condones, penetren sin juego, eyaculen rápido; las mujeres no llegan a lubricarse, haciendo el coito doloroso, sienten que todo ha sido fugaz, sin placer; pero por sobre todas las cosas, ambos han perdido la oportunidad de disfrutar plenamente de la experiencia erótica.

Tips para el primer encuentro con un nuevo chico:

- El temor (expresión de la ansiedad) es una de las emociones primarias. Debe ayudarnos a evitar las situaciones de riesgo, no las de placer.

- Concentrate en los aspectos sugestivos del otro y pensá qué harías con ellos: "me gustan esos labios y te los chuparía todos". El acto de ver convoca el qué hacer con lo que ves, creándose así una conexión que dirige la mirada, estimula la libido e impide que los pensamientos negativos se entrometan.

- No existen guías o modelos de relación sexual. Cada uno encontrará su propio "estilo".

- Despojarse de los prejuicios o supuestos: "si me muestro liberada, va a pensar que tengo mucha experiencia", "debo dejar que sea él quien lleve la relación", "no está erecto, entonces no le gusto", "cuando me vea desnuda, no le voy a gustar", etc.

- El sexo es una experiencia dinámica. Por más experiencia que tengas, conocer a una persona nueva es siempre una primera vez. Dejate sorprender por la novedad.

- Las experiencias del pasado deben ayudarnos a comprender las actuales. No transformes la situación que estás viviendo en un repaso de historias fallidas.

- No copies modelos ajenos. Concentrate en tu cuerpo y tus habilidades sexuales sin emitir juicios de valor ni críticas. El encuentro sexual tiene dos direcciones: hacia uno mismo y hacia el otro. Ambas deben estar presentes.

- Usá el gran poder de la fantasía para incrementar tus capacidades amatorias.

- Disfrutá de los juegos eróticos, reducí la ansiedad y la urgencia por llegar rápido al orgasmo. Recordá que la genitalidad es una etapa más del encuentro, y no el objetivo final.

Después de separados

Si bien las parejas que se separan tienden luego a formar nuevos vínculos con más o menos las características esperables, donde más se ven los cambios es en las personas que deciden seguir solas por elección. Sin detenerme en los motivos de la separación, es interesante ver cómo estas personas están decididas a no volver a convivir, incluso a no formalizar nuevas relaciones, nada que impida la paz y tranquilidad conseguida en soledad. Y en esta cuestión las mujeres y los hombres están defendiendo esos espacios personales conseguidos. ¿Defensa ante un nuevo dolor? ¿No creen más en el amor? ¿No creen en el compromiso? Los hombres dicen que las mujeres son impredecibles, pero ellas también están diciendo lo mismo de ellos. La conquista amorosa está, pero nadie quiere ceder luego ni un ápice de lo conseguido. Ni un cepillo de dientes puede quedar en el lugar o "bunker" del otro, cada uno en su casa y, si es posible, tener una regla para los días de encuentro. Vivir en otra casa o cama afuera está siendo una alternativa posible para las parejas no convivientes. Y no es tomado como una falta de compromiso, por el contrario, el compromiso primero es con uno mismo y eso tiene un valor primordial. Las redes sociales ayudan a que las personas se conozcan o sigan el derrotero del otro luego de una separación. El adulto de edad madura vuelve a las anteriores maneras de encontrarse más que al uso de la virtualidad. Estará más atento a los grupos que frecuenta, o se abrirá a nuevos grupos para tal fin. La defensa del mundo propio no dispone de mucho margen para el riesgo, tampoco se quiere "perder el tiempo" en encuentros que aburran o sean infructuosos. La sola idea de repetir la operación de conquista provoca el aburrimiento y el rechazo de la situación. Muchos prefieren reunirse con amigos o quedarse solos mirando una película en sus casas que salir a "lucir" sus mejores galas para agradar. Este elogio de la soledad que se disfruta se extiende también a amigos y familiares, favorecida por las series de TV, la Internet, hasta del *delivery* de alimentos, bebidas y sexo. Nada está lejos, todo está tan cerca que la ilusión de lo posible se puede hacer real a sólo un clic de distancia. Se ha creado una distancia entre el deseo y la concreción del mismo, especie de abismo que tiene mucho de artificio defensivo para no volver a sufrir, sumada la dificultad concreta para encontrar partenaires dispuestos a dar algo de sí en pos de un vínculo. Muchos no quieren negociar: temen perder lo ganado, como si siempre implicara más pérdidas que ganancias. Por supuesto que todo no se puede, no podemos mantener la libertad más amplia, ni seguir abusando de las mañas como si estuviéramos en soledad. Los adultos construyen hábitos y rituales, secuencias de acciones que ayudan a organizar la vida cotidiana y a mitigar la soledad. La presencia del otro obliga a acordar sin egoísmo, sin entregas forzadas. La experiencia de relaciones pasadas debe servir para hacer transacciones más democráticas, despojándose de la alarma que significa entregar algo de sí mismo. Es fundamental el diálogo para establecer puentes de comunicación manteniendo cada uno su territorio. Las relaciones de pareja son la unión de dos subjetividades, una conexión donde cada uno debe saber lo que brinda y lo que debe guardar para sí mismo. No se entrega todo, se entrega aquella parte que enriquece el vínculo. La intimidad, el mundo propio, es fundamental, es la parte que no se cede, que construye el Sí Mismo desde las bases mismas del desarrollo personal. Este es el quid de la cuestión: sostener un delicado equilibrio entre el adentro y el afuera, entre los propios deseos y el bien común.

Amores sanos y complicados

La armonía en la pareja es una utopía. Siempre existen dificultades que hay que aprender a sortear para no caer en el conflicto permanente. Reconocer que el vínculo amoroso es la unión de dos personas, cada una con su modo de percibir el mundo, de pensar, de llevar adelante sus proyectos, suele ser un tema que no se entiende en su profundidad. Estamos muy imbuidos por la idea de ajuste entre las partes, una adaptación que supone renuncias para estar en pareja. La rigidez adaptativa se mete en el medio condicionando la unión. Toda pareja necesita descubrir y organizar los códigos de interacción que deberían ser móviles, sujetos a los cambios personales además de los que traen las circunstancias vividas. Ahora bien, ¿qué determina que una pareja se lleve bien, o por lo menos que no anden "a las patadas", siempre intentando hacer ajustes imposibles? ¿Existen parámetros para definir cierto acercamiento a la armonía conyugal, y que este estado sea verdadero, es decir, que no sea una mascarada de felicidad que oculta mucho desasosiego?

Las parejas más saludables son aquellas que están atentas a la comunicación, al respeto de lo propio y del mundo del otro. No precisa de condimentos especiales que sirvan de exquisitos nutrientes, basta con defender los tres aspectos citados anteriormente.

Comunicación e incomunicación

La comunicación tiene diferentes niveles, pensar que todo debe ser profundo y sentido es un error. Hablamos de cosas que suceden a diario, que sirven para acceder a otras temáticas más comprometidas. Y no son dos niveles diferentes, uno reposa sobre el otro. Cuando hablamos de cómo fue el día de trabajo también se infiere cómo influye en el ánimo en general y si lo que hacemos condice con lo que queremos. Hablar de los hijos es poner sobre el tapete la educación y si estamos haciendo lo mejor por ellos. Cuando la comunicación se estanca en datos que tienen una línea espacial y temporal, una sucesión de anécdotas y no es posible que el interlocutor rompa con este modo, los datos pasan a ocupar el lugar de lo que subyace. Se denomina metacomunicación a este subtexto hecho de gestos, de matices, de tonos diferentes que acompañan al dato en cuestión. Muchas veces es tan fuerte lo que se dice en gestos que supera a lo que se dice en palabras. Si pudiera decir: "esto me irrita, me aburre o me entristece", estaría convirtiendo lo que expreso en gestos o en los tonos de voz, en datos precisos. Los datos no dan lugar a errores en la interpretación, es ese dato y no otro; en cambio la metacomunicación puede ser objeto de varios supuestos. La incomunicación, como tal, no existe, porque siempre estamos comunicando. Comunicación es conducta por lo tanto es imposible la "no conducta". Sin embargo, estamos acostumbrados a decir que el problema es "la incomunicación" cuando en realidad es una disfunción en los modos de comunicar. Si en una pareja uno le señala al otro una acción que no acuerda, seguramente la respuesta del otro lado será pedir disculpas o defenderla, pero no compromete la totalidad de la persona, sólo se remarca esa acción. Siguiendo este ejemplo, si la respuesta frente a esta crítica fuera: "vos siempre me desacreditás" o "me decís que soy inútil", entonces la persona cuestionada por esa acción creerá que la compromete en su totalidad como persona: "me está diciendo que soy inútil".

Otro tema frecuente en la consulta de pareja es la intermediación de preconceptos o de pensamientos hipotéticos que explican acciones del otro sin saber si esa es la verdad. En algunos casos existen datos previos que llevan a la creación de estos pensamientos falsos y en muchos casos no. Estas ideas están en todos lados, no hay ámbito del vínculo donde no se cuelen. En el sexo provocan distanciamiento y disfunciones sexuales: "no me acerco porque seguro no tiene ganas"; "si le sugiero otra pose me va a decir que no goza", etc.; en la educación de los hijos: "mejor no digo nada, si no, soy el malo de la película y ella la buena"; "si la dejo que participe, va a querer reemplazar a la madre de mis hijos"; "no le digo nada de que quiero ser madre porque se va a espantar", etc. Los supuestos son tan frecuentes y crean tal nivel de empaste en la unión que se pierde la espontaneidad y la verdad. Todo lo que se dice debe pasar por el filtro de lo posible. Y así quedan en el tamiz muchas cosas que deberían convertirse en diálogo.

La comunicación sexual

Así como nos comunicamos con el lenguaje hablado, el cuerpo lo hace permanentemente enviando mensajes. En el área sexual este tipo de enlace es la base para la receptividad o el rechazo. "Tener piel" o no tenerla, define dos formas de conexión que no están avaladas por la palabra, sino por las emociones y el comportamiento de los cuerpos. La investidura que da la sensualidad y la seducción convierte a las personas en gráciles y mejor dispuestas a las relaciones sociales. La figura corporal es sólo un envase si carece de estas aptitudes necesarias para la conquista. El *sex appeal* fue la manera de nombrar la sensualidad puesta al servicio de un cuerpo atractivo más por lo que sugiere que por las formas. El término se popularizó en las décadas del sesenta y del setenta cuando mujeres y hombres empezaron a romper con los moldes de la formalidad. La estética corporal siempre ha tenido primacía sobre la actitud. Un cuerpo bello era de por sí considerado estético sin importar si ese mismo cuerpo era sensual o no. Los parámetros de belleza siguen vigentes, pero las personas quieren vivir con menos exigencias sobre la carne y prefieren darle cabida a la actitud frente a la vida. Este será un cambio lento, no porque las personas no posean las capacidades intrínsecas, sino por la influencia de las sociedades capitalistas sobre la figura, la estética, la moda y los modos de expresión.

Las personas que quieren vincularse para la conquista, ya sea ocasional o con algún grado de compromiso, saben que los parámetros de belleza son los primeros señuelos para el enganche, cuestión que no queda bien clara en algunos perfiles que describen los atributos personales. El pudor gana a muchas y a muchos que no se atreven a decir que tienen sobrepeso o no condicen con las reglas de corrección estética esperable. Atravesar esa barrera del cuerpo permite acceder al mundo personal, seguramente mucho más rico que la presentación en forma de envase corporal, y en este punto son las mujeres las que están más sometidas a las fuerzas que impone el exterior. Los varones comienzan a preocuparse por el cuerpo superando los cuarenta, cuando comienzan a sufrir la crisis de la adultez media.

Lo propio y lo ajeno

Las personas están más atentas que antes a no quedar entrampadas en un vínculo en el que no se respetan las libertades personales. La defensa de lo propio debe ser una condición básica y un modo de reacción frente a los viejos modelos. En las generaciones pasadas, pocas mujeres podían salir del círculo del matrimonio signado por reglas muy estables. Sin embargo, estas últimas generaciones están pudiendo dar el gran paso y que no sea una mera apariencia para los ojos de los demás. En el trabajo las mujeres han subido muchos escalones, pero no es tan así en la construcción de familia. Recién ahora la defensa de lo propio es más pareja y abarca las distintas áreas donde la mujer se mueve, fundamentalmente porque lo que ha cambiado no son los roles sociales, sino los estamentos que fundan la identidad. La mujer busca sentirse libre, ocupada en sus proyectos, y puede desear o no compartir su vida con otro. En toda conformación de un vínculo, algo se cede para dejar que las redes de interacción surjan y se expandan. Cuando los dos ceden en pos de algo mejor, el resultado debería ser beneficioso y no empobrecedor. Ceder no es "dejar de lado algo que me gusta hacer", es adecuar los tiempos para compartir un proyecto en común, y es una responsabilidad que cabe a las partes, sin demandas ni reproches.

Los problemas del amor

El amor es un sentimiento fundamental que valora a uno mismo y a los demás configurando vínculos significativos. Como todo sentimiento, discurre en una dimensión que va desde la falta hasta la exaltación; desde el extremo saludable, al patológico. No creo que el amor sea sólo un hermoso sentimiento altruista, creo que se ubica en la misma línea de la bondad o de la virtud, existiendo en cada uno el lado sano y el enfermo.

El amor de pareja no es incondicional, desde el vamos se ponen condiciones. Es imposible pensar una pareja donde no existen límites (explícitos o implícitos), pero límites al fin. Las parejas necesitan reformular esas pautas que sirven para ordenar las acciones que sostienen la unión. Cada etapa de "la vida juntos" precisa una limpieza, un reordenamiento y descarte. El estancamiento es insalubre, se repiten las mismas acciones por años y años, no existe ningún viento que arrase con la decadencia y la resignación. Dudo de la felicidad de estas parejas de antaño que son la expresión de la armonía y la pasividad. No es saludable que la felicidad se construya sobre una base inflexible, en la cual los roles estén delimitados y no se toleren rupturas.

El amor negador

Ellos, como pareja, son el *summum* de la concordia, de la sabiduría conyugal. Así se muestran en los medios sociales, guardando para sí los desajustes que este tipo de relación les provoca. Por lo general cumplen con la ley, se casan y se juran amor eterno, fidelidad e incondicionalidad frente a lo adverso. La apariencia es ley que no debe ser subvertida por nada del mundo. El dolor, la infidelidad, los desliz hacia otros sexos, las rivalidades, los desacuerdos económicos, etc., se guardan bajo siete llaves. Nada debe romper la imagen inmaculada. Las parejas que niegan reprimen la angustia y justifican con silencio el malestar: "lo mío es una pavada, no voy a sufrir por eso", "a él le gustó siempre manejar el dinero", "no me cuenta los negocios que hace para que no me complique con temas que no entiendo", "y bueh, los hombres son de tener amantes", "basta con que no me haga faltar nada". En estos casos, la aceptación es la regla. Este tipo de amor es pasivo, no hay nada que sacuda el *statu quo,* o si apareciera algo que lo amenace, rápidamente será dejado de lado. La negación corre de cuajo la representación adversa y la reemplaza por una aceptable, que no modifique la estabilidad.

El amor dúctil

Cerca del amor negador está el "amor dúctil", siendo su característica principal la capacidad que tienen ambos para acomodar los conflictos. No existe negación, no se reprime el conflicto, la dinámica se basa en la fácil adaptación al mismo, sin encararlo y mucho menos resolverlo. Siempre van a existir mecanismos de reacomodo, pero en estos casos es demasiado práctico usar conductas para morigerar la molestia. Esta ductilidad puede aparecer en algunos momentos sin que signifique una constante, ejemplo: la madre que no deja que su pareja cambie al bebé o le dé el alimento, con la excusa de que es ella la que sabe, o el hombre que estimula a su pareja para que tenga su orgasmo porque sabe que él acaba rápido. En estos ejemplos, la ductilidad significa dejar de lado algo para complacer al otro. Y así, con el tiempo, se establece esta forma de relación basada en la "cintura" que tiene cada uno para desplazar el conflicto. Se sabe que está, no se niega, pero se posterga su resolución.

El amor como carencia

El amor, para que se precie de tal y subyugue a los amantes, debe poseer ese núcleo esencial que refuerza al mismo tiempo la unión y las expectativas individuales. Sin empatía no existe el amor, tampoco sin exaltación de la estima. Es egoísta y altruista, como la mayoría de las experiencias humanas que incluyen al otro. El amor no completa ninguna falta, el amor enriquece lo que está presente en cada uno de nosotros como estado afectivo de base. La idea de la falta no ha sido buena para entender el amor: fomentó la desigualdad de género aportando siempre las reglas establecidas por los varones como condición de fuerza y patrimonio. El patriarcado se establece sobre esta base de complementariedad en la cual el otro (la mujer), completa la "pieza" faltante del hombre, no como parte fundacional del vínculo amoroso, sino como aporte casi exclusivo a la masculinidad. Serás el hombre que mereces ser, en la medida en que exista una mujer para someter y retroalimentar las condiciones de género. Si esto no es individualismo o narcisismo que crece al amparo del género, qué podemos decir de otras formas de egolatría. El amor no es falta, tampoco es descalabro pasional, ni control, ni dominación, ni encastre de partes que se buscan y se necesitan. El amor es una experiencia del ser social que nutre su condición con la compañía de otro.

La dupla apego/desapego juega una función fundamental para crear los patrones de relación interpersonal y amorosa en el futuro adulto. Quizá no impacten tanto en los vínculos más laxos, es decir, con menos compromiso personal, cuestión que difiere cuando intervienen el amor y el devenir de pareja. El apego desmedido no está basado en el amor (que no debe llenar ninguna falta), sino en la carencia, en un vacío interno que lleva a la aparición de demandas permanentes y conductas autolesivas con la finalidad de retener al otro. Las personas que actúan desde esta forma de amor precisan que el otro esté presente cuando ellas lo requieren. Sufren ansiedad cuando no les responden los mensajes o no dan respuestas rápidas a sus pedidos. Este tipo de amor es dependiente y tiende a formar uniones desiguales (uno se somete, el otro domina).

El amor obsesivo

Si bien la forma del amor carente tiene una dosis de obsesión, ya que sólo se piensa en cómo complacer al otro para continuar con la dependencia, el verdadero amor obsesivo es más racional que emocional, más medido que abundante en emociones e impulsos. El amor obsesivo se construye en la cabeza de uno de los miembros de la pareja y se trasmite al otro en normativas que debe seguir. Es un amor desigual, como los anteriores, salvo que en este uno tiene una manera de pensar y de ser a la cual el otro debe amoldarse sin cuestionamientos. El obsesivo cree que su forma de pensar es la correcta, que tienen "la verdad" y la van a imponer al resto, como si los demás carecieran de criterio propio. En algunos casos se disfrazan de protectores, con una coraza de sabiondos que saben atajar las amenazas para que nadie sufra. Estas personalidades sostienen un pensamiento rígido que lo refuerza doblemente. La frase que se les escucha es: "tenés que hacer las cosas como yo digo", "lo tuyo no tiene lógica", "yo soy así y no voy a cambiar". Y no sólo se conforman con la convicción de que nada se puede modificar, sino que imponen al otro su forma invariable de ver el mundo. Es un amor desigual en la medida en que uno marca las normas a seguir y el otro debe cumplirlas a pie juntillas. La palabra crea acciones y estas se convierten en rituales que deben repetirse a diario. Cualquier cuestionamiento o cambio da lugar a crisis. La violencia del obsesivo pasa por lo imperativo de su modelo racional. Las emociones juegan en él en un segundo plano, prima la razón con su criterio defendido a ultranza. El enganche con estas personalidades está dado por el *status* que logran, por la perfección y una conducta aceptada socialmente. Son personas correctas, prolijas, detallistas, minuciosas, atentas por imposición de reglas de cortesía, exitosas en trabajos que requieran este *target* de personas, religiosas, políticamente correctas, críticas de las medias tintas y del caos (no se necesita ser tan revoltosos o descuidados para ser merecedores de sus críticas), descreen de la terapia, creen en la superioridad de las funciones del pensamiento y en la cura psíquica sin ayuda externa. Pueden con todo. Todo esto y mucho más puede ser un atractivo de enganche, sobre todo para quienes busquen un candidato formal, que les brinde *status*, bienestar económico y que cuide de la familia por el estatuto de ser un buen padre de familia. Este modelo de amor obsesivo es más de varones que buscan mujeres que se acomoden a sus demandas. Para algunas, este tipo de dominación racional encubierta no genera ningún conflicto, siempre y cuando sean damiselas obedientes, domesticadas, que controlen la administración del hogar. En cambio, para otras se convierte en un sujeto insufrible al cual nada le viene bien, además de sentir que su vida personal se restringe cada vez más. Es posible que estas mujeres se adapten al modelo impuesto sin criticarlo, convencidas de que "así tiene que ser", ya que cumplen con el deseo de tener pareja y familia. Son los hijos los que muchas veces se revelan a estos padres autoritarios, poniendo en cuestión su carácter inflexible. Una vez que los hijos crecen y se van, estas mujeres están en condiciones de decir basta y de dar el gran salto para cambiar. Algunas logran romper con esta forma de amor loco, otras se quedan por cómodas, por miedo a la soledad, por lástima hacia un hombre que no pudo (ni intentó) vivir con un mínimo de placer.

El amor manipulador

Si bien las formas descritas son amores desiguales, este amor manipulador es la forma más dañina por las implicancias que tiene sobre la vida del otro. Es un amor dependiente, no racional, es emocional puro, ya que el sujeto de amor vive en una encrucijada entre salir o quedarse en esa relación, lo cual provoca una angustia constante. También es más frecuente en varones con rasgos narcisistas, psicopáticos e histriónicos de la personalidad. El uso de la seducción y las estrategias basadas en la culpa y el arrepentimiento luego de la acción dañina son constantes. El manipulador humilla, subestima, agrede, para después convertirse en un corderito que pide ayuda con el argumento de que fue provocado o la vida le hizo demasiado mal y no consigue controlar sus impulsos. Esta forma de entrampar la expresa en la conducta y en la forma perversa de dar vuelta el discurso para que el otro sepa que estaba equivocado.

La inmadurez de estas personalidades se vuelve un monstruo ávido de la mirada y de la satisfacción proveniente del medio, convirtiendo al otro en un objeto utilitario: "estás conmigo para que adules, para reforzar mi autovalía, para saber que sos un objeto que puedo descartar y valerme solo; pero aun así te necesito" ¿Y por qué el otro permanece?, será la pregunta del millón en este y en otros casos de relaciones patológicas. La respuesta es la siguiente: las personalidades inmaduras (histéricas, narcisistas, inestables emocionalmente, etc.) son simpáticas, carismáticas, divertidas, dan una imagen de desprotección y fragilidad que inspira sentimientos de protección. Hay que agregar que otro aspecto que refuerza el enganche es la seducción y el comportamiento sexual. Este tipo de amor es adictivo y busca *partenaires* que bailen al son de una melodía cambiante, agotadora, pero en el fondo estimulante. Las personas que se adentran en este tipo de relación aprenden que luego del sufrimiento vendrá el anhelado encuentro (sexo, lágrimas, promesas de cambio) hasta que todo se reinicie y así hasta el agotamiento. La relación como sistema de partes que interaccionan con objetivos comunes se convierte en una pelea de yoes sufrientes, necesitados de estima, que buscan alguna forma indirecta de redención.

Mención aparte merecen las personalidades con rasgos violentos o antisociales que someten al otro hasta la humillación y la muerte. La codependencia se basa en las mismas premisas que las anteriores, sólo que en estos casos el psicópata obtiene la estimulación del otro sufriente. El amor manipulador precisa de pasión, de fogosidad sexual, de la violencia implícita en cada gesto, en cada palabra. Las personas que viven en esta locura de relación están siempre desbordadas por las emociones: se sufre por la presencia, pero también por la ausencia. La mayoría de las veces, los intentos para que la razón medie en este conflicto son

infructuosos. Las emociones pasionales son las reinas indiscuti-
das en estos vínculos, y aunque se describa la situación con detalles (son plenamente conscientes de lo que sucede) sienten que
cualquier recurso de control fracasa ante el reclamo del otro.

Amores idealizados

Los amores idealizados o imposibles aparecen cuando la
realidad da un respiro y deja paso a la ilusión. En estos tiempos
de vértigos y ansiedades por doquier, fantasear con un amor
que quedó en el pasado o que nunca se pudo concretar, pero
sigue punzando como una asignatura pendiente, son formas de
escape de lo cotidiano. La tecnología permite volver a conectarnos con amores adolescentes o con alguno que quedó en veremos, pero sigue despertando alguna expectativa. Sin embargo,
no siempre los reencuentros son satisfactorios. Se espera que
todavía tengan algo de los sentimientos de origen, cuando en
realidad es otra la situación actual, además de que las personas
cambian, para bien o para mal. El papel que juegan las fantasías
en esta etapa es fundamental. La persona se "hace la película",
se anticipa imaginando diferentes escenarios donde la díada
atracción *versus* rechazo estará presente. El acceso a las redes
sociales brinda información sobre la vida del otro, lo cual genera
un saber anticipado que no siempre se revela en los encuentros.
Se prefiere que el otro diga, para confirmar o rechazar las conjeturas previas. Aun así, con idas y vueltas, los amores imposibles
que orbitan como fantasías alrededor de la realidad vincular actual sirven de referencia, aunque ilusoria, del amor que se desea. Todos tenemos una idea del amor basada en la historia, en
la experiencia, en creencias y en deseos personales. Esos amores
idealizados muchas veces definen una meta a alcanzar, como
si fueran el *summum* de la exaltación del amor en pareja, pero
no olvidemos que los ideales son eso, metas lejanas, inalcanzables, y su falta de concreción provoca conflictos y vivencia de
fracaso. Será necesario entonces tenerlos como una referencia

no ideal, sino cercana a lo posible, es decir, a lo que cada uno puede conseguir.

Los reencuentros con amores pasados, que quedaron como gratas historias de una época, se producen gracias a las búsquedas por las redes sociales. Los que están solos encuentran una hermosa oportunidad para volver a verse y los que no lo están... también lo hacen. La adrenalina sube por las nubes cuando el otro dice: "sí, dale ¿cuándo nos vemos?". Los recuerdos vienen a la mente, en las fotos actuales se intenta descubrir algo de la imagen adolescente, la pregunta sobre "¿cómo será ahora?" subyuga e induce a responderla. Como no hay demasiados datos actuales (más que si se casó, separó, tuvo hijos, estudió, etc.) se completa la imagen con el recuerdo, lo cual favorece a la idealización de la persona. Nada del pasado será igual, hay que aceptar la experiencia de vida de cada uno y en qué se han convertido. A veces la decepción es grande, otras veces aparecen reflejos que no han cambiado, que mantienen viva la esencia de la persona y a partir de esa chispa se puede decir ¡sos el mismo!

¿Por qué las parejas se estancan en el conflicto?

Respecto a la forma de encarar los conflictos, las parejas encuentran motivos y recursos para sortearlos o se quedan en el centro de la tormenta sin poder salir. Es muy frecuente ver cómo se sostiene el vínculo basándose en discusiones por cualquier tema, casi siempre por detalles que no merecen ninguna atención especial. El problema no es el dato que provoca el enfrentamiento, sino la incapacidad para encontrar formas de salida, esto es, dar respuestas nuevas a situaciones archiconocidas. Así se construyen puentes de interacción inamovibles, sujetos a la repetición permanente. Las interacciones patológicas pueden mantenerse así toda la vida, haciendo cada vez más difícil la separación. Por un lado, hay una claudicación de las posibilidades de salida y lo único que se logra es la reiteración de los mecanismos con la consiguiente vivencia de fracaso, sin embargo, esta repetición, aunque parezca extraño, tiene sus beneficios. Estas uniones buscan inconscientemente que nada cambie, si así sucediera sería una instancia difícil de abordar. Acostumbrarse a vivir en la crisis es, paradoja mediante, lo conocido y seguro. Saber que cada uno reaccionará de la misma manera y de esa misma manera será la resolución es una compensación para el Yo de cada uno, y una forma de equilibrio inestable para el vínculo. Sobre una misma cuestión, los puntos de vista son tan diferentes que llevan a una pulseada inagotable. Esta contienda conlleva un desgaste emocional superlativo, pensemos que, así como se cierra la percepción, se incrementa el estado de alerta con tal de estar preparados para la reacción defensiva. Y la defensa del vínculo queda de lado, está excluido, aunque los temas sean pertinentes al mismo. Es una defensa del Yo personal más que una postura que ayude a disipar el desacuerdo. En estas disputas no se escucha al otro, se escucha aquello que es una amenaza para lo establecido, ejemplo: una mujer plantea que necesita ayudar a su familia de origen por una contingencia que están atravesando, la respuesta del hombre es: "siempre estás a favor de ellos y nunca tenés tiempo para estar conmigo". Y la respuesta de la mujer es: "¿qué decís?, si cuando quiero estar con vos hacés algún programa con otros, incluida tu familia". Y así las discusiones se reiteran sin cesar. En este ejemplo, puede ser que las situaciones sean reales, que ella necesite ayudar a la familia y que él haga lo mismo cuando ella le pide que se dedique un tiempo a la pareja. Sin embargo, la necesidad real de cada uno queda excluida por el conflicto, no se escuchan, traen situaciones del pasado que agravan la actual y finalmente cada uno defiende su postura. ¿Qué pasaría si ella hace y comunica lo que hace como un acto consumado que evidencia su responsabilidad sobre la familia? A veces las parejas comunican no asumiendo las responsabilidades de sus actos, sino que "piden permiso" al otro para hacerlo. Existen acciones que son personales y otras que necesitan ser consensuadas. Si siempre se está pidiendo permiso, el otro aprovechará la ocasión para decir su opinión desde un lugar de poder, sería "si me permiten hablar, me otorgan el derecho a decidir". Es probable que el otro responda desde un lugar de supuesto saber y, la mayoría de las veces, no convence… "¡Pero vos me diste el lugar!". La base de apego es la causal de estas vicisitudes vinculares. Creer que todo debe compartirse y anunciarse es dañino. La sociedad ha creado esta imagen de pareja donde todo se dice y todo debe hacerse en conjunto, justamente porque están unidos en las buenas y las malas. Y no es así, menos que menos en estos tiempos de rupturas de estereotipos.

¿Por qué es tan difícil volver a enamorarse?

Desde hace décadas se están produciendo cambios en las configuraciones vinculares, sobre todo en adultos que han atravesado uniones de pareja y que por diferentes motivos tuvieron que separarse, con lo que significa luego salir al ruedo de una nueva conquista. Tanto mujeres como hombres encuentran formas posibles para conocer gente en las redes sociales y en aplicaciones específicas de contacto. Las clásicas presentaciones de amigos o encontrar un candidato o candidata en el trabajo o en una reunión social han sido superados por el influjo de la realidad virtual. Si antes de la era tecnológica conocer gente despertaba inquietudes, expectativas, ilusiones, "mariposas en la panza", ahora la aparente facilidad para elegir un perfil y más aún llevar adelante la conquista conlleva muchas decepciones que superan con creces al deseo de conocer a alguien.

Los jóvenes no sólo tienen más opciones para conocer gente (grupos de amigos, trabajo, universidad, deportes, etc.), sino que cuentan con más tiempo, ganas y, por sobre todo, tienen más capacidad para superar rápidamente las frustraciones amorosas. Las dificultades para salir al ruedo del cortejo se hacen más evidentes en personas que superan los 40, aquellas que siendo jóvenes tuvieron que desplegar capacidades intrínsecas y aprendidas para conquistar y, ahora, al reaparecer en el medio, se encuentran con otros códigos que desafían hasta al más creído... y las que más sufren son las mujeres. Ellas se quejan de que no hay hombres que se comprometan "como antes", que sólo seducen para tener sexo y luego desaparecen sin dejar rastro, o bien pretenden relaciones con condiciones basadas en el respeto a los espacios y tiempos propios, sin demandas. Frente a este nuevo panorama relacional, encontrar ese equilibrio entre el espacio propio y lo compartido se hace cada vez más difícil, pero no imposible. El tema es no sucumbir en el intento.

Las defensas que impiden el encuentro

Veo en consulta a muchas mujeres que podrían llevar adelante una relación más saludable, pero la complican cuando comienzan las demandas, los temores injustificados, los celos y demás conductas que horadan la frágil unión. Por supuesto que no quiero achacar a las mujeres el fracaso, los hombres también tienen lo suyo. Me animo a decir que las mujeres han construido, en estos últimos tiempos, más defensas que los hombres: para no volver a sufrir, para no ilusionarse en vano, para no comprometer lo ganado, etc. Y estos motivos crean representaciones, creencias, mitos, imágenes internas que interceden ante la realidad, distorsionándola. Los comportamientos defensivos comprenden el uso de la ilusión (o fantasía) generando una imagen interna del hombre ideal, especie de "príncipe azul" con dotes de adivino, aquel que sea caballero, maduro, con tiempo disponible para el encuentro y por sobre todo que sepa "leer" en el pensamiento de la dama sus necesidades (incluidas las sexuales). Un hombre así puede estar en algún lugar, pero seguro estará presente en el deseo de muchas mujeres, especie de nicho ilusorio para vivir y para "dar por muerto" a todo aquel que no cumpla con esas premisas. Otras se recluyen en la nostalgia de otros tiempos: "hombres eran los de antes", o en una aparente independencia y seguridad personal que pasa a ser su carta de presentación y orgullo personal. "No hay hombre que esté a mi altura, me tienen miedo". Las defensas basadas en la desconfianza tienen sus variantes: las que actúan preventivamente "antes de que me haga mal lo dejo", los celos que agrietan cualquier esbozo de relación, la desconfianza basada en el temor a contagiarse enfermedades, o la que se alimenta de la devaluación o la baja estima "me va a dejar por otra más atractiva". Los mecanismos defensivos son tan potentes que dominan a la persona (son inconscientes), haciéndole creer que esa es la realidad. La realidad distorsionada por las defensas se impone en la subjetividad en forma de creencias, imágenes, pensamientos que no se discuten. Recalco este concepto de las defensas como obstáculo, que no sería válido cuando el dato es veraz, es decir que la apreciación de la realidad es la correcta. La infidelidad, la humillación, el control posesivo, la mentira, la falta de compromiso y otras conductas existen desde siempre, el tema es cuando estas situaciones sólo son construcciones basadas en temores, o bien si existieron o existen, se exacerban, impidiendo la aparición de comportamientos más saludables (encarar juntos el problema para resolverlo o separarse y cortar con el sufrimiento).

De novia con mi ex

"Nos fuimos a vivir juntos muy rápido", dice Karina. "Ese fue el error". Luego agrega con satisfacción: "nos reencontramos después de años y nos volvimos a enamorar, la decisión de vivir juntos todavía no está a la vista, no queremos apurarnos". En otro caso la búsqueda por las redes sociales de aquel novio de la juventud culminó en un vínculo que se nutre de las experiencias del pasado e incorpora las actuales. Hoy las parejas no sólo se separan, también buscan modos de reformular la relación, aun pasado el tiempo y mucha agua bajo el puente.

Convivir para separarnos

Para Karina "la convivencia mata al amor". Ella ronda los treinta años y él es apenas un poco mayor. "Nos dimos cuenta de que los dos teníamos trabajo y podíamos compartir los gastos del hogar. Por supuesto, había ganas de estar juntos, pero, en realidad, seguimos las mismas pautas de nuestros padres. Después de unos años los conflictos ocuparon el lugar del amor: peleas por las actividades y los tiempos de cada uno; roles fijos que se naturalizaban ("a vos te toca limpiar, a vos hacer la comida"); pobre comunicación y la luz de alarma: pocas ganas de tener sexo". La decisión no se hizo esperar. "Por suerte pudimos recuperar la comunicación para decir basta, los dos estábamos molestos y no nos atrevíamos a decírnoslo. Fue un alivio". A partir de esa charla, cada uno volvió a su casa y dejaron de verse, pero no de saber qué era de la vida del otro. Algo había quedado de ese amor, no fue suficiente para continuar juntos. Fueron sinceros. Pasaron años, casi una década y se volvieron a encontrar. "Quizá necesitábamos vivir más cosas, no indagamos en lo que vivió cada uno en estos años. Ambos sabemos que tuvimos otros amores. Interesa qué vamos a hacer con nosotros de ahora en más".

La experiencia de Karina y su pareja revela que aún existen apuros por convivir y que esta premura suele ser una condición social más que un deseo pensado, consensuado. Si antes el casamiento significaba salir de la casa familiar para ingresar en otra institución: el matrimonio, hoy muchos jóvenes toman como parámetro el tener un trabajo o una profesión que les permita afrontar la convivencia. Barajar y dar de nuevo sería la consigna de estos jóvenes ansiosos que se topan con las responsabilidades y el desgaste de la cotidianidad. Volver a ser novios es para ellos una nueva oportunidad que surge de necesidades personales, y no impuestas.

A un *like* de volver a estar juntos

En otros casos, el noviazgo con un ex ocurre después de mucho más tiempo e historia. Las redes sociales permiten saber qué es de la vida de aquel o aquella que en algún momento despertó las mariposas en el estómago. Y casi sin querer, resulta el *like* y el reinicio de un vínculo. "Nos volvimos a ver gracias a las redes, en realidad sabíamos en qué estaba cada uno porque nos espiábamos por contactos que tenemos en común", dice Marta, "yo tenía la corazonada de que volveríamos a estar juntos. ¿Ahora? De novios y felices".

Marta estuvo de novia con Alfredo hace más de treinta años, convivieron un tiempo, pero las diferencias de carácter y el poco tiempo para compartir precipitaron la separación. "además, él tenía hijos y no quería volver a ser padre. Yo ansiaba la maternidad".

Ahora Marta está separada y tiene dos hijos adolescentes. "Nos llevamos muy bien, cada uno en su casa. Puedo decir que cumplir con los deseos propios fue lo mejor que me pudo suceder. Ninguno se quedó con ganas de nada, hasta cumplimos con las ganas de volver a estar de novios".

El pasado como experiencia

Dicen que "donde hay amor cenizas quedan", excepto donde hubo humillación o violencia. La experiencia de separaciones traumáticas suele ser el límite para decir "jamás volvería con este tipo". Sin embargo, en otros casos, los buenos recuerdos dejan de lado los malos, que quizá "no fueron tan malos". La experiencia del reencuentro trae el pasado y se hace inevitable hablar de él, el enganche está allá, en lo que fue y no en lo que es ahora. No obstante, hay que avanzar con la realidad actual. El aquí y ahora debe construirse con lo que cada uno vivió: amores, hijos, ex, familias, trabajos, ocupaciones, etc., sumando lo que en este momento se puede ofrecer. El desafío de volver al noviazgo con el ex supone incluir la historia vivida y construir la actual, menuda tarea cuando se apuesta al amor.

Me enamoré de mi amante

Las parejas cambian con el tiempo, pero la figura del amante dentro del imaginario social siempre está firme, resistente y con nuevos bríos. Es sorprendente cómo uno de los temas más frecuentes en los vínculos amorosos es la fantasía, la opción o la presencia del amor desleal. Y si bien el sexo es el factor más importante para aventurarse en estas lides, muchas veces el amor o la necesidad de afecto convierten al vínculo transgresor en una relación paralela.

Ezequiel no sabe explicar bien por qué no puede cortar con la amante; sabe que lo debe hacer en algún momento, pero hace años que se repite lo mismo sin poder concretarlo. "Amo a mi mujer y a mis hijos, pero apenas ella (la otra) me llama tengo una tentación irresistible". "Y no es sólo que la pasamos muy bien sexualmente, es algo más, una especie de dependencia que me impide cortar". El testimonio de Maricela es similar al de Ezequiel: se arriesga a irse con él de vacaciones con la excusa de un viaje de trabajo. "Sé que no está bien, pero temo que si no lo hago lo voy a perder". Este tipo de vínculo con el amante, pasional y al límite, provoca en la persona sentimientos encontrados de amor y odio: "te deseo aunque me hagas mal". Es una relación que funciona en el "aquí y ahora", no se proyecta en un futuro juntos. Es la intensidad de lo inmediato. Estas personas no se imaginan conviviendo con el/la amante, tampoco dejando a sus parejas e hijos, les atrae con fuerza irrefrenable "la adrenalina" del momento. Este tipo de relación "adictiva" o dependiente se nutre del otro como si este saciara vacíos personales. Prima la pasión y se impide el uso de la razón para tomar distancia y reflexionar sobre los pros y los contras. Y en general, mirado desde afuera, tiene más contras que beneficios, pero la persona minimiza los riesgos o ingenuamente cree que los demás no se darán cuenta. Es posible que se desoigan los consejos de personas cercanas, los oídos se cierran a las críticas.

María dice con cierto orgullo: "nos encontramos después de muchos años y empezamos a vernos. Él está casado y yo también, quizá estamos algo aburridos de la vida en matrimonio, pero la llevamos adelante. No reniego del vínculo con mi marido. Es como si fueran dos historias diferentes y hay que saber qué hacer con cada una. Amo a mi marido, pero también lo quiero a mi amante. El equilibrio es fundamental: respeto mutuo, no demandas, extremar los recaudos y vernos cuando tengamos ganas". En este tipo de relación la pasión da lugar a un sentimiento más calmo que tranquiliza los ánimos e impide los desbordes. Este tipo de unión con el/la amante puede continuar por años, a diferencia del primer caso (amor dependiente) que, por lo general, es descubierta, provocando la separación o conflictos que se prolongan en el tiempo.

Relaciones no consensuadas

En épocas de "Ni una Menos" y de *Me Too* no sólo se denuncian, también se rompen o se cuestionan relaciones críticas. Poner en jaque conductas machistas desde las más extremas hasta las más sutiles, naturalizadas socialmente, está siendo una postura saludable de muchas mujeres que se sienten con la fortaleza y la contención social para hacerlo. Aun así, a pesar de estos cambios, las relaciones de codependencia siguen siendo formas nocivas de vincularse al encontrar en el conflicto el modo de nutrirse. Para aquellas (y aquellos) que han logrado decir basta, el recupero de la autonomía y la confianza les suele resultar difícil a la hora de encarar nuevos amores posibles. Si bien después de años de angustia lo primero que aparece es el alivio y la libertad como sensaciones gratificantes, el sistema de alarma seguirá activo cada vez que surja una nueva oportunidad amorosa/sexual.

La desigualdad sexual como costumbre

El abuso puede ser una conducta inesperada o un acto crónico convertido casi en un hábito, un modelo de interacción que hasta diluye la palabra "abuso" para convertirse en costumbre o en el clásico "él es así". Las relaciones sexuales no consensuadas son el producto de este acto dominante sobre el cuerpo y las emociones de la pareja. El "no acuerdo" y la imposibilidad de decir "no" compromete todas las áreas, incluida la sexual. Si bien en algunos casos el sexo dirime los conflictos fomentando el "enganche", existen otras situaciones signadas por la sumisión ante la propuesta dominante del hombre. "Abrir las piernas" y complacer al varón que quiere sexo es aún en estos tiempos de revueltas femeninas un comportamiento que "no se dice", que "no se habla" por temor, por sostener la pareja a costa de todo, o bien para mantener el hogar bajo la apariencia de corrección social. Estos modos de relación, que parecían desterrados hace décadas, todavía siguen vigentes, quizá con más sutilezas y compostura, pero en el fondo la falta de consenso estará presente.

También es frecuente que las mujeres recién cuestionen a sus parejas luego de darse cuenta de que su falta de deseo, de lubricación o de orgasmo tiene como origen la decisión unilateral del hombre de tener sexo. "Hay que hacerlo cuando y como él quiere", "yo lo complazco para no tener problemas", "le doy el gusto porque yo no tengo deseo", "cada vez que hablamos del tema él se pone mal, prefiero callar". Estas y otras tantas frases expresan una realidad muy desigual. El mecanismo que subyace es la desconexión del cuerpo y de las emociones. Si hasta se suele decir "soy como una muñeca" para ilustrar lo que sucede en la cama. La mujer disocia su cuerpo físico del cuerpo erógeno, lo cual convierte al hombre en una amenaza de la cual más vale defenderse.

¿Y si se vuelve a repetir?

Volver al ruedo después de haber atravesado por años una vida sexual basada en la sumisión, en la falta de consenso, y de estar "desconectada" del deseo y del erotismo, lleva a que a muchas mujeres les resulte difícil volver a sentir, a conectar cuerpo y sentimientos. Tener la libertad para tomar la iniciativa, insinuar, sugerir para guiar al hombre en lo que a ella le gusta, les puede resultar un imposible. La falta de experiencia para ser la otra parte de la relación sexual induce a que sea el hombre quien deba hacerlo todo, lo cual tiende a reproducir el modo anterior conocido.

Algunos tips para romper con la desconexión:

- Tomar conciencia de que las relaciones no consensuadas son una forma de abuso, y en caso de convertirse en una conducta reiterativa y nunca cuestionada, se convertirá en un modelo dañino de relación.

- La desconexión del cuerpo erógeno no es falta de deseo ni anorgasmia, es una defensa frente al miedo.

- Es frecuente que después de cortar con una relación desigual (en la que el hombre es el que desea y somete) los mecanismos de alerta se mantengan un tiempo hasta que aparezca la confianza.

- Cuando la nueva relación tiene características de igualdad, simetría, comunicación franca, es fundamental hablar del tema.

- Recuperar el cuerpo erógeno es ante todo un trabajo personal: volver a creer en uno mismo y en que nadie más debe obligarte (aún con técnicas persuasivas o con sutiles modos) a tener sexo sin tu consentimiento.

- Revisar aquellos rasgos de personalidad que llevan a la sumisión.

- Nunca te quedes sola con el dolor o la duda, compartí con tus pares, pedí ayuda a diferentes asociaciones, ONG, etc.

- Confiá en tus primeras impresiones respecto a este tipo de conductas, no dejes que el tiempo pase sin ser cuestionadas.

- No dejes que las relaciones insanas se perpetúen en el tiempo. La cronicidad de los comportamientos los naturaliza de tal forma que se convierten en modos de ser.

Stealthing o sacarse el profiláctico durante la relación sexual

La palabra derivada del inglés significa "sigilo" o "secretamente", por lo cual se entiende que la acción de quitarse el profiláctico durante el coito, cuando ha sido consensuado su uso, se hace en forma solapada para que el otro no se entere. El *stealthing* no es una moda, lisa y llanamente es un delito del orden del abuso o la violación. Y aunque no tiene aún una tipificación legal específica, las denuncias existen y también las penas. Países como Alemania, Suiza, España, Argentina han condenado a hombres con multas o cárcel por pretender salirse con la suya poniendo en riesgo la vida de su *partenaire*. Las conductas machistas van desde las más exageradas y por demás evidentes hasta las más sutiles, como palabras o acciones en apariencia inofensivas. Esta es una de ellas, ya que el hombre supone que nada va suceder si lo hace, depreciando los riesgos, o bien, centrándose en su propia necesidad. Es un acto egoísta por donde se lo mire. Los casos reportados que han sido denunciados afectan a relaciones heterosexuales (en algunos casos con una trabajadora sexual) y en otras son relaciones pansexuales (con personas trans). Por el hecho de pagar, el hombre cree que puede hacer lo que él desee con la otra persona. Es una acción desaprensiva y cruel.

Causas del *stealthing*

Se supone que el acuerdo para el uso de profiláctico en un acto consensuado para el cuidado de ambos, en la mayoría de las veces se pregunta "¿trajiste profilácticos?", lo cual determina la continuidad o no del encuentro. No obstante, existen hombres que en el frenesí de la acción se sacan el condón casi siempre con la excusa de que "pierden la sensibilidad", lo cual esconde una conducta abusiva e infractora ya que el consenso incluía su uso. Deja de ser una acción erótica, es una decisión unilateral del hombre que irrumpe en el cuerpo de la mujer. La ruptura del acuerdo con las consecuencias que supone sobre la vida de la otra persona se considera una forma de violación o de abuso. Si bien la justificación es "con el condón no siento", lo que subyace no es miedo a fallar, es un desprecio por el otro. Las personalidades narcisistas y las psicopáticas pueden tener este tipo de conducta sin sentir culpa ni remordimiento por lo que hicieron, es más, ni siquiera se dan cuenta de que ellos también están en riesgo. Creen que porque son hombres gozan de una pátina de impunidad, que nada les va a pasar.

Superadas o empoderadas

Así como existen conductas que ponen de relieve el miedo o la desconfianza, están aquellas que estimulan comportamientos de poder y expansión hacia el entorno. Mujeres y hombres manifiestan infinidad de conductas aprobadas previamente por la normatividad externa. El poder y el dominio fueron propiedad de los hombres durante siglos, permaneció anclado en la masculinidad provocando su distorsión: el machismo. Pero la distorsión de la virilidad provocadora tiene sus horas contadas. Desde hace mucho tiempo las mujeres vienen ganando terreno, con marcadas diferencias según la raza, etnia, educación, clase y medio social. Es fundamental distinguir que las ganancias para la feminidad no alcanzan a todas por igual. Si bien los cambios son ostensibles y se visibilizan a través de los medios de comunicación y las redes, existe en nuestro país y en muchos lugares del mundo la creencia de que la desigualdad es la regla. Las mujeres con más acceso a la educación y a la información general tienen más recursos para cuestionar que las que viven aisladas por el espacio físico y, sobre todo, el espacio subjetivo. Estas mujeres están todavía ceñidas a creencias religiosas o bajo el dominio de leyes que imponen los hombres.

Las que superaron las inhibiciones

Son mujeres que están más allá de todo, que nada las inmuta, menos que menos los desaires de los hombres, las "superadas", las que cumplieron con las normativas esperadas (casarse y tener hijos) y ahora, liberadas, salen a mostrar sus dotes al mundo. Y las solteras "solas", las que portan con orgullo el mote de "soy sola y me la banco". Estas mujeres aceptaron cumplir con los pasos "esperados" para las mujeres, para luego abrirse a las buenas nuevas. Para la mayoría, prepararse para ser damas y buenas candidatas para el casamiento fue el motivo de su desarrollo, sin saberlo, claro; sólo repitiendo los mismos pasos de sus madres y abuelas. El acceso al mercado laboral no fue un agregado suficiente para sus vidas: "trabajá, pero sé una buena esposa y madre". Es recién en estas últimas décadas que la mujer puede cuestionar este camino predeterminado y decir "no" a lo que no desea hacer. Defiendo el deseo que lleva a las mujeres a ser autónomas, a la toma de decisiones congruentes con sus deseos más honestos, a rebelarse ante lo que se espera de ellas, a no tener que casarse, a no convivir o a no tener hijos. Sin embargo, no siempre existe esta congruencia interna, lo cual genera un comportamiento expansivo que oculta el dolor y la decepción amorosa.

La mujer empoderada

Reconocer la capacidad intrínseca del género y convertirla en un aspecto poderoso es la mejor fortuna que la mujer

puede ofrecerse a sí misma y a la sociedad. La mujer heterosexual sale del *clóset* gradualmente, con cautela para no asus-
tar ni a los hombres ni a sus congéneres. Salir en búsqueda
de la igualdad de derechos y oportunidades fue un enorme
primer paso para los siguientes avances, más centrados en reconocer y expresar lo que ellas pueden, solas o en grupos. El
empoderamiento femenino es el nombre que califica la salida
del *clóset* más audaz. No se puede vivir en el medio, con un pie
afuera y otro adentro. Hay que decidirse, y estas mujeres lo
hicieron cuestionando y accionando sobre los estamentos más
sólidos de la feminidad: pareja, convivencia, maternidad, libertad para decidir sobre sus cuerpos, conformación de familias
mono y homoparentales, rechazo a toda intromisión sobre sus
cuerpos o revelar la infinidad de comportamientos machistas
que están naturalizados.

El miedo según el género

Desde el extremo de la ilusión hasta la realidad más dura,
hay un denominador común: el miedo. Y no sólo para las mujeres, también para los hombres. Si las mujeres tienen miedo
de volver a sufrir, los hombres también lo padecen, sólo que
el miedo de los hombres asienta en el temor a que se ponga
en riesgo la virilidad. Si las ganancias femeninas hoy en día se
obtienen por superar las normativas clásicas de la feminidad,
los hombres siguen anclados en la defensa de su núcleo más
férreo, que es el "ser masculino", entendiendo que a pesar de
los cambios necesarios que han realizado (obligados por la movida de las mujeres), las representaciones de potencia, fuerza,
independencia, rendimiento sexual, jactancia ante el grupo de
pares, siguen vigentes y obligan a los hombres a estar atentos.
En síntesis: si las mujeres movilizan mecanismos defensivos para
no sufrir y los hombres se ocultan bajo la virilidad cuestionada, ambos se impiden el acercamiento, o, en el mejor de los casos, la situación los desafía a vencer estos obstáculos para que

aparezcan las verdaderas necesidades. Al fin y al cabo: por más gusto que se tenga a la soledad, cuando amamos y somos amados somos más felices.

Las formas del desencanto

Hay mujeres desencantadas con los hombres. Ya no quieren volver a confiar en una relación, temen volver a sufrir, a no saber qué hacer en esta nueva etapa; con hijos o sin ellos, no quieren ceder espacios ganados, tanto en lo real como en lo simbólico. Han sufrido la violencia, la mentira, o ellas mismas han sido posesivas, celosas, descontroladas con sus emociones y no quieren pasar por situaciones semejantes. El desencanto se instala tomando la forma de resignación, de "ya está", "ya amé, tuve pareja, hijos", o "no sé cómo salir de nuevo a conquistar", "¿cómo bancarme las decepciones, las ilusiones frustradas y el cansancio de volver a repetir la misma cantinela de quién soy, qué hago, si estoy dispuesta a tener sexo esa noche, etc.?"

Salir al ruedo

Si en la juventud cada nueva salida es un desafío, una aventura que da ganas de ser vivida, después de los cuarenta suele costar un esfuerzo. Las reglas de la conquista no son las mismas que décadas atrás. Conocer gente en eventos, en el trabajo, en el boliche, hoy en día no es lo más frecuente, excepto en los jóvenes que tienen menos escrúpulos. Para después de los 40 las aplicaciones suelen ser la manera más "cómoda" de exponerse con menos desgaste emocional. Los contactos por Internet son acercamientos más racionales que emocionales. La elección se basa en el perfil y no en el encuentro "cara a cara" que ayuda a chequear *in situ* qué me produce el otro que tengo enfrente.

Quedarse en la ilusión

Las redes sociales ayudan a crear la ilusión de que ese otro "tiene un perfil interesante", pero dar el paso siguiente (conocerse) y confirmar esa presunción, o descartarla de cuajo, es atravesar un umbral temido. ¿Y si me vuelvo a equivocar?

La hiperconectividad trae candidatos posibles, también permite el reencuentro con amores del pasado, amén de grupos de amigos que se recuperan. Las relaciones virtuales actúan como una compensación a la soledad. Los amigos, los perfiles actuales y otros del pasado ayudan a exponer el mundo propio sin sentir que se corren riesgos mayores.

Sin embargo, la contención virtual no cubre todas las necesidades afectivas. Y aun en aquellas mujeres que aparentan estar "superadas", la soledad y la insatisfacción apresa sus corazones.

Cerradas al amor

Algunas buscan refugio en la ilusión, en ese príncipe azul que debe estar en algún lugar, pero que aún no se atreve a gastar los nudillos llamando a sus puertas. Otras encuentran en sus hijos compañía y pertenencia; sentirse útil siendo la madre o la abuela que siempre está, aun cuando nadie requiera su presencia. Las más osadas salen a la palestra con ánimos juveniles, seduciendo a "diestra y siniestra" sin concretar nada más que un *"touch and go"* y "ni me hablen de convivencia". Existen aquellas que necesitan imperiosamente la presencia de ese otro para sentirse queridas, y siempre son ellas las que desean la presencia del hombre, que promete, pero se escabulle. También están las indefinidas sexuales, las que, a pesar de la edad, la experiencia de vida, no se animan a salir del *clóset*, encarar a los hijos, y a todos en general y decirles con la voz en alto: "soy lesbiana".

Tiempos difíciles

Creo que estamos pasando una etapa de profundos cambios en las relaciones amorosas, una reorganización en las condiciones de género. Las mujeres están cambiando a pasos más acelerados que los hombres, y estos reconfiguran la subjetividad con los clásicos de la virilidad (fuerza, potencia, toma de iniciativas, cuerpo y sexo siempre dispuestos, o el típico proveedor de bienes y leyes de convivencia) sumando aspectos más sensibles, el "lado femenino" (seducción, sensibilidad, empatía, disposición más abierta hacia el otro, etc.). Pero el cambio en los roles sexuales no significa que se ha modificado la estructura misma del género. Las mujeres actuales aplauden estos nuevos modelos de la masculinidad, pero reaccionan ante la mínima conducta huidiza o de control. Frente a esta realidad, muchas se defienden. A veces la defensa es preventiva: no sufrir. Cerrar simbólicamente sus vaginas, "velar" al pene muerto es dejarse llevar por la imposibilidad, por la resignación y el dolor. Ellas construyen sus defensas en forma de pensamientos, creencias, autoimagen negativa, emociones saturadas de nostalgia, pesimismo.

Este panorama mental impide cualquier posibilidad concreta. Ese otro, que podría ser el indicado para amar, quedará fuera del campo perceptivo. Pasará frente a los ojos sin pena ni gloria. Las glorias quedarán en el pasado o bajo el resguardo de la ilusión.

Capítulo 5

¿Nuevos modos de relación o mayor visibilidad?

Parejas abiertas y sus variantes

La idea del "amor libre", proclamada en la década del 60 por la contracultura americana, parecía una moda pasajera en oposición a las prácticas conservadoras y a la idea de felicidad basada en la familia y en el patriarcado. Los años posteriores a esa agitación Pop y al *"flower power"* parecían sólo dar cabida a las feministas y a la militancia homosexual, que pugnaban por derechos y más visibilidad pública. La heterosexualidad guardaba sus prácticas en otro *clóset*, el de lo "políticamente correcto". Posteriormente se fueron visibilizando nuevos modelos de relación hasta estos tiempos que vivimos donde ya es imposible ocultarlas. Poliamorosos, pansexuales, bisexuales, multisexuales, asexuales, heteroflexibles, *swingers*, y las "relaciones abiertas" se constituyen en distintas maneras de vivir libremente la sexualidad. Hablo de sexualidad y no de sexo, es decir, elecciones que se basan en deseos, acuerdos internos (búsqueda de congruencia subjetiva) y externos (acuerdos con la o las parejas). Por supuesto que no todo sucede de un día para otro, por un impulso de cambio.

Las personas que buscan otras maneras de vivir su sexualidad se aventuran hasta encontrar aquella que colma sus expectativas, pero nada entra en el marco rígido. Es posible entonces que la búsqueda contemple muchas dinámicas.

Relaciones poliamorosas

El poliamor es una forma de apertura vincular con la excepción de que no está basada sólo en el contacto sexual, sino en el amoroso. El foco de conexión es el amor, lo cual sirve de lazo relacional. El sexo está incluido dentro de este acuerdo. Las personas poliamorosas tienen varias uniones con las cuales pueden convivir. Al estar basado en el consenso, no se considera infidelidad ya que todas las partes asumen el mismo compromiso. Los poliamorosos se abren además a diferentes experiencias eróticas, tanto hétero como homosexuales. Se reparten las tareas dentro del hogar y se hace un pozo en común para afrontar los gastos. Esta forma de unión es más frecuente en heterosexuales y se considera una forma de rebeldía contra la monogamia y las parejas cerradas. En las relaciones homosexuales prima la pareja abierta, es decir, otros contactos meramente sexuales. El poliamor no se considera una pareja abierta ya que no existe una única unión, todos los vínculos del grupo son equitativos.

Contactos *swinger*

Ser swinger es hacer uso de una práctica de interacción sexual entre parejas. Hombres y mujeres que conforman una unión (novios, matrimonios, concubinato, etc.) tienen encuentros sexuales con otros con total consenso de su partenaire actual. Por lo general las prácticas convocan a otras parejas o bien concurren a lugares donde se produce el intercambio. La excitación del swinger se basa en el doble papel de ser protagonista y espectador de la escena sexual. La mirada voyeur se nutre de la fantasía convertida en acción frente a sus ojos. También hay que agregar que la experiencia swinger tiene aspectos más profundos que arraigan en la construcción misma del vínculo de pareja: "porque te poseo te comparto". Las personas que acuerdan este tipo de práctica cuentan con la capacidad para disociar la imagen del otro: aquel que ama, comparte la vida cotidiana y acompaña en los proyectos es distinto del "sujeto erótico/ sexual" generador de intenso placer. Sentir deseo por repetir la experiencia swinger no convierte a la persona en adicto sexual. Es la excitación la que provoca esta experiencia y no una dependencia compulsiva. Las adicciones se producen por la necesidad imperiosa de "consumir" experiencias eróticas que, además de brindar placer, calmen el estado de tensión interna. Es un impulso el que mueve a las personas y no el mero deseo de tener sexo.

Compulsiones sexuales o adicción al sexo

Las compulsiones sexuales están dentro de una serie de trastornos denominados "falta de control de los impulsos" y provocan abstinencia (ansiedad, irritabilidad, insomnio, conductas de riesgo, etc.) cuando no son satisfechas en forma inmediata. El objeto o meta del impulso sexual está dirigido a tener contactos fugaces o a masturbarse, pero el denominador común es la fuerza irrefrenable. Es importante aclarar que las compulsiones sexuales son síntomas que molestan y exponen a las personas a situaciones muy riesgosas. Es bien diferente a las parejas abiertas y otras formas de contacto en las que prima el deseo y no el impulso. Las compulsiones una vez saciadas provocan culpa y la promesa futura de no volver a hacerlo, lo cual no se logra por sí mismos. Precisan tratamiento psicológico y psiquiátrico, también se recomiendan los grupos de compulsivos sexuales anónimos.

Las parejas abiertas tienen su historia

Las parejas abiertas surgen primero entre los homosexuales como una opción no signada por la concepción heterosexual de la pareja (basada en el matrimonio, la procreación y el patriarcado), por lo tanto, los integrantes de estos vínculos se daban permiso para tener experiencias sexuales fuera del ámbito de la relación, siempre y cuando no se ocultara o se mintiera al respecto. La franqueza debía ser parte insoslayable del acuerdo. También en los sesenta la pareja de filósofos existencialistas Sartre-Beauvoir, fieles a la libertad defendida por los existencialistas, daba a conocer los códigos amorosos abiertos de la relación. La apertura de los patrones heterosexuales fue dando cabida a esta alternativa. Dentro de las parejas abiertas están las polisexuales, *swingers*, tríos, *cuckolding* etc. Las primeras son exclusivamente sexuales y son contactos ocasionales, sin ningún tipo de compromiso; en los *swingers* hay intercambio de parejas y en los tríos la pareja decide incluir ocasionalmente a un tercero y en el *cuckolding* es la mujer quien tiene relaciones con un tercero y le cuenta a su pareja hombre para que alcance niveles altos de excitación. En el caso del *cuckolding* primero aparece como una fantasía hasta que se animan a pasar a la acción. Siempre existe acuerdo para que la mujer tenga sexo fuera de la pareja. Es muy importante este consenso ya que, en caso de que la mujer fuera obligada a hacerlo, encuadraría dentro de las múltiples formas de abuso. Igualmente, a mi parecer, la línea es muy delgada. Cuando un hombre heterosexual se atreve a fantasear a su mujer rompiendo con el voto de fidelidad, y, animándola a hacerlo, está jugando el rol conductual de la "doble transgresión" de las normas vinculares, por un lado, tiene plena conciencia de la infidelidad (ya que está controlada por el acuerdo) y por el otro, las fantasías se convierten en acción, dejando el plano de lo puramente imaginario.

En las relaciones abiertas cada una de las partes puede tener sexo con un tercero, siempre y cuando no se enamore y no falte al acuerdo de "la verdad ante todo". En una pareja abierta los detalles no se cuentan, sólo se hace referencia a la salida y hasta puede incluir con quién fue. No tiene como fin provocar al otro contando los pormenores sexuales con el tercero. Uno de los motivos que esgrimen las personas que gustan de estas prácticas es ampliar la variedad de opciones sexuales, por ejemplo: un miembro de la pareja que gusta de juegos sadomasoquistas que no puede desarrollar con su *partenaire* estable porque no lo satisface.

Nuevos acuerdos, nuevas aperturas

En estos últimos tiempos las posibilidades amorosas y sexuales se amplían hacia límites insospechados. Si antes los adultos con parejas sólidas eran los más propensos a buscar un tercero, con acuerdo o no del otro, hoy vemos que los jóvenes se animan sin prejuicios y con la convicción de que seducir, o estar con un tercero, es válido siempre y cuando la pareja lo sepa. Es posible que esta movida juvenil tenga que ver con una búsqueda de estilo de amor y de sexualidad, hasta que se afiance en modos más flexibles; aun así, son mucho más tolerantes y curiosos que las generaciones anteriores. Sin duda el cuerpo y la experiencia subjetiva se resisten a ser dominados, ceñidos por estamentos fijos. Los tiempos cambian porque las personas se dan permiso para el cambio.

El lugar de la infidelidad

Y en este contexto de nuevas movidas relacionales ¿dónde han quedado los cuernos? Por supuesto que no están olvidados, pero sí que ya no terminan con las parejas como antes. ¿Existe más tolerancia? Definitivamente, sí.

Encontrar a tu pareja siendo infiel es la concreción inesperada de una fantasía presente en el imaginario de las personas, sobre todo si ya existieron antecedentes o se tiene algún indicio de deslealtad. La irrupción sorpresiva de lo que se está viendo desestabiliza de tal manera que las respuestas pueden ser inciertas y van desde la violencia de palabra o de hecho, hasta una mesura impensada, midiendo las palabras que pueden ser tan incisivas como una cachetada.

La virilidad herida

Es muy frecuente que el hombre que descubre la infidelidad "cara a cara" llegue a conductas extremas. El varón despechado, herido por la traición, siente que además se pone en juego su hombría: su capacidad para retener a una mujer, complacerla y hacerla "propia". Y además se enfrenta al amante, quien supuestamente cuenta con mejores y más recursos que él para la conquista y el sexo. Concientiza también que ella puede decidir, que tiene autonomía y no forma parte de su posesión. Los patrones clásicos atribuidos al género masculino, sobre todo el control y la dominación, salen a la luz e intentan, con alguna reacción externa de violencia, reorganizar la virilidad cuestionada.

Si el hombre con su reacción frente a la infidelidad de la mujer sale a la defensa de la virilidad herida, la mujer hace lo propio, salvo que existe un nivel inmediato de reacción asociado con los patrones de la feminidad clásica: el hombre infiel traiciona el compromiso con la pareja, con el matrimonio, con la familia, con la entrega de la mujer al hogar. Es tan frecuente escuchar "se cagó en todos", "se hacía el padre de familia correcto y es un cínico". En otro nivel más profundo, la mujer siente herida su estima, dignidad, su don de mujer. Y luego vendrá una instancia más reflexiva, aunque no exenta de bronca y de preguntas... ¿Por qué sucedió? Y la más importante... ¿Qué hacemos con esto? Es paradójico, pero la tolerancia no proviene de sentir que el hombre traicionó los valores familiares y como tal merece una nueva oportunidad para que los recomponga, por el contrario, la mujer actual, que puede traspasar el límite de los patrones de la feminidad, defiende desde un lugar más humano "a cualquiera de los dos le puede pasar". Esta mujer que puede hacer este tipo de disquisición afectiva y conceptual no es una sumisa que agacha la cabeza y aguanta, es una mujer que sabe lo que hace a la luz de una apertura del pensamiento. Y eso esperará de su pareja en caso de ser ella la infiel. Por supuesto que sabrá cuál es el límite, se reformulará el acuerdo de pareja, y en caso de no cumplirlo seguramente no habrá nuevas oportunidades. "Sabiduría sí, boludez, no".

Las mujeres salen a defender su estima

Si durante tanto tiempo las mujeres sintieron su estima sometida al trato de los hombres, ahora encararán al hombre infiel y le harán saber que son más aguerridas y osadas que ellos. Sin embargo, no debemos olvidar que la razón para algo está, y aún más, debe mediar en estas situaciones críticas. Las mujeres que han actuado con control de las emociones, o han dicho lo suyo con severidad, sarcasmo, o han tomado decisiones contundentes, en general se sienten más satisfechas que las que actuaron de forma impulsiva o catártica. Por supuesto que el dolor estará presente. El dolor no se niega, el dolor, en el mejor de los casos, se convierte en reflexión y en acción. El pensamiento avanza y retrocede, la anima y desanima. Si bien las decisiones "en caliente" no ayudan, es posible que las ganas de tirar todo por la borda superen a cualquier intento de reflexión. Y si la reflexión aparece, el hecho infiel debe ser pensado dentro de la historia vincular y no como suceso descolocado de la historia.

La medida de la razón

Si respirar antes de actuar, contar hasta diez, no perder el eje, pensar en las consecuencias, actuar en forma fría son maneras más efectivas, la mayoría de las veces no se puede. La medida de la razón y el control de las emociones siempre serán más valoradas que la mera descarga emocional. Si las mujeres son "más sentimentales" por condiciones culturales, no están privadas del uso del control para actuar con "más altura" que la vileza del acto descubierto. Si los hombres creen que hay que cuidarse de ellas por lo impredecible de sus conductas, seguirán considerando que ellas son "las locas", "las brujas"; y que sólo son "geishas" cuando ellos las complacen. Nada más falaz que esta concepción sociobiologista, que las pone en el lugar de inestables por su funcionamiento hormonal.

Después de la tormenta

"Después, que importa del después" dice el tango, pero en estos casos el devenir no es indiferente. La mujer puede arrepentirse de su acción o recibir la reprimenda de amigas o familiares que cuestionen su accionar. La personalidad de base puede intervenir en el tipo de respuesta, pero la vulnerabilidad no es un factor que predisponga a la calidad o cantidad de la reacción. La magnitud del trauma es un factor suficiente para detonar respuestas desconocidas hasta el momento, con la consiguiente sorpresa posterior: ¿cómo pude haber actuado de esa forma? Los seres humanos seguimos teniendo esos lugares misteriosos que sólo las crisis permiten que afloren.

Post crisis: ¿qué hacer y qué no hacer?

Los días posteriores a una separación están muy influidos por el tiempo que lleva la crisis, el grado de deterioro de la pareja y el dolor psíquico. En algunos casos la sensación de alivio, de "por fin terminó el calvario", se mezcla con la decepción; lo que en algún momento fue una ilusión se convierte en "lo que no pudo ser". Toda pérdida implica acostumbrarse a la ausencia de ese otro que formó parte de nuestra vida hasta el momento de la ruptura, y a un nuevo modelo de relación que compromete al ex desde otro lugar (expareja, padre o madre de los hijos, etc.).

¿Existen tiempos de tolerancia?

La decisión de separarse puede llevar mucho tiempo o precipitarse en pocos días. Según mi experiencia, esta segunda opción está siendo cada vez más frecuente. Es posible que los cambios en las dinámicas del género permitan a las personas (sobre todo a las mujeres) no dejar que el conflicto avance hasta instancias más graves, sobre todo quedar presas de la dominación o la violencia de hecho. Si antes ellas pensaban en sus hijos, aguantando hasta que crecieran, hoy en día se da prioridad a la salud psíquica de los pequeños (y la propia) cortando con un malestar que ya no se puede ocultar. Y está muy bien que así sea. La angustia y la frustración por darse siempre contra la misma pared llevan a tomar decisiones en etapas más tempranas de la crisis, cuando el deterioro no ha sido tan grave.

También los hombres están diciendo "basta" cuando sienten que se les reclama más de lo que pueden o saben dar. Más allá del género, el motivo de muchas separaciones se debe a que las personas no quieren dejar de lado sus espacios personales (trabajo, amigos, cursos, etc.) en pos de complacer las demandas del otro. Este es un punto a destacar: las uniones heterosexuales luchan cada vez más por no ceder lo conseguido. La díada complementaria del amor romántico deja cada vez más fisuras por donde el aire del cambio se abre paso.

Los que cumplen con las normativas de pareja, casamiento, hijos, etc. y se dan cuenta luego de que tanta obediencia tiene un costo a nivel emocional dando paso a un sinsentido o sentimientos de vacío, tienen la oportunidad de hacer cambios significativos cuando se liberan de tantas responsabilidades. Mujeres y hombres se reencuentran como pareja después de un par de décadas de vida familiar sin saber cómo se sigue, excepto cumplir con el rol de abuelos. Las parejas en esta etapa se deben el reencuentro, quizá planteando un nuevo acuerdo de relación, con más años y experiencias encima, pero con ganas de seguir avanzando. El equilibrio entre los deseos personales y las exigencias sociales muchas veces es muy difuso, aunque siempre deberíamos dar prioridad a lo deseado. Además, hacer lo que nos gusta no se debería contraponer con las exigencias de un vínculo, y cada acción propia contribuiría así a reforzar la comunicación y la unión.

La culpa y la ansiedad no ayudan

Después de separados, la ansiedad hace presa a muchas parejas cuando intentan resolver en pocos días lo que llevará un tiempo de "reacomodo" interno e interpersonal. Por supuesto que lo más complicado es lo interno, aunque parezca lo contrario. Muchas veces las disputas siguen como si la pareja aún se mantuviera unida en una codependencia insana. Desacuerdos, reproches, mediaciones, demandas económicas, transgresiones de horarios estipulados para ver o estar con los hijos suelen ser algunas de las cuestiones externas que parecen cada vez más complejas de resolver. Sin embargo, el tiempo interno para que esta nueva experiencia forme parte de nuestro mundo personal no se da de un día para el otro. Sabernos solos, sentir la ausencia del otro, transitar la decepción amorosa, acomodar las emociones, compartir lo sucedido con los demás, hacer frente a la casa y a las preguntas de los hijos, son todas experiencias nuevas que requieren de ese tiempo interno que no condice con el deseo de que todo esto pase lo antes posible. Las conductas más nocivas son aquellas que están mediadas por sentimientos de culpa, resentimiento y ansiedad persistente. Las primeras provocan la aparición de multiplicidad de autorreproches que incrementan la angustia y desmerecen la estima. Las clásicas preguntas "¿qué hice mal?" o "yo tuve la culpa porque no lo cuidé lo suficiente" son agujas punzantes en el corazón culposo. En cambio, el resentimiento y la ansiedad tienen una primera dirección, que es el otro. El amor se convierte en fuente de odio: llamados desesperados, pedidos innecesarios, búsqueda de información en las redes, querer saber por interpósitas personas, búsqueda en lugares de trabajo, "sacar información" a los hijos, manipulación a través del dinero, violencia, etc., son algunos de los comportamientos dañinos que, aunque parezcan perjudicar al ex, impactan en la persona dolida.

Atravesar la crisis

Se transita la separación con los recursos con los que cada uno cuenta. En algunos casos estas habilidades de enfrentamiento del trauma se aprendieron en la infancia, otras fueron resultado de vivir otras pérdidas. En más o en menos, el conflicto nos desafía a hacerle frente con las capacidades que tenemos. Existen comportamientos defensivos: ansiedad desmedida, culpas, insatisfacción, control sobre la vida del otro, que cuando se instalan y perduran no ayudan a atravesar la situación. Si bien son momentos intensos, deberían primar la reflexión y las emociones en su justa medida. Negar los sentimientos desagradables y las preocupaciones por el futuro no ayuda a superar la separación, tampoco hacerse cargo por completo de la crisis o proyectar todo el problema en el otro. Darnos el tiempo para sentir y pensar en lo sucedido y en "cómo se sigue" nos conecta con ese lugar personal, especie de cuarto interno a donde uno regresa cuando se siente solo.

Ghosting: cortar la relación sin mediar explicaciones

Las parejas en crisis pueden terminar de diferentes formas: acuerdos, desacuerdos, reclamos, indiferencia, violencia, etc. Quizá la más incomprensible por lo súbito de la conducta es abandonar al otro sin que medie ninguna explicación. Esta manera de concluir un vínculo recibe el nombre de *"ghosting"* en referencia a la película *"Ghost"*. Si bien no hay estudios al respecto que profundicen en este comportamiento, una encuesta del *Huffington Post* reveló que aproximadamente un 11% de los americanos habían optado por romper la relación desapareciendo. Así, un conflicto que generalmente lleva tiempo en ser hablado, tratado, con múltiples alternativas de resolución (ya sea para seguir o separarse) se convierte en un *"acting out"*, un pasaje al acto, que deja al otro preguntándose ¿qué pasó? ¿por qué esa resolución? Y aunque tenga sus razones para "irse", la forma de hacerlo resulta incomprensible.

El *ghosting* en las diferentes etapas de la relación

En los comienzos de todo vínculo amoroso pareciera que todo está bien, las ilusiones se activan dejando de lado aspectos negativos del *partenaire* y compensándolos por otros que son vistos como positivos o valiosos. La percepción sólo deja pasar los rasgos que tienen acuerdo social: simpatía, carisma, dedicación, escucha, buena predisposición, respuesta a los mensajes, sexo placentero, etc. La captación del otro en estos primeros encuentros no quiere saber de gestos o de conductas que pudieran estar indicando algo que subyace y no ha sido dicho. Los mecanismos de defensa, como la negación, actúan para subestimar esa intuición sospechosa, algo que "hace ruido" y que muchas veces no se sabe qué es, es decir, no se tiene una claridad o una imagen que lo defina. Se dice que las mujeres son más intuitivas que los hombres, pero esa susceptibilidad queda encubierta en pos de la ilusión. A veces estos datos son menores y no perjudican el avance de la unión; en otros casos, detrás del cariño, la comprensión y las promesas se esconden sentimientos egoístas, temores, celos, o conductas manipuladoras. En la actualidad existe un incremento de conquistas infructuosas que dejan el sabor amargo de la desaparición del *partenaire* sin saber qué pasó en realidad. Es frecuente que el escarceo amoroso se acompañe de mentiras, la creación de un mundo falso que despierta imágenes y sentimientos románticos y una fuerte de-cepción cuando se desmorona de un plumazo. Preguntarse qué pasó es inevitable, y llenarse de reproches también lo es. Las mujeres tienden a hacer una recorrida por cada secuencia de la relación tratando de detectar dónde está "la falla", qué les salió mal, en qué "metieron la pata". Este mecanismo de autoflage-lación también ocurre en los hombres, pero los mecanismos de compensación de la pérdida tienden a ser más rápidos y efecti-vos: "era una loca", "no hay mal que por bien no venga", "segu-ramente volvió con el ex y no se atrevió a decírmelo". Pero hay dos cosas que los hombres no soportan y apuntan directamente a la virilidad: haber "fallado" sexualmente o haber mostrado demasiado interés o romanticismo. Los hombres se convencen y sufren por no haber estado a la altura de su hombría, es de-cir, por no cumplir con las pautas más férreas de la virilidad. Si describimos el lado femenino, los reproches apuntan a caracte-rísticas que están inscriptas en el imaginario popular y a la hora de hacer una revisión de los errores y aciertos aparecen como causales de la huida: cambios emocionales, conducta imprede-cible, demandas, control, injerencia de amigas, poca decisión personal, cuestiones con la imagen corporal, poca o mucha ex-periencia sexual, etc.

Una relación armada, constituida, con sus "dires y diretes" pero funcionando, tiene menos probabilidades de romperse a la manera *ghosting*, excepto que esté en crisis o el otro haya ocultado aspectos incompatibles con el vínculo (infidelidad, do-ble vida, relaciones homosexuales o pansexuales, consumo de sustancias, juego patológico, etc.).

El *ghosting* no es nada nuevo

El comportamiento de huida o "fantasmear" no es una no-vedad. La historia del que "fue a comprar cigarrillos y nunca más volvió" ha quedado impresa en el imaginario popular. Tanto hombres como mujeres han usado esta manera de esfumarse

206 |

para "escapar" de situaciones imposibles de remontar; a veces por un tercero, otras por violencia en el seno familiar, otras por la ilusión de una mejor vida. La amenaza de "algún día me voy a ir y ahí me van a valorar" es una de las tantas cosas que se dicen en momentos de bronca, pero del dicho al hecho hay un trecho que pocos se atreven a franquear.

El impacto del abandono

Decidirse por dejar todo sin ninguna explicación requiere que ambas partes (la que se va y la que se queda) reflexionen sobre lo sucedido, sobre todo si ha existido algún compromiso. Seguramente la parte más perjudicada es la que sufre el aban-dono: interrogantes, reproches, angustia, bronca, lo que no se pudo decir ni hacer, etc. Además, en otros casos, se agrava por la presencia de hijos, deudas, o una economía del hogar que tiene que ser replanteada desde la soledad. En esta etapa la ayuda de familiares y amigos, incluso hasta escuchar otras histo-rias parecidas, contribuye a entender una parte de lo sucedido, aunque la duda quedará ahí, punzando en el pensamiento y las emociones.

Fantasmear para revivir

Existen diferencias entre aquellas historias de abandono sorpresivo que ocurrían en el pasado y las actuales. Antes era frecuente que la presencia de un tercero decidiera el escape, con día y hora, un plan programado de antemano para dejar todo sin rastro alguno de localización. En estos tiempos, la ne-cesidad de una vida diferente es motivo suficiente para pro-vocar la huida en forma irreversible. No hay medias tintas: la huida convoca una presencia urgente. Ese lugar vacío, que en algún momento estuvo cargado de ilusiones y proyectos, fue una defensa para reencontrarse con uno mismo. Esa conducta "fantasma" debe ocurrir para que algo reviva. Las personas que optan por ser "fantasmas" de un día para otro, necesitan imperiosamente recuperar el cuerpo y el sentir, anudado previamente a un vínculo de pareja que no pudo satisfacer. La huida entonces se convierte en una salvaguarda narcisista, una vuelta hacia sí mismo para, luego de un tiempo, retomar con otros la misma acción, quizá con más precaución.

Tomar recaudos

Es frecuente que las personas que han pasado por la etapa de "fantasmas" no quieran volver a convivir ni a dejarse llevar por ilusiones que después no pueden cumplir. Cautelosas, medidas, por momentos frías en sus convicciones, estas personas defienden a capa y espada la libertad conseguida. Los hombres sienten alivio, aunque en el silencio de la intimidad se cuestionan la cobardía por no haber enfrentado al otro "cara a cara". Los más narcisistas proyectan su incapacidad en la persona que abandonó "ella me empujó a tomar esta decisión". También están los indolentes, ellos dejan todo sin replanteo ni culpa, se van "silbando bajito" como si nada hubiera pasado.

Las mujeres escapan, cuando pueden, a la violencia y al control de sus parejas. Es posible que antes de tomar la decisión tejan una red de ayuda entre familiares y amigos. Estas mujeres tienen un motivo contundente para dejar a sus parejas. Pero quisiera detenerme en aquellas que no atraviesan situaciones graves. Son las que se sienten frustradas, desilusionadas, dejadas de lado, no tenidas en cuenta. Seguramente hicieron planteos previos y no fueron escuchadas, o hubo cambios fugaces para después volver a la misma rutina. Entre persistir en la inmovilidad o provocar una movida radical optan por lo segundo. Hay que decidirse a ser fantasma para revivir en un cuerpo que parecía muerto, o por lo menos olvidado.

Stalkear a la pareja

¿Curiosidad o sufrimiento?

La curiosidad humana es el motor del conocimiento. La curiosidad nos mueve a aventurarnos en el medio, a entender, a comprender cómo y por qué las cosas se dan de tal o cual manera. Somos sujetos activos que buscamos respuestas en el mundo circundante. Sin embargo, esta capacidad puede cerrarse a una búsqueda que sólo responde a inquietudes o preocupaciones, la mayoría de las veces poco saludables. Existen formas de entrometerse en la vida del otro, tratando de saber qué hace, cómo y con quién, que reducen la acción de conocer a un mero acto de vigilancia; de espiar la vida ajena teniendo como resultado el sufrimiento o la prolongación del conflicto. La palabra *stalkear* define el comportamiento de curiosear, fisgonear, perseguir, acosar, usando las redes sociales para tal fin. En el ámbito de las relaciones amorosas se convierte en un medio peligroso, por las implicancias que tiene sobre la propia vida y la ajena.

Stalkeo para conquistar

Las formas van desde una curiosidad inocente, algo así como "quiero saber en qué anda fulano" hasta una preocupación obsesiva que deriva en la creación de perfiles falsos, mensajes injuriantes, amenazas, etc. Sin embargo, no toda conducta de *stalkeo* es necesariamente provocadora: puede ser que se guste de una persona y se quiera saber más de ella. Los modos de conocerse por Internet generan la curiosidad y esto motiva la búsqueda. Cuando el *stalkeo* se usa para tener más datos del otro, la persona interesada construye una imagen como si leyera un perfil predeterminado, sólo que en este caso es la imaginación la que recorta las imágenes y las "pega" basándose en lo que ve. Estas conductas de *stalkeo* durante la conquista amorosa le da un valor superlativo a lo que se imagina, es decir a "la película" que cada uno crea sobre la vida de la otra persona. En esto se juegan atracciones y rechazos que se alimentan de lo que se observa tras las ventanas de las redes. En estos tiempos que corren, la información que se tiene del otro es mucho más amplia que antes, cuando sólo se contaba con unos pocos datos y lo demás era un misterio (y una aventura por descubrir).

Separaciones vigiladas

No es la conquista amorosa el área de mayor conflicto del *stalkeo*: la sospecha de infidelidad y el control son las de mayor conflictividad. Sabemos que en las redes la intimidad se convierte en pública, por lo cual el que *stalkea* se entera de datos personales "qué hace, con quién sale, qué lugares frecuenta", datos que al revelarse producen angustia, enojo, y una necesidad imperiosa (y morbosa) de comparar la relación en el pasado con la vida nueva que el otro está llevando (salidas con amigos, solo, o con nueva pareja). La imaginación de la persona dolida comienza a llenarse de infinidad de datos que se unen entre sí, formando una trama dolorosa para la psiquis, y lo que en algunas personas repercute en dolor emocional, en otras genera afán de venganza. Por supuesto, todos contamos con capacidades psíquicas para enfrentar una decepción amorosa, pero la exposición permanente (y voluntaria) a imágenes o textos, suele vencer cualquier intento de recuperación. La persona que *stalkea* sabe de entrada que "algo va a encontrar". Y lo encontrado no necesariamente tiene un significado revelador. Muchas veces el contenido de las imágenes o de los textos sólo pone en evidencia que la reacción del otro no muestra los "típicos" y "esperables" signos de angustia, lo cual lleva a pensar que "la está pasando mejor que yo". La persona que *stalkea* por despecho quiere confirmar sus suspicacias y llenar así el vacío interno con más dolor. Será necesario entonces apagar un rato la máquina y conectarse con esa angustia, sólo de esa manera será posible encontrar formas saludables de transitarla.

Micro-cheating: ¿pequeñas infidelidades?

¿Qué conductas son consideradas infieles y cuáles no? ¿Poner un *like* a tu ex, chatear con un compañero de trabajo, olvidarse de borrar el perfil de Tinder, seducir a otra persona sin que nada pase? La era digital trae aparejadas una serie de conductas que flotan en el terreno de lo ambiguo, y es posible que la persona que lo hace no se dé cuenta de que su acción puede ser tomada como infiel. Las acciones de *micro-cheating* siempre han existido, sólo que el uso de los teléfonos y la Internet permite que se multipliquen por doquier. Para muchos es un juego que no reviste ningún riesgo, por lo tanto, se minimizan sus consecuencias, para otros descubrir el *micro-cheating* convierte el hecho en un estado de alarma. Ambos extremos no ayudan a entender lo que en realidad sucede. Subestimar la situación descalifica la reacción de dolor de la persona que se siente traicionada, tampoco sirve magnificar el hecho al punto de querer cortar el vínculo. ¿Cómo reaccionar entonces? No es una verdadera infidelidad ya que no existe consumación del acto sexual, sin embargo, importa y mucho la respuesta emocional de quien se siente dolido por el ocultamiento. He aquí el tema: si el dolor o la angustia está, minimizar el hecho no ayuda, y tampoco la indiferencia. Será necesario abrir la comunicación y decir la verdad de lo sucedido.

Celos injustificados

"No busques, que algo vas a encontrar" se dice comúnmente a manera de sano consejo o de advertencia. Pero las palabras incitan actos, algunos provocadores y hasta desafiantes. No hay nada más alentador para un celoso que escuchar la consabida frase. Rápidamente se activará la desconfianza y detrás de ellas la búsqueda incesante de datos, hasta atar los cabos sueltos, muchas veces en forma forzosa para que encaje en la historia preconcebida: "es así, como lo sospechaba". Hay cierto orgullo detectivesco en la aparente resolución del caso, después vendrán el dolor y las consabidas preguntas a la pareja, reiteradas hasta el hartazgo, todo con el fin de ratificar la sospecha. Los celos injustificados son más nocivos que aquellos que se basan en fundamentos verdaderos.

Los datos bajo sospecha

Como los celos se alimentan de datos de la realidad (interpretados en forma dudosa) cualquier elemento externo es potencial factor de conflicto. Un llamado, un mensaje de texto, estar en línea a la madrugada, "clavar el visto" y no responder en forma inmediata, no querer revelar la contraseña por el justo derecho a la privacidad; el *ticket* de un estacionamiento, un pelo largo y de otro color en el saco, el asiento del auto que no está en la posición habitual, oler un perfume diferente, un *ticket* de farmacia con la compra de un fármaco que después se supo que es "viagra"; contar los profilácticos y que falte uno; comenzar a escuchar temas melódicos o rock en lugar de los clásicos de siempre; cambiar la forma de vestir; de pronto hacerse las uñas, modificar el corte o teñirse el pelo; retomar el gimnasio, tener un entrenador personal, introducir cambios en el sexo, perder la erección o no eyacular, etc., en síntesis: infinidad de situaciones comunes que son puestas en cuestión bajo la mirada celotípica. La percepción del celoso busca indicios que ayuden a confirmar las sospechas. No quiere descartar las dudas, por el contrario, pretende confirmarlas lo antes posible. El atar cabos es otra forma de armar el argumento, especie de rompecabezas que busca las piezas que faltan para completar el panorama crítico. Los celosos se aplauden, se sienten orgullosos por los resultados obtenidos, logran una retribución a su Yo que anula la causa de base: la inseguridad personal. La conducta de revisar el celular es más frecuente en las mujeres; sin embargo, ellos no se quedan atrás y fisgonean si la mujer está conectada y quieren saber con quién chatea. Hay algo de vergüenza masculina que retrae al hombre apenas estira la mano hacia el celular, aprovechando el descuido de su pareja mujer, como si ese acto no se admitiese dentro de las pautas de la virilidad: "queda mal, como si fuera una mujer". En ellas, fisgonear el celular de la pareja es un modo de saber si "anda en algo raro", y si preguntamos si es correcto hacerlo, dirán con seguridad: "sí, claro, ¿cómo me entero si no?". Justificar un acto reprobable ha pasado a ser una constante. La intimidad del otro, aunque duela admitirlo, es la vida privada ajena y de ningún modo debe ser vulnerada sin acuerdo. No debería ser motivo de excusa: "se olvidó el celular y me tenté". Antes de la tentación existió la sospecha y la falta de confianza, antes de estos cuestionamientos existe inseguridad y escasa valoración personal. Si ponemos en una balanza ambos aspectos: la vulnerabilidad individual y la suspicacia, la primera ocupa un lugar más que relevante. Y si llevamos al extremo la deslealtad, al punto de que la realidad demuestra con creces que la infidelidad es fehaciente, real, es el nivel de vulnerabilidad el que permitirá salir del lugar del dolor, de víctima traicionada, y afrontar la situación con agallas. La vulnerabilidad en este caso es sensible a la dupla apego/desapego, por lo tanto, se decidirá qué hacer con altura, haciendo valer la decisión para no dejarse llevar por la dependencia. En la actualidad hay menos tolerancia al malestar. Las parejas deciden qué hacer (o seguir o continuar) poniendo como termómetro de los conflictos la dupla placer/dolor. No sólo es "quiero o no quiero estar con el otro", es fundamentalmente el recupero del placer y alejarse del dolor.

Los cambios actuales

Si antes de la era de Internet y las redes sociales las conductas bajo sospecha se limitaban a llegar tarde, a las salidas con amigos, algún viaje imprevisto, o a recibir un llamado anónimo que revelaba la infidelidad, hoy en día la información provista por los teléfonos, las redes sociales y las numerosas aplicaciones ha incrementado el número de datos disponibles para construir las infinitas historias, todas posibles. También la escucha de amigos o amigas ante la exposición de la supuesta infidelidad ha cambiado. Están las amistades que alientan a investigar a fondo y llegar a la verdad y están las que escuchan con duda el relato de la supuesta víctima. Y en este último caso no sólo porque confían en el que está bajo sospecha; les resulta llamativo que la vida de una persona pueda estar condicionada a una idea pertinaz que daña su propia existencia y la ajena. Uno se pregunta ¿por qué siguen juntos?, ¿por qué se someten a ese continuo malestar que ocasionan los celos en una pareja?, y si fuera cierta la presunción, ¿no sería más saludable plantear las cosas como son y ver cuáles son las alternativas para superar la crisis?

¿Qué hacer con los celos?

Quedarse y sufrir no es una solución. El daño personal y vincular que ocasionan los celos es enorme. La persona vive presa de esa sensación desagradable de desconfianza. Todo lo que se recibe del afuera se tiñe de ella. Las acciones del otro, por más honestas que sean, son tamizadas e interpretadas como mentiras. Una mente que "aprende" a sesgar la realidad con la desconfianza construye un mundo rígido, donde las explicaciones caen siempre en saco roto. Existen personas que son celosas por corto tiempo, sobre todo cuando comienzan una relación. La propia inseguridad se traslada al otro (se denomina proyección) cuestionando la honestidad de su amor y el compromiso que ofrece. Luego, a medida que van confiando en sí mismos dejan de entregarse a las dudas, se sienten más seguros y consideran que los celos son una etapa pasada. Cuando los celos injustificados persisten, lo indicado es comenzar un tratamiento psicoterapéutico. El síntoma celotípico puede ser la manifestación de una neurosis, o de una personalidad rígida que se manifiesta por la desconfianza extrema (denominado Trastorno Paranoide de la personalidad), o una psicosis con ideas delirantes de celos.

Celulares bajo sospecha

El resguardo de la intimidad está en crisis, no tengo ninguna duda. La confianza en la pareja también corre la misma suerte, y todo sucede bajo el influjo tecnológico de las redes sociales, aplicaciones varias, mensajes por WhatsApp, etc., que sirven de instrumento para confirmar que "algo se oculta". Cuando la duda, la sospecha, la desconfianza golpean la puerta de la mente, pareciera que no hay explicación racional que la detenga. La suspicacia es un sentimiento benigno que nos alerta de una posible amenaza, un escozor interno que sentimos cuando algo nos acecha o se nos oculta con el fin de perjudicarnos. Si bien es un sentimiento protector, puede convertirse en un factor de sufrimiento personal y vincular, sobre todo en las relaciones afectivas. Sospechar del otro implica vislumbrar acciones "extrañas", algunas basadas en datos reales y otras imaginadas, pero con idéntica repercusión emocional.

Ojo por ojo, diente por diente

En los vínculos amorosos la suspicacia alimenta los celos y un sinnúmero de conductas dañinas que llevan a que la persona afectada comience a buscar indicios o pruebas para confirmar su percepción, y en este punto las redes sociales se convierten en aliadas de la sospecha. Si antes se revisaban los bolsillos de los trajes o el maletín, hoy se espera el momento de descuido para hacerlo con celulares y mails sin consentimiento del otro. Se busca algo "oculto" usando la misma táctica. En este punto todas las elucubraciones detectivescas son posibles para encontrar la prueba de la deslealtad, y de la comunicación ni hablar. Un hecho que podría resolverse expresando las dudas se convierte en una pesquisa que viola la intimidad, la privacidad del supuesto "infiel". La persona que revisa queriendo saber si algo se le oculta se convence de que es la mejor forma para descubrir al victimario, y aunque la razón o la conciencia moral le recuerde que es incorrecto, lo hará sin culpa: "ojo por ojo, diente por diente".

"Hacerse la película"

Cuando la duda se convierte en una obsesión, no hay forma de sacarse la idea de la cabeza, lo cual lleva a revisar compulsivamente las pertenencias del otro, y aun así no se calma la sospecha. En estas condiciones, la interpretación errónea de los mensajes es frecuente, provocando una mezcla de satisfacción por la efectividad de la pesquisa y dolor por la decepción amorosa. Los mensajes son datos que se transmiten; el subtexto, al no existir el "cara a cara", quedará supeditado al significado que cada uno le asigne. Por lo general la persona celosa construye su propia historia a partir de unos pocos datos. No quiero decir que no existan mensajes comprometedores, que no dejan lugar a ninguna duda, quiero explicar que la persona que está embargada por los celos o la sospecha deforma cualquier dato llevando agua para su molino. El dato que se malinterpreta se carga de una convicción casi irreductible, y no habrá respuesta que esté a la altura de tal grado de certeza.

Derecho a la intimidad

La persona que se mete en la intimidad ajena debe saber que ese acto solapado, minucioso, tiene consecuencias en la propia estima, y si bien se puede justificar el acto con muchos argumentos convincentes, la intromisión en un ámbito que no le pertenece rompe una regla que supera a la pareja y a cualquier otra circunstancia social: el derecho propio y ajeno a preservar los límites de la propia existencia. Esta afrenta a la individualidad daña aún más la relación y hace más difícil la recuperación de la confianza mutua.

Estos son algunos datos y consejos para evitar violar la intimidad de otros:

- La suspicacia o sospecha nos pone alertas ante probables acciones desleales. Comunícale tus dudas a tu pareja y traten de resolver juntos el tema.

- Los celos dañan la relación. No te conviertas en un/a detective tratando de buscar las pruebas incriminatorias. Cualquier dato puede ser malinterpretado y generar más conflicto.

- Es posible que te enojes con vos mismo/a si no encontrás nada. La ineficacia en tu búsqueda te llevará a redoblar la apuesta hasta convertir la búsqueda en una obsesión.

- Es dañino tener celos, pero es más perjudicial violar la intimidad ajena. Hacer este tipo de búsquedas sólo empeora las cosas. Por cada acción de revisar, te estás perdiendo algo de tu propia vida.

- No dejes que los pensamientos intrusos y la desconfianza te apresen, al final terminarás perdiendo tu libertad.

- Las acciones que resultan de los celos afectan más la propia estima que el sentirse traicionado/a. Cada vez que se viola la intimidad del otro estás devaluando tu valoración personal.

- Los acuerdos: «yo le doy el celular para que lo revise» no sirven. La confianza no se recupera cediendo derechos.

- La comunicación abre puertas, la obsesión celosa las cierra.

- Si existió infidelidad, tendrán que replantearse si se puede seguir juntos, o es mejor separarse. En caso de continuar, el querer saber «los detalles» de cómo fueron los pasos de la infidelidad o el control sobre el otro no sirven para reflotar la relación.

• Una relación saludable no se sostiene con acciones invasivas, se sostiene con respeto, confianza y comunicación sincera.

Pornovenganza

La sexualidad sigue siendo un asunto privado, que se realiza en la intimidad del mundo propio. Puede sorprender, como una paradoja, que tanta exposición de lo sexual tenga aún aspectos escondidos que apenas se asoman por las puertas de los cuartos. Sucede que lo que se muestra con bombos y platillos, con osadía y sin pudor, no es lo que sucede en el ámbito íntimo. La exposición pública del sexo no condice con el comportamiento que se desarrolla entre cuatro paredes. Ni la sexualidad de los medios de comunicación, ni la de Internet, ni la que se juega en el discurso de las redes sociales es la de la intimidad. El mundo público y el privado aún se hallan distantes y con interferencias en el diálogo. Si bien existe más desinhibición y búsqueda de nuevos estímulos, el pudor, el miedo a fallar, la desconfianza, el sentir que no se está a la altura de la circunstancia siguen apareciendo en las relaciones amorosas y eróticas. Las crisis de pareja ya no son sólo campos de batalla donde se juegan cuestiones de poder, de dominación, sometimiento, demandas y angustias varias que ponen en evidencia la dificultad para reencontrarse o para darse cuenta de que ya no hay amor. El despecho tecnológico se ha convertido en una amenaza real, que debe ser tenida en cuenta por el daño que provoca. La mayoría de los victimarios son hombres que amenazan con hacer públicas en las redes las imágenes tomadas en aquellos momentos de intimidad. Considero que dicha reacción tiene un alto componente de violencia, crueldad y comportamiento antisocial. Los problemas de pareja se enfrentan de otra manera, sin someter al otro a la coacción, a la vergüenza y al dolor. Al consultorio llegan pacientes que además del dolor de la separación sienten culpa por haberse expuesto a una situación peligrosa. Así, la incertidumbre puede convertirse en angustia, depresión, síntomas fóbicos que conllevan pérdida de la funcionalidad, miedo anticipatorio y desesperanza. Quienes padecen esta situación sienten culpa por haberse grabado, pero el peor error es quedarse con el remordimiento y no pedir ayuda.

Los miedos sexuales: ¿cuándo son normales y cuándo patológicos?

Desde niños la construcción de la sexualidad está atravesada por condicionantes externos. Los padres, la escuela y el medio en general son influjos potentes que rivalizan con las fuerzas internas pulsionales tratando de llegar a un acuerdo que sea viable para la expresión adulta de los deseos sexuales. En tiempos de liberación y exposición de cuerpos desinhibidos, donde el sexo se muestra con audacia en los medios y en las redes sociales, parece difícil pensar que en la intimidad no ocurra lo mismo. Sin embargo, los miedos hacen presas a muchas personas que no se atreven a mostrar la desnudez por excesivo pudor, rechazan algunos contactos, o bien evitan tener relaciones sexuales en forma persistente y recurrente. En la cama siguen apareciendo los mismos miedos, anclados en la historia personal, en cuestiones vinculares (de pareja) y en la exigencia del rendimiento impuesto por la "vara" (generalmente alta) de la *performance* según la medida que impone el sexo público.

Encontrar el estilo sexual

Sentir ansiedad o miedo a la experiencia erótica, sobre todo en los comienzos de la relación, es algo frecuente. Las personas (y los cuerpos) necesitan conocerse, crear códigos de unión que sean satisfactorios para los dos. Se puede contar con un saber previo, tener experiencias de relaciones pasadas, pero cada pareja debe buscar su propio estilo de funcionamiento; es más, una vez que se lo encuentra debe ser flexible para incluir modificaciones y no caer en la rutina. Es frecuente escuchar cómo la predisposición cambia cuando la relación "pinta" ocasional a diferencia de aquella que comporta algún tipo de compromiso. La desinhibición aparece cuando no hay nada que explicar después, sólo es disfrute. En cambio, cuando se piensa en la continuidad de la relación, los cuerpos se aprestan a cierta corrección que puede condicionar en forma negativa la libre dinámica erótica. Todavía hay mujeres que creen que, si muestran lo que sienten, piden lo que les gusta o se mueven al son del placer, serán tildadas de "liberales", "demasiado sexuales", o instarán a los hombres a estar a la altura de sus requerimientos. Los hombres no se quedan atrás con sus condicionantes: ellos como machos deben complacerlas, tener el pene bien dispuesto (y erecto durante todo el encuentro), penetrarlas y hacerlas gemir de placer. Tanto en uno como en otro caso las representaciones de cómo tiene que ser la relación se imponen a la libertad que debería mover el sentir y el accionar de cada uno de los cuerpos.

¿Calientes o ansiosos?

Hay personas que sienten vergüenza porque no están conformes con su cuerpo o con partes del mismo, lo ocultan o no permiten que se "toquen" algunas zonas que consideran defectuosas. Otras se limitan en sus movimientos o expresiones por temor a "qué pensará de mí" si me muevo, gimo o pido que me haga cosas que me gustan. En los hombres la presión por tener el pene erecto y el rendimiento viril son factores suficientes para no entregarse de lleno a la relación y así, en forma inconsciente, cumplen con la profecía: el pene pierde la erección.

Es tan fuerte el influjo del miedo, que coarta las funciones sexuales y el acceso al placer. Cuando hay ansiedad y miedo, el placer queda relegado. Se intenta acceder a él, pero el miedo lo impide. Pensamos que estamos calientes, pero en realidad estamos ansiosos, tratando de cumplir con las exigencias internas más que concentrarnos en disfrutar

Ansiedad y sexo

Más allá de las exigencias de la vida moderna, somos impiadosos con nosotros mismos: necesitamos objetivos para cada etapa vital, organización del trabajo y de lo cotidiano, proyectos a futuro, resolución inmediata de problemas, retos personales; etc.; en síntesis, una sumatoria de respuestas preparadas para ajustarnos exitosamente a las demandas del entorno. No somos dioses, ni adivinos, ni tenemos las fuerzas de un titán para encarar todos los desafíos. Sin embargo actuamos como si lo fuéramos, perdiendo conciencia de la fragilidad, y peor aún, de los límites que impone la capacidad humana. Tolerar, hacerle frente a la incertidumbre, generar comportamientos asertivos, son problemas del día a día. Estamos aptos, tanto física como psíquicamente, para encarar lo imprevisto, no obstante, ansiamos y hacemos lo imposible para convertir lo incierto en certeza plena, y en este partido sin rival concreto se nos va la vida.

¿Qué es el estrés sexual?

Se considera al estrés como un mecanismo fisiológico de homeostasis, es decir, prepara al organismo para defenderse ante situaciones amenazantes. La finalidad es preservar el orden interno sin sufrir grandes cambios. Sucede que muchas veces nos disponemos para hacer frente a amenazas que no son tales, con el consiguiente desgaste emocional. Un organismo estresado vive tenso, alerta, preocupado, con escasa concentración y atención, irritable, insomne, cansado; espera que algo malo suceda, se sobresalta fácilmente. Sufre por lo incierto. La vivencia de indefensión lo vuelve más vulnerable, sensible a las críticas ajenas y a la autocrítica. Se torna demandante y espera que los demás, fundamentalmente sus parejas, colmen rápidamente sus necesidades afectivas, y por qué no, solucionen sus problemas. Influye de tal manera en las relaciones amorosas que se pierden los recursos de superación, instalando la crisis en medio del vínculo.

Los ansiosexuales

Cuando el estrés acompaña a la persona de manera persistente, es frecuente que el deseo sexual baje, pero sobre todo, la persona se convence que no se puede tener contactos eróticos en esas condiciones y evita fantasear o cualquier tipo de incitación sexual. La ansiedad provoca un estado que alerta frente a una posible acción erótica, alejándolo de la misma. Son fóbicos sexuales ya que se anticipan con temor, aparecen sentimientos de inferioridad y temen además "pasar vergüenza" o ser avergonzados por el otro. Este sistema de alarma activa lo que en sexología se denomina "rol de autoespectador", es decir, una mirada externa que juzga y evalúa (casi siempre en forma negativa) el comportamiento sexual: "vas a fallar", "no te podés relajar", "cuando penetres se te va a bajar", "no voy a llegar al orgasmo", etc. Los ansiosexuales acortan el juego erótico para "sacarse el tema de encima" lo cual conlleva más tensión y la imposibilidad de que el cuerpo y las sensaciones eróticas vayan en aumento. El cuerpo estresado es un cuerpo vedado a las más puras sensaciones y emociones. La angustia intercede como un obstáculo perturbador.

Un momento de calma, por favor

Los ansiosexuales crean quimeras, momentos ideales que nunca llegan. Esperan los fines de semana, las vacaciones, que los chicos se queden con los abuelos, etc. Y como transitar esos momentos no los calma, se frustran fácilmente. En algunos casos aparecen síntomas que indican que el sistema nervioso está muy activo: palpitaciones, sudoración, mareos, falta de aire cada vez que la persona se acerca a una situación erótica. Por lo general son sujetos (es más frecuente en hombres) que puntúan alto en rasgos temerosos/fóbicos y obsesivos. El pensamiento dicotómico es parte del problema: "todo o nada", "puedo tener sexo si estoy relajado, en caso contrario es imposible". La creencia es tan férrea que no hacen intentos para vencer el miedo. Se anticipan demasiado a que van a fallar.

El uso de alcohol u otras sustancias son recursos atenuantes a los que muchos ansiosexuales acuden con las consiguientes consecuencias sobre su salud. Cuando la ansiedad aparece en el inicio de la vida sexual, se aferran al alcohol para vencer sus inhibiciones y no ser objetos de *bullying* de sus compañeros jóvenes.

Consejos para vencer el estrés sexual:

- Frente a los problemas, establecé prioridades.

- Pensá en varias alternativas para encararlos.

- Evitá los pensamientos catastróficos: "sé que me va a ir mal"

- Evitá los pensamientos dicotómicos: "Todo o nada"

- No pierdas la objetividad ni la autonomía.

- Aprendé a comunicar, a delegar, a pedir ayuda.

- Confiá en tus capacidades intrínsecas.

- Dedicale tiempo al placer en general.

- Tomá contacto con tu cuerpo desnudo.

- Tomate el tiempo para acariciarte y sentir qué pasa cuándo lo hacés.

- No te anticipes mal al encuentro sexual: "voy a fracasar".

- Dejá que el deseo se active gradualmente en el encuentro.

- Date el permiso para fantasear, para pedir lo que te gusta.

- Dejá que el otro haga sobre tu cuerpo: masajes, caricias, besos, abrazos.

- Concedete todo el tiempo para la relación. No dejes que el otro te apure.

- Bajá la propia exigencia. La perfección no garantiza eficacia.

Las fobias sexuales

Las fobias sexuales se caracterizan por un comportamiento aversivo que impide el desarrollo de la función sexual. El miedo, el asco, el rechazo, o la aparición de ideas intrusivas preparan al cuerpo para una situación amenazante que hay que evitar. La anticipación o la insinuación de un contacto erótico despierta sensaciones desagradables que nada tienen que ver con el disfrute. La persona sufre, con el consiguiente deterioro en su vida personal y de la relación. En algunos casos la ansiedad es tan fuerte que puede desencadenar un ataque de pánico (sudoración, taquicardia, falta de aire, náuseas, vómitos, lipotimia, etc.). La prevalencia es de un 1,6% de la población general y es más frecuente en mujeres.

Tipos de fobias sexuales

El objeto fobígeno (aquel que despierta la fobia) puede variar, pero la conducta de rechazo es la misma. Kaplan (pionera de la sexología moderna) describe 12 situaciones específicas:

- Al tocar o acariciar el cuerpo (especialmente pechos, pezones y muslos).

- Al mirar los genitales (los propios o los del compañero/a).

- Al tocar los genitales de la pareja.

- Al besar (los pechos, la boca, los genitales).

- A la penetración vaginal (a ser penetradas con cualquier objeto o sólo con el pene).

- A las secreciones sexuales y olores (semen, secreciones vaginales, aliento).

- A la excitación sexual (propia o de la pareja).

- Al orgasmo (perder el control).

- Al sexo oral (dar o recibir).

- Al embarazo.

- A contraer una enfermedad sexual.

- A la desnudez del cuerpo propio o del *partenaire*.

Causas y consecuencias

Las causas de las fobias sexuales son múltiples: educación restrictiva, creencias religiosas, normativas culturales rígidas, experiencias traumáticas de abuso sexual, violencia de género, personalidad fóbica o temerosa, sentimientos de inferioridad, ansiedad social, miedo a la crítica externa, a ser avergonzado. Las causas también pueden limitarse a la creencia de padecer algún problema físico, por ejemplo: síndrome del pene pequeño; o a exacerbar un problema existente, por ejemplo: sobrepeso, acné, psoriasis, hirsutismo (vello corporal en las mujeres); sudoración, ginecomastia (crecimiento de las mamas en el hombre), etc. Las personas fóbicas sienten deseo sexual y ganas de superar el problema, sin embargo, el miedo les impide afrontar la situación erótica. Es frecuente que los sujetos sexofóbicos suplanten las fantasías sexuales por fantasías de superación (se imaginan haciendo en un futuro lo que ahora no pueden hacer). También toman como referentes a modelos sexuales externos que se convierten en ideales: "quisiera tener el cuerpo como tal persona" o "quisiera tener la labia y la audacia para encarar como fulano", o se reprochan: "si ese/a puede con ese cuerpo ¿por qué yo no puedo?".

Tratamiento de las fobias sexuales

Ante todo, es necesario una evaluación exhaustiva para descartar las posibles causas y orientar el diagnóstico de la fobia específica. El abordaje tiene como objetivo la superación de los miedos y restablecer así la función sexual y la estima personal. Las técnicas cognitivo-conductuales y los tratamientos sexológicos ayudan al sujeto a afrontar la situación temida y frenar así la restricción que se provoca en su vida de relación. En algunos casos se requiere medicación para bajar los altos niveles de ansiedad, sobre todo cuando aparecen ataques de pánico o conductas fuertemente aversivas. Cuando la personalidad es temerosa, existe una predisposición de base para que asienten los síntomas fóbicos. En este caso el tratamiento debe encarar los aspectos más profundos que dieron origen a esa personalidad. Cuando la violencia de género o de problemas vinculares es la causa de la fobia, el tratamiento de pareja puede ser lo indicado.

La obsesión de ser homosexual

Uno de los problemas que está apareciendo con más frecuencia en las consultas es el miedo a ser homosexual en una persona que define su orientación como heterosexual. La persona (no importa el género) está excesivamente preocupada por tener una idea que no condice con su orientación. A tal dimensión llega la idea que se convierte en central y ocupa todo el pensamiento, con las consecuencias que esto provoca en toda su vida, sobre todo en la vida afectiva amorosa. La explicación para tal crecimiento de estos cuadros se debe a dos aspectos fundamentales: el incremento de la ansiedad en las sociedades actuales y la visibilidad de las diferentes orientaciones sexuales, lo cual lleva a la creencia generalizada que todo es posible en términos de deseo erótico. Se recupera el viejo mito referido a que en el origen todos somos bisexuales, por lo tanto, el "germen" está activo y puede dispararse en cualquier momento. Cuando la persona se ve compelida por la idea de ser homosexual piensa: "lo que estaba oculto apareció", algo así como si el inconsciente ya no pudiera contener el verdadero camino del deseo. Sin embargo, la persona sufre. El conflicto entre la orientación original y la nueva aparece en su conciencia ocasionando un dilema que pone en jaque la identidad: "¿soy o no soy?". La duda acicatea el espíritu y el sujeto se siente dominado por ella. Hasta el deseo heterosexual primigenio pierde sustancia y ya no es posible pensar en los proyectos personales o de pareja por la crisis interna.

Aparecen entonces un conjunto de ideas e imágenes sobrevaloradas que se destacan del resto del pensamiento hasta convertirse en preocupaciones urgentes, requiriendo de diferentes conductas para calmarlas. Algunas son ideas fijas, otras son obsesiones que se incrementan en momentos de estrés, y en otros casos constituyen una patología llamada TOC o trastorno obsesivo compulsivo. La ansiedad que provocan estas ideas intrusas es una experiencia desagradable que hay que frenar. La duda y el miedo focalizados en la orientación sexual pueden establecer una alianza irreductible y perturbadora que condiciona la vida de la persona en todas sus áreas. Imaginemos diferentes situaciones: un hombre heterosexual siente excitación cuando ve el cuerpo desnudo de un compañero en el vestuario de un gimnasio, o en una despedida de soltero contratan los servicios de una travesti para que lo excite; o una mujer también heterosexual escucha la confesión de su amiga diciéndole que le gustan las mujeres, etc. A partir de ese momento la persona comienza a pensar: "¿no seré homosexual?". El pensamiento poco a poco deja de ser una mera duda existencial convirtiéndose en una obsesión.

Es mucho más frecuente que la duda cuestione la heterosexualidad de origen que lo contrario. Las personas homosexuales saben que, por condiciones culturales y de exploración, pueden pasar por una etapa de orientación heterosexual hasta que esta se define con más claridad. Es frecuente que tengan experiencias con gente del sexo opuesto, aunque su deseo claramente los oriente hacia la homosexualidad. No obstante, en los sujetos heterosexuales está "flexibilidad" no está tan aceptada, excepto en jóvenes o en adultos con una apertura mental que les permita explorar otros modos de erotismo. Para que un sujeto pruebe experiencias diferentes sin que lo afecte, su deseo sexual no debe estar influido por las reglas del erotismo clásico, por lo tanto, esperable según la biología dominante sobre los géneros. El término heteroflexibilidad da cuenta de este fenómeno, de una expresión erótica más abierta. El miedo a ser homosexual asienta en personas que han tenido algún "roce" con el mismo sexo, ya sea físico, con imágenes gráficas, videos, o por la simple observación de un cuerpo del mismo sexo.

La locura de la duda

Las obsesiones son pensamientos, imágenes, impulsos que invaden las ideas del sujeto, convirtiéndolas en preocupaciones persistentes. La persona con ideas obsesivas de ser homosexual sabe que la idea es absurda e intenta neutralizarla, pero rápidamente la duda vuelve a instalarse: "yo sé que no soy homosexual... ¿pero si tuviera el deseo reprimido y no lo sé?". Las ideas de homosexualidad son frecuentes y representan entre el 25 y el 32% de las preocupaciones obsesivas. Aparecen desde la adolescencia y se prolongan a la vida adulta. Muchas personas esconden su malestar y recién solicitan ayuda cuando este supera los mecanismos compensatorios. Lo más frecuente es que la idea intrusa origine actos compulsivos con la finalidad de neutralizarlas, ejemplo: se impone pensar o fantasear con personas del sexo opuesto, busca reafirmar su sexualidad teniendo más encuentros eróticos heterosexuales, deja de tener contactos con amigos del mismo sexo. En otros casos aparecen compulsiones mentales como rezar, contar palabras, etc., con el fin de alejar los pensamientos y la ansiedad que se presenta en forma de miedo.

Las personas que sufren por la presencia de estas ideas o pensamientos intrusivos deben saber que este fenómeno es patológico y no tiene nada que ver con lo que entendemos como orientación sexual. En ningún caso la orientación se convierte en un pensamiento que se disocia del deseo. En todo caso se puede sentir un deseo hetero u homosexual y las ideas que aparecen se basan en cómo hacer para llevarlo adelante en términos de visibilidad, o encerrarlo en el *clóset*, pero no provoca el grado de disociación que se crea en los sujetos dominados por la idea obsesiva de ser homosexual. Las personas que llevan una vida en apariencia heterosexual, pero se sienten también movidos por el deseo homosexual, buscan tener algún tipo de contacto de este tipo o masturbarse con fantasías homosexuales. El deseo está presente como una fuerza interna que requiere de algún tipo de salida. Esto para nada se parece a una idea obsesiva de ser homosexual, que no es deseo, en todo caso interpela al deseo heterosexual generando un dilema o una duda interna. Así la fuerza del deseo que siempre apareció y sigue apareciendo como dominante (heterosexual) se halla de pronto en un *ring* peleando con otra fuerza de sentido contrario; una construcción mental que, como tal, no nace del interior del ser, no se construyó desde un principio de la personalidad, sino que es constructo cultural bajo el amparo de la ansiedad que todo lo puede.

Obsesiones, fobias, carácter

Las obsesiones se diferencian de las fobias sociales. En estas últimas predomina la ansiedad a la exposición social más que el dominio de una idea turbulenta. Las ideas obsesivas de cualquier índole no aparecen porque sí, asientan en personalidades más vulnerables a padecerlas. Los rasgos de carácter que sirven de base incluyen: tendencia al perfeccionismo, altos grados de exigencia personal, dificultades para delegar trabajo y disfrutar del tiempo libre, pensamiento rígido, pensamiento dicotómico (todo o nada), etc. Las creencias religiosas incrementan el malestar: "me siento sucio", "es antinatural", "es un pecado", etc. El carácter incoercible de la idea repele las explicaciones que provienen del afuera y que intentan aclarar que la orientación sexual no es un acto racional, mucho menos una obsesión, es un deseo que proviene desde la configuración misma del ser.

Algunos datos sobre la obsesión de ser homosexual:

- Las obsesiones y las compulsiones forman parte del Trastorno Obsesivo Compulsivo (TOC).

- Las ideas obsesivas de carácter sexual son frecuentes (25 a 32% de las obsesiones).

- La orientación sexual se expresa en forma de deseo hacia una persona de igual o diferente sexo, de ninguna manera es un pensamiento intruso que necesita ser neutralizado.

- Sentir atracción por una persona de igual sexo no te hace homosexual.

- Ser homosexual o heterosexual no es sólo tener contactos eróticos con alguien de igual o diferente sexo, es orientar tu deseo a un vínculo que le dé plenitud a la vida.

- Las ideas obsesivas sexuales no representan el deseo ni la orientación sexual. Son síntomas que deben ser tratados por especialistas.

- Es importante solicitar ayuda apenas sientas que se instalan en tu pensar y se interponen en la vida de relación.

Los *dinks*: deseo, moda o egoísmo

Cada vez son más las parejas que deciden no tener hijos, y hasta tienen un nombre: *dinks*, por sus siglas en inglés (*Double Income No Kids*, doble ingreso -porque los dos trabajan-, sin niños). Este estilo de vida que implica "decir no" a un condicionante cultural y social requiere ante todo de un acuerdo entre las partes. Los verdaderos *dinks* son aquellos que naturalizan el deseo de no tener hijos y organizan su vida con total libertad, sin pensar ni hacerse problemas por una asignatura (la de ser padres) que aún está pendiente. Para ellos el deseo de no ser padres o madres tiene la misma fuerza que para aquellos que deciden serlo. Los *dinks* tampoco se jactan de la vida que llevan ni muestran como baluartes los beneficios de la vida sin hijos, simplemente desarrollan una forma de interacción vincular que prescinde de las complejidades de una familia. Son ellos dos, apoyándose mutuamente, creando juntos un estilo de vida basado en el respeto por las actividades individuales, el crecimiento profesional, los eventos sociales, los viajes, o el disfrutar los sobrinos o los hijos de amigos. Decía antes que los verdaderos *dinks* son aquellas parejas que acuerdan no tener hijos y ambos están convencidos de la decisión tomada. Según mi opinión, quedarían fuera de este modo de vida aquellas parejas en las cuales uno de ellos acata la decisión del otro de no tener hijos. Por lo general, en estos casos, cuando una de las partes (generalmente la mujer) renuncia al deseo de tener hijos por presión del otro, el conflicto estará presente volviendo más vulnerable el vínculo, más aún cuando se tienen hijos de relaciones anteriores.

¿Todas las mujeres quieren ser madres?

Con seguridad, no. Muchas de ellas han relegado la maternidad en pos de otros beneficios como sostener la autonomía, desarrollarse profesionalmente, disfrutar de la pareja. La fuerza que lleva a una mujer a ser mamá no es un "instinto", es un deseo que arraiga en la construcción misma del género. Desde la más tierna infancia las mujeres se ven influidas por una serie de mensajes familiares y sociales que en general alientan los deseos y los comportamientos. Lo que se ha internalizado por la acción del influjo externo pareciera ser parte indiscutible de la naturaleza misma, y son pocas las que se atreven a preguntarse si están respondiendo a un deseo propio o están dando respuesta a normativas sociales y culturales. Son estas mujeres que aprendieron a chequear en su interior el origen de sus deseos las que pueden decidir si serán madres en algún momento, o no lo serán. Pareciera que, a pesar de los cambios en los sistemas de agrupamiento de parentesco, la mera idea de lo imperativo e inexorable del régimen clásico de vida en familia les genera rechazo. El solo hecho de pensar en la crianza, los acontecimientos ligados al rol de madre y las obligaciones a asumir durante una veintena de años son motivos suficientes para la oposición. En realidad, asusta más el contexto que rodea a la maternidad, que la maternidad misma. La mujer que cumple con el deseo de ser madre sabe que debe asumir una serie de obligaciones y espera que las mismas refuercen el deseo y la autoafirmación. Ellas siguen el camino de su motivación sin preguntarse demasiado sobre las consecuencias que la maternidad tendrá sobre sus vidas. Es probable que las preguntas aparezcan cuando los hijos hayan crecido y puedan mirar hacia atrás y evaluar lo que han ganado y lo que han perdido. Como explicaba anteriormente, las mujeres que desplazan la maternidad no quieren quedar entrampadas, ni en un rol social ni en una estructura que no tiene muchos matices. No rechazan el deseo, se oponen a ser parte de un sistema de relaciones y circunstancias predecibles que coartan la libertad. Pensemos en las responsabilidades del cuidado de la prole: alimentación, afecto, seguridad, cuidado, atención, educación, adaptación de las actividades y de la vida hogareña a las exigencias de la crianza, etc.

Sabemos también que existe un número considerable de mujeres que decide su maternidad tardíamente y buscan con ansiedad un hombre que, aunque no represente en lo más mínimo los ideales de pareja o amante, les pueda aportar "la semilla" que falta para completar la concepción. Estas mismas mujeres, duchas en el arte de "cortarse solas", seguirán con la misma tesitura de vida, sólo que ahora establecerán una sólida alianza con su hijo, símbolo máximo del logro individual.

¿Todos los hombres quieren ser padres?

Para los hombres decidir no ser padres no tiene la misma repercusión que para las mujeres. La maternidad es una normativa cultural que asienta en la construcción del género femenino, cosa que no ocurre en el masculino. Para el imaginario social las mujeres "ya tienen el instinto", en cambio los hombres pueden, o no, tener el deseo. Es más, la paternidad se construye en la medida en que se hacen evidentes los signos del embarazo y se puede observar el crecimiento del bebé. Pareciera que el hombre necesita el dato objetivo que pone en evidencia la presencia del hijo, en cambio, en la mujer el deseo de ser madre asienta en la subjetividad, mucho antes de la concreción del hecho. Por tal motivo, a las mujeres, predeterminadas por las normativas de género, les será más difícil renunciar al deseo de ser madres y recibirán, de una manera u otra, el cuestionamiento social.

¿Qué lleva a tomar la decisión de vivir sin hijos?

Hay decisiones que son momentáneas y responden a etapas de la pareja, a la espera de tiempos mejores. No obstante, existen otras que dejan librado al tiempo y las circunstancias la aparición del deseo. Si aparece, bien, si no aparece, también. En estas uniones la urgencia por el paso del tiempo y el deterioro de la fertilidad no es problema. Si se llega a esa etapa de la vida sin hijos no habrá cuestionamientos, ni reproches, sólo aceptación de un acto congruente: no existió deseo y no se forzaron acciones para cumplir con un "deber ser". Un alto porcentaje de parejas *dinks* son jóvenes de clase media, o alta, con buenos trabajos y/o son profesionales. Es frecuente que los dos estén en pleno desarrollo y aspiren a mayor crecimiento y *status*. Tienen capacidad de ahorro, disfrutan del tiempo libre, de la vida social, de las salidas, de las vacaciones, etc. Por lo general están muy incluidos en otros grupos familiares (hermanos, amigos, etc.) y cumplen maravillosamente sus roles de tíos y padrinos.

Deseo, moda o egoísmo

Se ha tildado a los *dinks* de responder a una moda o de egoísmo, de pensar sólo en ellos, de ser parte activa de una sociedad cada vez más individualista. Yo no creo que sea así. El individualismo pasa por el detrimento de valores humanos esenciales como la solidaridad, la libertad y el respeto por la vida ajena. Las sociedades tienen que empezar a entender que el deseo es inherente a la construcción misma de todo sujeto y puede no responder a lo esperado. La esencia del deseo es la singularidad, por lo tanto, podemos tomar decisiones personales que no respondan a los parámetros culturales y sociales.

Terapia de pareja: un desafío de superación

La dinámica de las relaciones de pareja no es la estabilidad, por el contrario, multiplicidad de movimientos envuelven a las partes en distintas situaciones, algunas alegres, pasionales; otras tristes, cargadas de reproches y angustia. Ese vínculo, que en un comienzo goza de pureza y novedad, se profundiza y amplía con las otras experiencias, dando forma a un estilo de relación. Con el tiempo, convivencia o no mediante, se va construyendo la unión, representada por atracciones y rechazos, gustos y disgustos, códigos que se van internalizando en la hechura relacional.

La pareja es una alianza intersubjetiva: dos personas que se encuentran, cada una con su modo de ver las cosas, cada una con sus representaciones conscientes e inconscientes de lo que debe ser una unión amorosa. Y he aquí una de las cuestiones fundamentales: una trama que sea propia de ese vínculo, que no esté signada o condicionada por la imagen de uno por sobre la del otro. Es frecuente escuchar en la consulta "reacciona de esa manera porque así lo vivió con sus padres" o "en su casa hablan a los gritos... no voy a pretender que cambie", etc. Las justificaciones basadas en las condiciones de la familia de origen muchas veces impiden que se hable del tema y se evalúen alternativas de cambio. Estas y otras ideas se interponen y encubren la idea de que, a pesar de lo vivido anteriormente, las personas tienen posibilidad de superar el pasado para construir un nuevo presente, y este es un desafío particular y vincular.

Corriendo la maleza del trigo: modelos de relación

Esta es una descripción de algunos modelos de relación que aparecen en la consulta. En algunos casos son multiplicidad de "capas" superpuestas que impiden que las personas se comuniquen de manera más saludable, como si la esencia de la relación que estuvo en un principio quedara recubierta por ellas. La convivencia, la cotidianidad, las exigencias laborales, la influencia de la tecnología interaccionan con las imágenes de "lo que debe ser una pareja", y muchas veces, entre esa imagen ideal y la vida real, media un abismo infranqueable.

Modelo estadístico

Las ideas previas de "lo que debe ser una pareja" son motivo de conflicto cuando no existe acuerdo. Cada uno de nosotros ha incorporado una imagen o representación basada en modelos culturales, sociales y morales. En algunos casos se someten a la crítica, la reflexión y al cambio; en otros se incorporan como una verdad indiscutible: "así debe ser porque la mayoría lo hace de esa manera". La justificación estadística de "la mayoría lo hace" no da lugar al cambio, es más, puede volverse una idea rígida para convencer al otro.

Modelo de complementariedad

Una idea muy difundida es aquella que considera que la pareja debe ser complementaria, una especie de encastre entre dos piezas que se necesitan mutuamente. La concepción de la "media naranja" fue el "anillo al dedo" del patriarcado, en cuyo seno se pergeñaron las leyes de la dominación masculina y la sumisión femenina. Cada uno de estos roles fijos tuvieron (y aún tienen) sus responsabilidades y acuerdos implícitos. La esencia de la unión de pareja es la simetría, el concepto de complementariedad puede entenderse para la distribución de tareas, pero de ninguna manera significa la "naturaleza" de la unión. No obstante, se naturalizan responsabilidades que, examinadas en profundidad, demuestran que uno ejerce el control sobre el otro o bien con esa acción no deja que el otro crezca en sus actividades. Los juegos de poder asimétricos son más elaborados que los simétricos. En estos últimos se hace más evidente el juego de poder que nunca parece alcanzar un punto límite. El ejemplo más común es cuando en las discusiones ninguno da el brazo a torcer y cada uno sube la apuesta con nuevos argumentos. Caso contrario ocurre cuando el vínculo está basado en la desigualdad: no existe competitividad ni el poder está en juego, existen una serie de conductas internalizadas que determinan jerarquías, por ejemplo: "porque sos madre tenés que saber cuidar al recién nacido, yo no sé nada". En este ejemplo pareciera que el poder se le asigna a la madre, pero en realidad es el hombre el que lo asume con la excusa de género: "ser mujer es saber ser madre".

Modelo de simetría

Una pareja supone paridad entre las partes, igualdad más allá de los roles que cada uno desempeñe. La esencia, base de la relación, debe ser el respeto, el acuerdo mutuo y la capacidad para enfrentar las crisis sin modificar el fundamento igualitario. Sin embargo, este modelo que defiende la unión intersubjetiva, es decir de dos partes individuales que acuerdan estar juntos, en todo caso "dos naranjas separadas que deciden estar juntas" y no media que se une a la otra media, puede sufrir también el embate de los juegos de poder. Basta con recordar la película "La guerra de los Roses" para ilustrar este concepto. La "patología" de este modelo simétrico es la competencia entre las partes, traducida en venganza o acciones cargadas de resentimiento ("te pago con la misma moneda").

Modelo de dependencia amorosa

En algunos casos estos patrones rígidos no presentan a la vista ningún conflicto, funcionan con una aparente "normalidad" y son ejemplo de "armonía". Pareciera que nunca surge ningún conflicto y la pareja vive feliz; no existe problema. Sin embargo, muchas de estas parejas en aparente "normalidad" encubren un vínculo carente de movilidad, ajustado al extremo a las necesidades del otro. Todo acto de sumisión, de complacer amorosamente al otro, encubre un reclamo: "si yo te doy todo, si estoy en todo y te complazco, merezco lo mismo de vos". Esta exigencia está presente en cada una de las acciones, es decir que el acto de complacer no es desinteresado ni gratuito, se espera que el otro responda estando siempre, y cuando el otro no puede cumplir, se lo hará saber, siempre en forma calma pero generadora de culpa.

Modelo erótico sexual

En este modelo la cama sirve para calmar las tensiones del vínculo y es un fuerte enganche que mantiene a la pareja unida a pesar de las crisis que suceden fuera de ella. La cama no es un *"ring"*, como veremos en el modelo siguiente, por el contrario, es un espacio de unión pasional que se nutre del fuego del conflicto. En ella, cada una de las partes "desnuda" el rol propio y ajeno, que pretende que aparezca en otras áreas de la relación: "romántico", "decidido", "comunicativo", "salvaje", "efusivo", etc.

Modelo erótico sexual invertido

En la cama se comunica el displacer en forma de poder. Es una especie de venganza encubierta bajo un rol sexual. Suele suceder en personas rencorosas que esperan el momento del encuentro erótico para hacerle saber al otro su disconformidad. Las maneras más frecuentes son: "ahora no tengo ganas", "me estás besando mal y no me gusta", "te dije que no me toques ahí", "se te bajó, entonces ya está"; "tomaste la pastilla y no avisaste", etc.

Modelo armónico asexual

La frase que los identifica es "somos como amigos". Son parejas que se asisten mutuamente, respetándose y brindándose contención, sin sexo ni acercamientos eróticos. Puede darse que ninguno busque afuera lo que no tiene adentro, en otros casos el acuerdo implícito está basado en la asexualidad de ambos. Este modelo de relación puede mantenerse todo el tiempo o consistir en una etapa episódica. En los casos de acuerdo implícito o explícito, no existe conflicto; en otros aparece la crisis expresada de diferentes formas: enojos, celos, reproches, infidelidad, etc. La base amorosa existe y se siguen eligiendo, sin embargo, han dejado de tocarse, de besarse con pasión, de fantasear y de insinuar al otro un encuentro sexual.

Modelo de demanda

Las demandas unilaterales o de los dos pueden ser el centro del conflicto o un ingrediente más de otras situaciones. Es un componente muy frecuente, siempre nocivo, desgastante. Las demandas, en general, se basan en insatisfacciones personales que no necesariamente responden a motivos vinculares, sin embargo, el depositario suele ser el otro, como el único causante del vacío. Las formas de pedir, de exigir, consisten en verbalizaciones, expresiones, o en un control de la vida ajena como forma de que el otro siempre esté disponible. Las redes sociales y la tecnología de contacto incrementan la necesidad imperiosa de respuesta casi inmediata, y no hay explicaciones posibles porque todo está puesto en duda. Si el otro está presente igual se le exigirá más y más. El vacío de insatisfacción nunca es saciado.

Modelo sin fronteras

Toda pareja que ha tenido hijos sabe lo difícil que resulta sostener la intimidad dentro del contexto mayor de la familia. La proximidad de los otros miembros, sobre todo los hijos, convierte la espontaneidad del acto en un estado de tensión y de toma de recaudos para que nadie se entere de lo que sucede. La sola idea de tener intimidad con el "peligro" de los chicos cerca del cuarto condiciona el deseo y aumenta la ansiedad. Las madres, en vez de fantasear con imágenes eróticas, están pendientes de los más pequeños: "¿y si se dan cuenta?", "¡papá y mamá están teniendo sexo!". La consumación de la escena temida. Y ante esto... ¿cuál es el problema? Los chicos, sobre todo los niños y niñas de estos tiempos, se enteran de "cosas". Hablar con ellos de que los padres necesitan momentos de intimidad calma los "fantasmas" y baja la tensión. Existen otras tantas cuestiones que invaden el espacio real y simbólico de la pareja hasta el punto de diluir la configuración vincular en la red mayor de relaciones. Ni hablar cuando el límite de la familia nuclear es permeable al ingreso de otros: padres, suegros, cuñados, hermanos, amigos, etc. Todos "meten la cuchara" en un postre que sólo debe ser disfrutado por dos. La intromisión de otros varios provoca dilemas y serios conflictos. Los dilemas ponen al descubierto la imposibilidad de uno o de los dos de poner límites y superar la culpa que podría provocar. No se puede estar con un pie en un lado y otro en el otro y conformar a todos por igual. Las madres o suegras convocadas (o autoconvocadas) para cuidar a los nietos, los padres que aparecen para resolver cuestiones prácticas o aportar el dinero que falta para llevar adelante un proyecto, los amigos/as que opinan desde sus propias experiencias o desde el manual de autoayuda. Todos encuentran cabida en esa gran olla que es la pareja sin fronteras.

Estos modelos descritos son algunos de los que vemos en la consulta. Todos evidencian una falta de dinamismo e incapacidad para resolver los conflictos con estrategias nuevas y saludables. Las parejas que solicitan tratamiento vienen cansadas de lidiar con el problema y frustradas por no poder resolverlo. Muchas veces, esta imposibilidad centrada en el vínculo se proyecta al otro, el culpable a quien le cabe toda la responsabilidad de haber provocado la crisis, por lo tanto, debe resolverla. Toda pareja que acude a un tratamiento vincular muestra resistencias, pero si están solicitando ayuda, algún deseo de superación estará en curso. Hay que reconocer y vencer las resistencias para poder avanzar. Compromiso, capacidad para acordar los desacuerdos, comunicación y confianza en la capacidad de superación son premisas fundamentales para comenzar el tratamiento.

Recuperar la intimidad: una decisión saludable

Después de un tiempo de convivencia, sobre todo cuando hay hijos pequeños de por medio, las parejas "se pierden" entre tanta maraña de juguetes, ollas, corridas para llegar al jardín y otras cuestiones de la vida familiar. La intimidad se diluye en la construcción de la familia. Pareciera que esa fuerza se tragara todo intento de encuentro íntimo. En el escenario de la familia no hay otro protagonista, el discurso de las contingencias cotidianas pasa a ser el relato diario. No hay otros temas, se pierden las miradas, las sutilezas, los códigos antes compartidos. Se olvida que cada día puede tener esos pequeños momentos de conexión. Y no me refiero a programar algo especial, hablo de encontrar un gesto, una acción que recupere un mínimo de la intimidad perdida. Es frecuente que las excusas con nombre de responsabilidad se impongan y se espere el momento adecuado para estar juntos, ejemplo: "cuando mamá pueda cuidar a los chicos", "para el cumpleaños de fulanito" o para las cada vez más remotas vacaciones. La construcción de ideales futuros actúa como una meta ilusoria que calma las ansiedades vinculares. Sin embargo, el ideal hace perder lo posible que tiene el "aquí y ahora". Cada nuevo día nos desafía a encararlo con una cuota de espontaneidad, creatividad y compromiso personal. Evaluar juntos los problemas a encarar, dar prioridades, abrir la percepción, aprender a delegar, tener una visión optimista, dar curso a las emociones, disfrutar del tiempo libre, promover la sociabilidad, darnos el tiempo para pensar, para compartir, acentuar el placer por sobre el dolor, salir del "lugar de la queja", son algunas de las premisas para enriquecer la vida en pareja. En el área sexual, estimular con caricias y todo tipo de expresión de ternura ayuda a no perder la conexión de los cuerpos. Un cambio de perspectiva sería centrarnos en las necesidades de la pareja (haciendo un balance de lo conseguido) con el fin de reflexionar acerca de la vida que deseamos construir. Comunicar, evaluar, pensar juntos, no dejar que las cosas decanten por sí mismas, como si una vez realizadas pasaran a la dimensión del olvido. Las experiencias vividas construyen la historia del vínculo, y, al fin y al cabo, son las que ayudan a tener una mirada histórica de los hechos.

Cada una de las etapas de la separación amorosa tiene su impacto en las emociones. Las crisis previas llevan a muchos intentos de recuperación hasta lo imposible. Luego del "basta", viene decidir cómo, cuándo y dónde, y enfrentar lo que venga después. Aunque las partes estén convencidas de que es el mejor camino a seguir, la situación no deja de ser estresante.

Si en un comienzo el amor y la consecución de proyectos van configurado el vínculo, la ruptura del mismo desarma de un golpe el imaginario y los logros conseguidos. La desilusión, la decepción, la pérdida del amor, el estado de alerta frente a lo imprevisible son algunos de los estados emocionales que prevalecen, y más aún, pueden persistir durante largo tiempo.

La vuelta a uno mismo

El divorcio, como instancia legal, es un corte transversal que concretiza la desunión, pero la repercusión emocional tiene un curso más prolongado. El mundo interno debe reorganizarse, tanto en lo que respecta a la imagen personal como a las relaciones con el entorno. Acostumbrarse a no estar con ese otro (que fue amor y parte del conflicto); enfrentar con un único criterio el orden cotidiano; estirarse a las anchas en la cama con mucho de alivio y algo de vacío; volver al cuerpo, a las amistades, a la posibilidad de un nuevo amor son algunos de los sentimientos que aparecen en esta nueva etapa. Sin embargo, las cosas pueden complicarse cuando el conflicto persiste bajo la sombra de cartas documento, amenazas, peleas por bienes materiales, rivalidades con los hijos de por medio, etc. Y la pregunta inevitable, que tiene algo de confusión y mucho de reproche: "¿con quién estuve todos estos años?".

El divorcio con estilo propio

Finalizar una relación en buenos términos requiere no sólo de buena voluntad entre las partes, sino de capacidades personales para hacer frente a situaciones adversas, sobre todo el manejo consciente de las emociones. Toda experiencia crítica desafía a la persona a usar habilidades para afrontarla, y aunque no sepamos que contamos con ellas, es una oportunidad para descubrirlas y ponerlas a disposición de la conducta para arribar a una meta más saludable. En primer lugar, es importante saber que una relación no es la unión de dos partes que se completan, como un encastre que encaja con algún grado de perfección. La naturaleza de toda relación se basa en la interacción de dos personas, cada una con su historia, su forma de "ver la vida", de pensar, su mundo de emociones, sus deseos, su personalidad. La unión amorosa no es un complemento, es un vínculo entre dos seres autónomos que deciden compartir sus vidas. Todavía se sigue pensando que todo recae en la forma de engarce, cuando en realidad en una pareja la unidad de las partes es tan importante como el vínculo en sí mismo. Más que nunca, la autonomía de cada miembro enriquece al vínculo, caso contrario ocurre cuando todo se deposita en la unión, como si esta fuera una olla donde se arroja todo: lo propio, lo ajeno, la historia, los hijos, la familia, las amistades, el trabajo, todo.

El desafío de las parejas no es estar de acuerdo, sino encontrar formas para "acordar los desacuerdos" sin provocar conflictos insuperables. Si esta postura ha sido consecuente durante la convivencia, las posibilidades de una buena separación serán mayores. Creer que el amor "todo lo puede" es una construcción romántica ideal que poco tiene que ver con lo que sucede a lo largo de la convivencia. Muchas parejas se aman, pero son incapaces de sortear las diferencias. El amor y el desamor se incluyen dentro de esquemas sociales y culturales que nos dicen "cómo debe ser" la pareja. La imagen impuesta de cómo debe ser un vínculo amoroso se extiende a la construcción de la familia. Las parejas tienen el compromiso de encontrar un estilo propio para estar juntos o para separarse. La reproducción de modelos impide ir construyendo el edificio vincular con ideas originales y así encontrar la propia a la hora de distanciarse con menos conflictos. Es dañino para ambos, luego de separados, continuar con el control, o querer saber del otro por amigos en común, redes sociales, etc., o seguir con reproches o echando culpas. Acordar cómo será de ahora en más el sustento del hogar es una responsabilidad insoslayable. La separación es un tema que concierne a los adultos, los niños deben saber de la situación, pero de ninguna manera deben ser "botines de guerra" del conflicto. La imagen que los pequeños tienen de sus padres no tiene que ser influida por comentarios adversos de los adultos.

Parejas y dinero

El tema de la administración del dinero en las parejas suele ser un motivo de discusión; en ocasiones se abre al diálogo, y en otros casos las suposiciones ocupan el lugar de lo que "no se habla" o "no se dice la verdad". La frase "yo no sé cuánto gana" o "no sé qué hace con el dinero" se escucha más de las mujeres que de los hombres. La desigualdad en los sueldos aún sigue siendo favorable a los varones, ellas no sólo ganan menos, también visibilizan más los aportes. Para las parejas, hablar de dinero con apertura y franqueza no resulta fácil, no es así cuando se trata de llevar adelante un proyecto y se precisa saber con cuánto dinero se cuenta y lo que cada uno puede aportar. En algunos casos esta dificultad se basa en no saber cómo plantearlo sin que suene frio, carente romanticismo; en otras situaciones existe el miedo de provocar conflictos, o de pensar que el otro quiere tener el control del presupuesto. Sin embargo, existen personalidades que realmente desean controlar al otro en todas sus cosas, y están aquellas que por complacer brindan toda la información en forma sumisa. Ni en uno ni en otro caso tendría que ser de esa manera. Los extremos del control, o de complacencia, no ayudan a mantener un vínculo más saludable, por el contrario, favorecen la desigualdad: uno tiene el poder y el otro se somete.

¿Existe un ideal?

No quisiera hablar de ideal, pero sí de un acuerdo posible. Ser fiel en los acuerdos monetarios es mantener claridad en la administración del dinero, que no es ni más ni menos que defender la congruencia en todos los temas vinculares. Puede parecer demasiado romántico y pretencioso que "todo sea límpido y cristalino", pero no es imposible. Las personas que conforman un vínculo de pareja acuerdan fidelidad en todos los órdenes y por sobre todas las cosas anhelan que la comunicación sea abierta y franca para dirimir cualquier cuestión que pudiera presentarse. Como todo acuerdo, existirá un compromiso afectivo, ético y moral, y si se presentan obstáculos, la capacidad para solucionarlos está en la conciencia de cada uno y en la reciprocidad vincular para poder desplegar el conflicto y ver qué se hace con él. Por lo tanto el manejo del dinero en el seno de una pareja debería ser el resultado de un acuerdo basado en la comunicación sincera. Es más, debería ser parte importante de las tantas cosas que se comunican entre uno y otro.

Algunos consejos sobre este tema:

- El tema de la administración del dinero en la pareja no es una cuestión menor, debe incluirse entre tantos temas que requieren ser tratados y llegar a acuerdos.

- Cada vínculo debe encontrar formas dinámicas de consenso para que se adapten a cada nueva etapa.

- Aunque no existe un ideal, una vez resueltos los gastos fijos, que cada uno cuente con dinero para gastos personales resulta ser menos conflictivo que la creación de un "pozo único".

- La revisión de gastos mensuales (tickets, resúmenes de tarjeta, etc.) no debería ser un recurso de control sobre el otro (excepto que exista algún cuadro compulsivo, ludopatía o descalabros económicos propios de alguna otra patología psiquiátrica).

- Saber cuánto gana cada uno resulta ser menos conflictivo que el "misterio" del sueldo que se oculta.

- Ocultar que hay un plus de dinero que se desvía para ayudar a la familia de origen (padres, hermanos, tíos, cuñados, etc.) suele ser un tema de conflicto.

- La comunicación sincera siempre ayuda a aclarar dudas y a encontrar acuerdos.

- Nada debe darse por supuesto. Es frecuente escuchar "yo empecé pagando todas las cosas de la casa y esto ya se estableció de esa manera". Siempre es bueno romper con los hábitos y plantear cambios para que nadie haga las cosas por costumbre y a su pesar.

Parejas y enfermedades de transmisión sexual. Atreverse a hablar

Otro tema que genera incertidumbre en la comunicación es el de las enfermedades de transmisión sexual. Ninguna infección (o enfermedad) de transmisión sexual (ITS) provocó cambios tan profundos en las conductas sexuales como lo ha hecho el VIH/SIDA desde su aparición en la década del 80. Las medidas de prevención se fueron incorporando al discurso y a las prácticas eróticas. Si bien existen personas que aún se resisten a tomar recaudos o minimizan el tema, pocos ignoran los riesgos personales o de pareja. Si una persona no se cuida y/o no cuida a la pareja, no será por desconocimiento del profiláctico como prevención, sino por creer que nada le va a pasar.

Respecto a los temores a la hora de encarar una relación, existen una gama de conductas que van desde dudas, que se aclaran con la comunicación (y la realización de estudios para despejar "fantasmas"), hasta temores que inhiben hablar para encarar el tema como una responsabilidad mutua.

Hablar los miedos

La pregunta sobre la salud sexual aparece como inevitable cuando comienzan los encuentros eróticos, y más aún cuando existe algún planteo de dejar de usar el profiláctico. En el mejor de los casos, se decidirá en conjunto hacer estudios específicos para detectar enfermedades de trasmisión sexual, sobre todo el VIH, HPV (o virus del papiloma humano), sífilis, gonorrea, hepatitis B y C, ya que por sus implicancias clínicas (inmunodeficiencia, lesiones precancerosas, cirrosis hepática) son las que más preocupan. La prevención es el arma más efectiva para combatirlas, pero más allá del aspecto clínico, la apertura para comunicar y encontrar caminos en pos de despejar dudas ayuda a generar confianza y a afianzar el vínculo.

La verdad es prioridad

Si ambos han tenido historias sexuales previas y no saben o tienen dudas sobre su estado de salud, lo indicado es hacerse los estudios correspondientes. No hay que dar lugar a conjeturas o suposiciones que terminan dañando la relación. No obstante, suele suceder que uno de los miembros de la pareja sabe que padece una infección de trasmisión sexual y no se anima a comunicarlo. En este caso, es frecuente que el sujeto se inhiba de hablar por temor al rechazo o, en caso contrario, que el vínculo se corte por el sólo hecho de manifestar la verdad. El temor convierte al sujeto no sólo en un "enfermo", también cree que es un "cobarde" por no poder encarar un tema delicado, pero crucial. Se convence de que la verdad es mejor ocultarla, sin considerar otras razones: el amor, el respeto, la contención, los proyectos y la capacidad para afrontar los problemas que surjan. Tomará los recaudos o tendrá los cuidados médicos necesarios para no contagiar, pero la verdad no saldrá de su boca. Esta situación es diferente de aquel que sabe y por ignorancia, jactancia o crueldad expone al otro a un posible contagio. En todos los casos, ocultar perjudica. En síntesis: las parejas refuerzan la unión cuando se desafían a encarar juntos las situaciones críticas que se presenten.

Cuando el miedo inhibe

Si el miedo se convierte en acciones efectivas (comunicar, compartir, prevención médica, etc.) deja de ser un obstáculo para la vida amorosa. Sin embargo, una fuerte carga de ignorancia refuerza la aprensión y es posible la aparición de verdaderas fobias sexuales (nosofobias de contagio) y severos trastornos del deseo sexual por padecer síntomas de evitación/repulsión a todo tipo de experiencias de contacto. Las mujeres con rasgos temerosos son las más propensas a exacerbar los cuidados, transformando el miedo en una obsesión. Muchas padecen síntomas de pánico cuando se exponen a un encuentro o se anticipan al mismo. Se observa un aumento en el número de consultas por fobias sexuales, sobre todo mujeres entre 30 a 40 años. Existen otro tipo de caracteres con rasgos más expansivos (por cierto, menos temerosos) que, entregados al frenesí sexual, pierden el control de la relación, temiendo luego por las consecuencias del descuido. Tanto en uno como en otro caso (mujeres temerosas y expansivas), la respuesta a futuros contactos se manifiesta por controles exhaustivos a los hombres: preguntas que apuntan al detalle sobre la vida sexual anterior, pedidos de análisis como condición, observación y puesta de límites de lo que se puede y no se puede hacer en la cama. Este tipo de control está basado en el miedo extremo que convierte al otro en "sospechoso" hasta que se demuestre lo contrario. Este modelo no ayuda a la expresión sincera ni a encontrar vías saludables de resolución.

Vello púbico y enfermedades de transmisión sexual

La depilación del vello púbico ha pasado a ser una práctica frecuente en las mujeres y va en aumento en los hombres. Los motivos están relacionados fundamentalmente con la autopercepción del cuerpo y la sexualidad. Un estudio de la revista *JAMA Dermatology* informa que un 62,5% de las mujeres entre los 18 y los 65 años prefieren estar rasuradas (un 84% se depila regularmente) y que esta práctica no está relacionada ni con la estética ni con el sexo, la verdadera razón es higiénica: el vello púbico es "sucio". Sin pelos se sienten más limpias, mejorando su autoimagen (un 32% de las mujeres consultadas refirió que se sienten más atractivas) y un 21 % dijo que lo hacía para "complacer" a su pareja.

El vello púbico es uno de los caracteres sexuales externos. Comienza a aparecer en la pubertad y se extiende y aumenta por la acción de las hormonas sexuales (estrógenos y testosterona) que modelan gradualmente el cuerpo de los jóvenes hasta la adultez. Junto con este avance madurativo, se van incorporando las pautas que regulan la imagen del cuerpo y la influencia de los patrones culturales y sociales, incluidas las modas según las épocas. No se sabe a ciencia cierta la función del pelambre púbico, son varias las teorías: indicadores de madurez sexual, protección de los genitales, depósito y transmisor de feromonas, etc. Sin embargo, la visión del vello púbico forma parte del constructo de toda figura corporal. Y hasta el "David" de Miguel Ángel, "El Origen del Mundo" de Gustave Corbet o "La Maja Desnuda" de Francisco de Goya no tendrían la misma fuerza expresiva si carecieran de él. No obstante, las modas imperantes instalan sus fundamentos asistiendo a la eliminación o el cavado como prácticas de depilación ya instaladas socialmente. Los servicios incluyen "pelvis completa", "tira de cola", "cavado profundo" o depilación brasilera (incluye el vello del periné y el perianal) o la "depilación láser definitiva". Y así, desde la clásica afeitadora, pasando por la cera, hasta el láser, las técnicas se van sofisticando (y encareciendo) para eliminar lo que resulta "sucio" o "poco estético".

¿Protege de las ITS?

Uno de los temas investigados es la función del vello púbico en relación con las infecciones de trasmisión sexual o ITS. Quizá esta protección no sea sólo local, también podría impedir el ingreso de otros gérmenes de acción más sistémica. Un estudio publicado en la revista *Sexually Transmitted Infections* intenta dar respuesta a esta cuestión de si la depilación frecuente favorece, o no, la transmisión de enfermedades de contagio sexual. Para tal fin realiza una encuesta de probabilidad a más de 7000 mujeres y hombres estadounidenses entre 18 y 65 años. Los investigadores dividieron la muestra en "aseo extremo" con depilación de más de 11 veces al año, "aseo de alta frecuencia" con aseo o lavado del vello en forma diaria y los que daban poca importancia al cuidado del vello o "aseo de baja frecuencia". Separaron las infecciones de transmisión sexual en cutáneas (por contacto): HPV, herpes genital, sífilis y molusco contagioso; y secretoras (por fluidos): HIV, gonorrea y clamidia. El 74% de toda la muestra estudiada informó que acostumbraban a cuidar de alguna manera el vello púbico. Los resultados son parciales y requieren de más datos, pero se puede concluir que los que tienen un excesivo cuidado del vello (aseo extremo) con depilación de más de 11 veces al año tienen más probabilidades de contraer ITS tanto cutáneas como secretoras, además de piojos; en cambio en los "aseo de alta frecuencia" y los "de baja frecuencia" son más propensos a enfermedades de contacto, incluidos los piojos.

Capítulo 6

Hombres disponibles y hombres ocupados

Existen mujeres que se quejan y rechazan lo que siempre han deseado: que los hombres estén con ellas, las cuiden, las escuchen, las atiendan, les brinden sexo y proyección futura. Estos hombres que han sido cargados con este mote de "disponibles" (a veces con sorna, otras con la severidad de un reproche) temen ser incomprendidos o ridiculizados por sus conductas: "te lo dije, no hay que darles todo, hay que dejarlas deseando", es una de las frases posibles que podría provenir de la sapiencia machista de algún amigo. En la concepción rígida de la virilidad, un hombre es aquel que tiene que complacer en el sexo para demostrar su hombría, pero fuera de la cama más vale ser precavido, dosificar la entrega, dejar en claro que ser varón tiene sus prerrogativas y que toda expresión de romanticismo está supeditada a las virtudes de ser varón. Los hombres no están midiendo qué se da, cómo se da, en qué condiciones y qué se espera recibir a cambio. Simplemente hacen, pasan a la acción con aquellos códigos que incorporaron desde pequeños y refinaron siendo adultos. En la convivencia estos modos impuestos pueden, en el mejor de los casos, ponerse en evidencia, dar cuenta de las conductas esgrimidas y, si perjudican o dañan la relación, se abre la alternativa de modificarlas. En los hombres dúctiles sucede lo mismo, sólo que, en lugar de incorporar pautas de rigidez e impostura viril, se presentan con comportamientos que no son del "típico macho", se manifiestan con más apertura en sus emociones, se entregan a la relación sin medir las consecuencias; y no piensan que una mujer pudiera cuestionarlos o rechazar estas expresiones siempre deseadas por ellas. Por el contrario, les resulta incomprensible cuando llega el reclamo, no entienden cuándo se ha producido el retroceso a esas etapas de los roles fijos en las que ellas sufrían por la indiferencia de los hombres. La imprecación que cuestiona la entrega no sólo confunde, también desconcierta, provoca bronca, vuelve a sus bocas el clásico "gataflorismo femenino"; sienten angustia y se activan sentimientos de inferioridad, sobre todo en los varones temerosos o que siempre subestiman sus habilidades para conquistar.

¿Qué hace a un hombre "disponible"?

Una pregunta simple puede conllevar respuestas cargadas de sarcasmo, sobre todo si provienen de otros varones: "pollerudo, sumiso, sin agallas, dependiente, flojo, feminoide, dominado por la mujer", etc., y aquel que dice "antes muerto" y jamás reconocerá que en algún momento lo ha sido. Los hombres tienden a confundir "compartir" con "ceder lugares de masculinidad". Les cuesta pensar que la relación se establece entre dos seres humanos y no entre parámetros culturales. La trillada respuesta: "esto le corresponde a ella porque es mujer", además de ser una falacia, es una perversión de las relaciones humanas. En este error asientan los peores males de todo vínculo amoroso, es la base de la desigualdad, del machismo, del poder sobre el otro, de la violencia. Pero no sólo los hombres tienen que ver con este problema, las mujeres también tienen su parte. Ellas quieren machos que cumplan con sus "deberes" de hombre, sean "viriles", combinen sensibilidad, capacidad de escucha, comprensión, que contribuyan con las tareas de la casa y que sepan dosificar el lado "salvaje" con el "caballero". Y si el fiel de la balanza se inclina para alguno de los lados vendrá la queja, el reproche por esa "inhabilidad" ostensible del otro por no saber integrar sus partes constitutivas y dejarlas satisfechas de una vez por todas.

Los hombres saben que las mujeres han cambiado. Las reglas de la conquista no son las mismas que hace décadas atrás. Las condiciones de género abren nuevos espacios subjetivos y reales. Ellas asumen su empoderamiento y van por más. La modificación en la subjetividad femenina vino para quedarse, sólo que en su seno conviven deseos encontrados respecto a los hombres, sobre todo en lo que respecta a la imagen viril. Decía antes que para el nuevo imaginario femenino "el hombre debe integrar su lado varonil con una sensibilidad y apertura que lo acerque al lado femenino que todo varón posee". El deseo de ellas reclama una mensura de estos dos aspectos de este nuevo hombre. Este hombre nuevo, como tal, debe saber integrar "el lado masculino con el femenino", de él depende lograr este equilibrio para que el fiel no se oriente hacia alguno de los extremos. Pero este reclamo encubierto o explícito no está en la boca de los hombres. Ellos no piden que ellas sepan combinar sendos aspectos, por el contrario, si se entregan a la clásica feminidad los dejaría más tranquilos. No piden que las mujeres sean "viriles", aceptan y respetan los lugares que ellas van ocupando, pero esto no es visto como una característica viril que las mujeres sacan de la supuesta bisexualidad que nos abarca a todos desde etapas pretéritas indiferenciadas. Para los hombres, las ganancias del género opuesto responden a la liberación de las cadenas que las apresaban, a romper con el encarcelamiento cultural y no a una liberación del "lado masculino". Algunos han podido ajustarse a estas variantes sin ningún esfuerzo, en forma inconsciente, de la manera más natural, como si siempre las damas hubieran sido poseedoras de ese lugar social; sin embargo, la mayoría de los varones insisten en los clásicos esquemas que separan los géneros.

Los cambios en las mujeres se resumen en esta frase: "ellas no son hombrunas, son las mujeres que siempre debieron ser si no hubiera existido el corset cultural, social, moral y religioso sometiendo sus cuerpos y sus almas".

¿Los hombres disponibles han naturalizado estos cambios del sexo contrario y responden acorde con ellos, o simplemente lo hacen porque creen que la mujer es el sexo débil y merece todo el cuidado, la contención y hasta la comprensión, dada su condición de fragilidad? Descarto cualquiera de las opciones anteriores. No creo que la primera dirección de la acción sea la apertura hacia el otro, ni que estos varones se convenzan de que su presencia brindará seguridad a la indefensión femenina. La prioridad es hacia el hombre mismo. La autoimagen de hombre presente, romántico, comunicativo, etc., es un refuerzo para el Yo, y hasta marca una diferencia con la imagen estereotipada del macho. Si no existiera este refuerzo necesario para la estima, la disposición condescendiente sería una clara dependencia hacia la mujer.

Misoginia 2.0

La crítica al supuesto "poder" de las mujeres sobre los hombres no es actual. A lo largo de la historia muchas figuras públicas cuestionaron los avances en el género cada vez que ellas ganaban espacios limitados a los varones. Aristóteles, Eurípides, Nietzsche, Hegel y otros tantos pensadores son aún cuestionados por su misoginia. El rol fijo que la sociedad les tenía asignado a las mujeres debía cumplirse sin prerrogativas. La organización familiar y, por sobre todas las cosas, el sistema patriarcal no admitía discusión, so pena de alterar el orden natural de las cosas. En 1884, el autor sueco August Strinberg publicó *Casarse* (Giftas), una serie de relatos en los que la mujer sutilmente doblega el poder de los hombres. Dice Strinberg: "En la mayor parte de los casos ella es el señor de la casa, y él es el señor por fuera del hogar. En los matrimonios ella mantiene su superioridad: elige las criadas, decide el orden de las comidas, la educación de los hijos y de ordinario se ocupa de las finanzas. El marido le entrega generalmente los ingresos; le entrega también un dinero de bolsillo que ella puede usar sin rendir cuenta, en cambio él tiene que informar cada céntimo que le dedica a sus cigarros". Sin embargo, cuándo Strinberg relata su visión misógina de las relaciones, las mujeres aún no habían salido del calor de sus hogares, y sólo unas pocas se animaban a emitir críticas al sistema que las oprimía. Posteriormente, las distintas olas del feminismo y los movimientos sufragistas generaron cambios en las expectativas femeninas, logrando una notoria participación social, siendo resistidos tanto por hombres como por sus congéneres, que pretendían regresar a esas mujeres a la tríada casa/familia/hijos. Las mujeres crearon sus propios grupos, naturalizaron los cambios y ampliaron su mundo en distintas áreas: social, laboral, académica, amorosa, sexual, etc. Hoy ellas pueden decidir cómo llevar adelante sus deseos sin más vuelta que ser congruentes con lo que quieren para sí.

Hombres que siguen su propio camino
(*Men Going Their Own Way*)

La movida masculina resistente a estos cambios ha encontrado en lo privado su lugar de oposición más intransigente, haciendo valer su dominación tanto en el discurso como en acciones de opresión, control y otras formas de violencia hacia las mujeres. El lugar público para contar sus desacuerdos conyugales podría ser la mesa de café, pero se cuida de lugares de tanta exposición como son hoy en día las redes sociales. No obstante, existe un grupo numeroso de hombres que se reúne en un sitio web (MGTOW) para plantear sus serias diferencias con las mujeres, al punto de ser célibes o de pagar eventualmente para tener sexo, soslayando cualquier tipo de compromiso afectivo.

El sitio web MGTOW (*Men Going Their Own Way*) apunta a que el hombre debe tomar conciencia de sus capacidades y no transigir, debe aprender a "ver los riesgos del compromiso con las mujeres y liberarse". De él depende armar su propio camino y prescindir de los determinantes de la vida en pareja y la familia.

El logo que los identifica es una recta vertical que avanza hacia adelante con una flecha que se separa en forma ascendente. Para los MGTOW el hombre es el resultado de una *matrix* (sociedad, cultura) que le inculca las creencias y le impone su rol de proveedor como núcleo de la virilidad. La *matrix* lleva al hombre a hacer todo lo que hace para ser un buen candidato para las mujeres y así complacer sus vaginas. Los MGTOW se identifican con la "pastilla roja" que en la película *Matrix* permite ver la realidad tal cual es. Los aliados a la "pastilla azul" son los que siguen dominados por las condiciones que los oprimen "hombres caballeros, dependientes de la mujer, que aprendieron a soportar todo de ellas; les dan la razón y las pondrán siempre por delante de familiares y amigos". La pastilla roja les revela toda la verdad.

Los MGTOW se dividen en 3 tipos:

- **Tipo 1:** son varones poco atractivos según el ideal de belleza impuesto por la sociedad. Se sienten rechazados por las damas. Se subestiman, son tímidos, no creen en sus habilidades de seducción. Por este motivo buscan contención en grupos de amigos, familiares o en desarrollar actividades que les gustan. Desisten de la conquista para no sentirse contrariados.

- **Tipo 2:** hombres en edades de 30 a 65 que han atravesado situaciones de conflicto con sus parejas mujeres y están convencidos de que fueron usados y luego descartados. Ellas se aprovecharon de sus bienes y regulan la tenencia de los hijos con la protección de leyes y agrupaciones. Estos hombres no quieren saber nada sobre futuros compromisos y optan por una vida sin pareja.

- **Tipo 3:** son los donjuanes, seductores natos que saben que los compromisos pondrían coto a sus hazañas de conquista. No quieren saber nada de vínculos duraderos. Disfrutan de la soledad o del encuentro con amigos, viajan, hacen deportes, cuidan su estética, son manipuladores: prometen, pero no cumplen.

MGTOW y sus niveles

Nivel 0: Conciencia de la situación

En este nivel el hombre se pone en pareja asumiendo el riesgo de la situación. A conciencia deja de lado los "aspectos negativos" que conlleva la vida de relación y se arriesga a perder.

Nivel 1: No a las relaciones a largo plazo

Rehúyen del compromiso a largo plazo. Saben que tienen mucho que perder y nadie los mueve de su postura inflexible. No quieren asumir ningún riesgo legal ni perjuicio económico y emocional.

Nivel 2: No a las relaciones de corto plazo

No quieren saber nada con las mujeres, excepto sólo relaciones laborales o profesionales.

Nivel 3: Retirada de lo económico

Consiste en ajustar sus gastos a lo mínimo y reducir los aportes tributarios. Este nivel de conducta se basa en la creencia de que el sistema sustenta económicamente el ginocentrismo a través de subsidios o leyes de protección a la mujer.

Nivel 4: Retirada de la sociedad

Es una postura extrema que lleva al hombre a retirarse de la sociedad y minimizar el trato con hombres que no acuerdan con su pensamiento ("pastilla azul") además de hacer un plan de vida basado sólo en sus intereses.

Desde finales del siglo XX, con la llegada masiva de la Internet, grupos o colectivos que actuaban en lo privado están haciéndose públicos. Puede resultar "chocante" escuchar algunas de las premisas que los sustentan, pero de ninguna manera debemos ser indiferentes. Más allá de las posturas radicales, que provocan desde disenso hasta el rechazo más carnal, estas maneras de pensar las relaciones humanas nos hablan de que algo está ocurriendo en el seno de las sociedades. Vivimos tiempos de grietas, de separaciones, de nuevos y viejos paradigmas que no se integran, que no confluyen en un pensamiento más amplio y esperanzador. Todo se cierra en un egoísmo insalubre, especie de coraza para defendernos... ¿de qué?, quizá del miedo a sentir que somos capaces de dar una vuelta de tuerca a nuestras vidas. Y la capacidad está, sólo hay que creer en ella y ponerla en marcha.

¿Qué es la *Androsphere*?

Estas palabras identifican a un conjunto de sitios virtuales que rechazan el comportamiento femenino convirtiendo a los hombres en víctimas. Para ellos, las damas se "portan mal", porque al hacer uso de la seducción los entrampan en un sistema de opresión del cual ellas sacarán ventajas de filiación (regulación de las visitas, educación, tenencia de los hijos) y económicas (división de bienes que las favorecen). Algunos de estos hombres que han caído en "la trampa de las damas" pretenden recuperar el "orden natural" que las mujeres han subvertido, generando caos y falta de horizonte. Otros, además de quejarse, se focalizan en su propio crecimiento y ni hablar de compartir nada con ellas. El pensamiento misógino es imperativo en estas páginas web, que además prohíben el acceso a mujeres, homosexuales y hombres feministas.

Misandria o el odio a los varones

La postura opuesta a la misoginia es la misandria, definida como el odio hacia los varones. Debe diferenciarse de la androfobia ya que esta es el miedo a los hombres y lleva a conductas de evitación, alejadas de las combativas, propias de la misandria. Para algunos teóricos, es un término creado por los mismos hombres para rebelarse al feminismo y acusarlo de generar odio hacia ellos. Las llamadas *feminazis* son ubicadas dentro de esta categoría extremista. Esta postura misándrica conlleva serias dificultades en la conquista y en la vida vincular, ya que es imposible congeniar el odio con el amor. O bien se ama, o se odia, no se puede "amar" y estar esperando que aparezca la acción reprobable para confirmar el rechazo.

Gigoló

La personalidad de los "gigolos" se caracteriza por la manipulación constante, llevan adelante un cortejo con buena labia y un despliegue de falsas capacidades (amor, inteligencia, poder, dinero, títulos, etc.) que dicen tener. La manipulación es la base de su conducta: se "amoldan" a las necesidades del otro para cubrir sus carencias afectivas y encontrar afinidades que sostengan el vínculo, sobre todo cuando obtienen beneficios de la relación (léase dinero, bienes, status, etc.). La intuición para detectar las debilidades ajenas es muy aguzada, apenas conocen a la persona empiezan a pergeñar estrategias para entrar en el mundo del otro. Luego vendrán los pedidos de dinero o miles de excusas para explicar por qué, justo en ese momento que hay que pagar la cena, se quedaron sin efectivo o el amigo poderoso que le tenía preparado el gran negocio se enfermó de golpe. Llama la atención la habilidad que tienen para disuadir a los demás frente a posibles sospechas y por elaborar las más ingeniosas respuestas. El descaro los lleva a conocer a la familia de la víctima y a los amigos para establecer alianzas y ser aceptado por su entorno íntimo, de esta manera tiene un resguardo cuando empiezan a aparecer los primeros signos de desconfianza.

Las víctimas suelen tener una primera intuición que después desechan en pos de la ilusión de estar en pareja, o se convencen de que es sólo "la imaginación de una mina dolida por decepciones anteriores". En las mujeres que son víctimas de estos sujetos es frecuente escuchar: "me dejé llevar por la ilusión", "yo sabía que había algo raro, pero lo dejaba pasar", "en la cama se me iban todas las sospechas y me volvía a convencer".

Tips para reconocer al gigoló:

- Tienen "actitud camaleónica", es decir, labia y seducción adaptadas al tipo de mujer.

- Hacen promesas que nunca se cumplen.

- Hacen un gran despliegue de capacidades que creen tener y no ponen en duda: dinero, poder, relaciones, status, belleza, inteligencia, "amor hacia los demás".

- Tienen una intuición afinada, sagaz.

- Sacan a la mujer del encierro, lo cual suma al atractivo. Les gusta salir y mostrarse.

- Hacen comentarios "como al pasar" que la mujer no espera; ellas se sienten "descubiertas": "cómo este tipo que recién me conoce sabe tanto de mí".

- Aparentan tener mucha sensibilidad y romanticismo.

- No se limitan sexualmente e intentan satisfacerlas.

- Las mentiras son constantes, acompañadas de infinidad de justificaciones.

- Tienen la necesidad de establecer alianzas con la familia o amigos de la víctima o, por el contrario, alejarla de aquellos que sean un "peligro" para él.

- Intentan mitigar las sospechas buscando un "enganche sexual".

Escorts y mujeres que pagan por sexo

Las mujeres que contratan *escorts* masculinos o servicio de acompañantes ya no son las ricas excéntricas que marcaron tendencia en la década del '70. Hoy en día, cualquier mujer que cuente con deseo, confianza personal y algo de dinero (los precios generalmente son altos, sobre todo para el servicio de acompañantes VIP) puede hacer uso de sus servicios. Si bien existen datos de prostitución masculina desde la Antigua Grecia, pasando luego en los siglos XVI y XVII a ser excentricidades de algunas damas de la nobleza, la apertura a esta alternativa sexual va de la mano de los movimientos de liberación femenina. El término *"taxi boy"* pertenece más a la jerga homosexual. La terminología anglosajona unifica estos términos bajo el nombre de *escort* o acompañantes (aclarando si son masculinos o femeninos) y si ofrecen sus servicios a todas las alternativas (mujeres, hombres, parejas) o se limitan a una sola opción. Por lo general, en el perfil del *escort* se aclaran sus preferencias y se detalla todo lo que se ofrece. Algunos se limitan a los servicios sexuales y otros los amplían, pudiendo convertirse en verdaderos "acompañantes": asisten a fiestas, juegan al "como si" de ser pareja o viajan a diferentes destinos con la persona que los contrata. Aunque puede convertirse en una situación de excepción, existen casos de relaciones prolongadas donde, además del dinero, media el afecto como factor de unión.

Las diferencias entre el gigoló y el *taxi boy*

Los jóvenes que se prostituyen saben de las diferencias entre la erótica masculina y la femenina. La mayoría llevan una vida privada heterosexual pero como dice el dicho: "el deseo mueve montañas" y el pene se erecta en relaciones homosexuales. Un factor para estimularse y que los ayuda tanto con mujeres poco atractivas como con hombres, es el uso de fantasías o el porno. Es frecuente que pregunten a la persona que los

contrata si pueden ver alguna película triple X. Si son contrata-
dos por hombres el sexo genital será prioridad. No importan los
besos (por lo general no besan en la boca), ni caricias, menos
que menos un café para generar una "previa" y evaluar ciertos
riesgos. El sexo con los contratantes masculinos será frenético y
sin preámbulos. El que oficia de gigoló o de *escort* para mujeres
debe ajustarse a ciertas pautas que las mujeres demandan: buen
juego previo; si es posible caricias y besos y, por sobre todas las
cosas, demostrar confianza. Las mujeres quieren en su cama al
guerrero y al príncipe, combinación justa de fuerza, sensualidad
y romanticismo. Los varones *escorts* saben cuáles son las necesidades de sus clientas y están prestos a complacerlas, además
acostumbran a llamarlas y les recuerdan que están disponibles
full time. Es frecuente que ellas repitan los encuentros con el
mismo *partenaire*, excepto que este no haya logrado satisfacerlas, a diferencia de los varones hétero u homosexuales, quienes
prefieren la diversidad de cuerpos y experiencias. Las mujeres
valoran que el acompañante las respete y les brinde seguridad
además de disfrute. La *performance* sexual y la confianza son
aspectos que deben tenerse en cuenta, ya que incentivan a repetir la experiencia con la misma persona.

La prostitución masculina aún es tabú

Es difícil evaluar el porcentaje de mujeres que contratan
los servicios de *escorts*. Si bien la Internet ha facilitado las búsquedas, aún sigue siendo una práctica escondida y muy limitada
al ámbito de la privacidad. Ni siquiera las amigas íntimas se enteran de sus gustos. Para los hombres heterosexuales que buscan mujeres prostitutas, y para los varones homosexuales, estas
prácticas están más expuestas y menos sujetas a la crítica moral,
tanto personal como social. Quizá sea posible citar alguna diferencia entre los varones heterosexuales y los homosexuales. Los
heterosexuales pueden estar con prostitutas sin que esto signifique expresión de deterioro o pérdida de atributos de seducción.

En cambio, en los varones homosexuales, la búsqueda de prostitutos se asocia con la vejez y la falta de atracción física.

Del *striptease* a la cama

En nuestro país, la generalización de la modalidad de las mujeres de pagar por sexo llegó de la mano de la exposición del cuerpo masculino en reuniones o fiestas sólo para damas. La figura del *stripper* varón abre el imaginario femenino a la posibilidad de "tener" un cuerpo musculoso, seductor y bien dotado con sólo preguntar "¿cuánto cobrás?". Está de más aclarar que el *stripper* que hace un *show* de desnudo no necesariamente vende servicios sexuales, aunque un porcentaje de ellos prolonga su trabajo fuera de los escenarios. En algunos casos, después de haber pasado por novios o maridos aburridos, con parejas abiertas o "camas de tres", ellas se atreven a ir un poco más allá y contratan solas los servicios de un acompañante. La Internet ayuda al encuentro. Sin las páginas de promoción se hace más difícil. Pocas mujeres se animan a confiar a sus amigas las ganas o lo vivido con un *taxi boy*, por lo tanto, son raras las confidencias y las recomendaciones. Si tienen amigos gays,es posible que ellos sean los únicos en enterarse; con ellos dejan de lado sus pudores y el supuesto de que serán criticadas o "mal vistas" por sus pares. Las diferencias de género aún están vigentes: un hombre, no importa la orientación sexual, tiene el permiso social para hacerlo, las mujeres, no. Hasta el divertimento está todo bien, pero pasar a la cama es cosa de "putas", excepto que la riqueza o la excentricidad las califique de *snob*.

Capítulo 7

Sexoflexibles

Sexo anal

La experiencia erótica incluye el cuerpo en toda su dimensión (física, emocional y simbólica) y cada una de las variantes sexuales puede despertar placer, resistencia o rechazo. El ano es una de las zonas erógenas que más carga simbólica tiene desde el punto de vista cultural y social. Para las mujeres, "entregar la cola" puede ser indicador de sumisión, de ser "tomada" por el otro como demasiado liberal o con vasta experiencia sexual. Para los hombres heterosexuales el mito de que el uso del ano los convierte en homosexuales les impide aventurarse en los placeres traseros. Sin embargo, la fisiología, con sus mecanismos benéficos, le está ganando la batalla a los preconceptos. El perineo y el ano son zonas ricas en terminaciones nerviosas, si les sumamos la buena vascularización del recto y la sensibilidad de las paredes prostáticas (llamadas punto G masculino), podemos concluir que la estimulación de esos puntos despertará placer. Pero en los varones las representaciones sociales tienen un peso significativo, hasta que aprenden a liberarse de ellas y asumen que todo se basa en un prejuicio, y empiezan a darle más lugar a un goce que busca ser repetido por lo estimulante. Esto sin olvidar la resistencia de los hombres a los controles prostáticos justamente por esta creencia absurda.

En estos tiempos de cambio, en el que las prácticas heterosexuales van incorporando variantes antes muy resistidas, el sexo anal está siendo una alternativa cada vez más buscada en el juego erótico. Es posible que no se dé desde el principio de la relación: requiere de conocimiento previo, de una buena comunicación y de una "apertura mental" para dejar de lado los temores. Otras veces no es necesario "decir" lo que gusta. Los cuerpos con sus acciones comunican las preferencias por ciertas prácticas sexuales y hay que aprender a "leer" esos mensajes.

En los hombres, la asociación entre la erótica homosexual y la penetración anal es un mito frecuente, exacerbado aún más por los dichos o comentarios denigratorios ligados a esta práctica. El imaginario social se convence de que en las relaciones homosexuales "se hace lo mismo que en las heterosexuales", sólo que "por atrás". Esta es una de las creencias que convierte la relación heterosexual en una norma que dirige el accionar de otras formas de orientación y de encuentro. Este modelo se fundamenta en el dominio de la genitalidad como prioridad de toda unión erótica-sexual. Nada más falso y limitante. La erótica homosexual, al no responder a la pauta de procreación, amplía el juego erótico a toda su dimensión, incorporando todas las variables posibles que rompen también con el constructo activo/pasivo; sumisión/dominación, etc.

Muchos hombres heterosexuales se están animando a derribar este mito en pos de acceder a un placer sin tapujos. Para esta práctica se recomienda comenzar estimulando la zona del periné (entre los testículos y el ano) para luego pasar al ano propiamente dicho y a la penetración ano/rectal. El sexo oral y el uso de lubricantes ayudan a relajarlo. La penetración también puede ser con dedos o algún juguete sexual.

Un buen juego previo, acuerdo mutuo, ganas de probar cosas nuevas y de disfrutar son garantía de acceso al placer.

Sexo oral

El sexo oral es una práctica muy placentera porque estimula zonas de mucha inervación y vascularización (glande, prepucio, testículos, labios mayores y menores, introito de la vulva, clítoris, etc.). Quienes lo disfrutan seguramente lo incorporan como una experiencia que debe estar en todo encuentro erótico. Lo ideal es que el juego estimule previamente otras zonas no genitales que preparan o caldean el cuerpo para el sexo oral. Las áreas que rodean a los órganos genitales suelen ser también muy estimulantes: alrededor de los labios mayores, el pliegue inguinal y, en los hombres, entre los testículos y el ano, ya que ahí se localiza la prolongación interna de los cuerpos cavernosos del pene. Sin embargo, las zonas más ricas para disparar el goce son el clítoris y los labios menores y en los hombres la estimulación del prepucio y el glande. La mujer disfruta con los movimientos rítmicos que le imprime el hombre a la lengua, pero aconsejo cambiar la intensidad y el ritmo para ir elevando el nivel de sensaciones. El juego puede tener momentos más fuertes y otros más calmos, siempre y cuando exista acuerdo y ninguno se sienta exigido a hacer algo que no le gusta. También hay que tener en cuenta que existen clítoris que son más sensibles, y hasta dolorosos, y hombres que ante el mínimo roce del glande tienden a eyacular.

Los tips más recomendables son:

- No empezar el encuentro sexual con sexo oral, estimular otras zonas que caldeen el cuerpo.

- Acordar juntos tener este tipo de práctica.

- Recordar que hay personas que son muy sensibles a los olores (otras no lo son, al contrario, las estimula). En estos casos la higiene previa es recomendable.

- El sexo oral debe variar de ritmo e intensidad según se vaya dando la interacción.

- El sexo oral es una experiencia sensorial rica y potenciadora de estímulos, hay que despojarse de prejuicios y entregarse a probarlo. Tanto mujeres como hombres tienen prejuicios: "va a pensar que lo hice con muchos hombres" o "no quiero que la madre de mis hijos me haga eso". Hay otros relacionados con el olor y la lubricación lo cual impide que muchas mujeres lo practiquen por pudor. En estos casos, el uso de cremas, geles de diferentes gustos ayudan a vencer las resistencias.

Por suerte las personas disfrutan cada vez más libremente del sexo oral. Poco a poco los prejuicios van cayendo, sobre todo aquel que considera que el sexo se hace para complacer al otro. La regla es: me complazco, te complazco, nos complacemos juntos.

¿Qué es el síndrome *fellatio*?

Consiste en lesiones en el paladar por el golpeteo del pene (sobre todo si es el hombre el que ejerce movimientos de bombeo en la boca de su compañera/o sexual) además de la succión y el vacío que se crea en el espacio oral por el movimiento del paladar blando. Se visualiza como una hemorragia bajo la mucosa, generalmente indolora y de resolución entre 7 a 10 días. Si el impacto del pene es más profundo, puede irritar la garganta y causar dolor y tumefacción. La repetición del sexo oral en estas condiciones puede volver crónicas las lesiones, generando confusión diagnóstica porque la persona no asocia las lesiones con el sexo o el profesional, generalmente odontólogo o estomatólogo, no interroga sobre este aspecto. El cunnilingus (sexo oral en los genitales femeninos) y el anilingus (sexo oral en el ano) también son fuente de lesiones por el roce de la lengua extendida sobre los dientes. Se describe irritación de la lengua, ampollas o placas fibrosas (por hiperqueratosis) que se pueden confundir con patologías infecciosas, tumores o heridas de prótesis.
Algunas cuestiones a tener en cuenta:

• La mayoría de estas lesiones son benignas y se resuelven en pocos días.

- La práctica frecuente de sexo oral "fuerte" puede volver crónicas las lesiones confundiendo con verdaderas patologías.

- Regular la intensidad y la dinámica del sexo oral puede ayudar a evitarlas (alternar la succión con la apertura de la boca; morigerar el golpeteo del pene en el paladar).

- Es importante animarse a decir lo que nos gusta y lo que no nos gusta.

- Comunicar, buscar el estilo de relación sexual, generar cambios para romper con la rutina, complacerse y complacer al otro, el respeto mutuo, son todas condiciones para un buen encuentro.

- Recordar que en la fellatio y el cunnilingus se pone en contacto la boca con los fluidos. El uso de profilácticos previene las enfermedades de transmisión sexual, que pueden contraerse por este medio.

Sadomasoquismo y juego de roles

El juego de roles es una variante del BDSM (sigla que representa las prácticas de *bondage* y sadomasoquismo) y consiste en asumir papeles de dominación/sumisión (amo-esclavo) durante el encuentro sexual y, en algunos casos, fuera de él, lo que se denomina 24/7 (las veinticuatro horas, todos los días). Sin llegar a estos extremos, "jugar a ser otro" o "juego de roles" puede ser un rico estímulo erótico para incorporar a las diferentes opciones sexuales. La imaginación ha asociado diferentes estereotipos sociales como fetiches: policía, doctor, colegiala, profesor, domador, etc. En el juego de roles se crea una relación complementaria: policía-ladrón; doctor-paciente, en la cual uno propone y el otro obedece. A veces no es necesario usar disfraces ni una escenografía especial: vale con la fantasía, sin embargo, sumar recursos de vestuario suele ser más excitante. Combinar algún ropaje del rol (ejemplo: guardapolvo o gorra de policía) con lencería erótica o el cuerpo desnudo bajo el "uniforme" son estímulos de alto voltaje. La música, una película que contenga imágenes de dominación-sumisión, el lugar elegido, completan la escena. Animarse al juego de roles requiere de acuerdo entre las partes y ganas de probar nuevas opciones eróticas. Por lo general, las parejas que lo practican coinciden en aventurarse a nuevas prácticas para mantener altos niveles de deseo sexual y no dejar que la libido caiga bajo el peso del sexo esquemático. Saben que, mientras exista acuerdo y ganas, pueden probar nuevas formas de erotismo. Los límites pueden ser establecidos previamente. Se denomina palabra de seguridad a aquella palabra o frase breve que al ser dicha da por finalizado el juego. En los juegos de roles que no corresponden a prácticas sadomasoquistas, sino a una variante más de erotismo, los límites son más laxos, ya que no existen conductas de riesgo. Las personas que comienzan con estos juegos pueden sentirse inhibidas, con pudor, o tener ataques de risa. Incorporar estas conductas como parte del juego ayuda a no detenerlo y a relajarse hasta entrar de lleno en la propuesta.

Chemsex: sexo, drogas e Internet

La combinación entre sexo, contactos vía Internet y drogas ha pasado a ser "la tormenta perfecta". La explosión del desenfado sexual estimulado por químicos y ayudado por la Internet que localiza por las aplicaciones relaciones exprés o fiestas sexuales ha pasado a ser una preocupación, debido al aumento de contagios de enfermedades como el VIH, los virus de la Hepatitis B y C y de la adicción a estas sustancias usadas en forma recreativa. Se denomina *chemsex* al uso de sustancias estimulantes para facilitar, potenciar y prolongar el acto sexual. Estas drogas pueden usarse solas o combinadas, lo cual aumenta el riesgo sobre la salud de las personas. Las sustancias más usadas son metanfetamina (Tina), mefredona (Mefe), ácido gamma amino butírico

(GBH), MDMA (éxtasis), nitrito de amilo (Poppers) mezcladas con alcohol, cocaína, sildenafil (Viagra) y derivados.

La práctica del *chemsex* ha aumentado notoriamente entre los jóvenes de treinta años, homosexuales varones o heteroflexibles, que usan preferentemente aplicaciones específicas para conocer gente o saber de lugares donde se organizan fiestas sexuales. La movida comenzó en Londres y se extiende al resto de Europa, fundamentalmente España y Francia. En algunos casos ya son consumidores de drogas, y en otros se inician con su uso en forma recreativa. Uno de los aspectos del consumo es el uso frecuente para facilitar el encuentro, es decir, para vencer inhibiciones, ya sea por temor o por escasa experiencia erótica.

El uso de drogas para amplificar las sensaciones eróticas no es nuevo. La movida contracultural de sexo, droga y *rock and roll*, significó un gran cambio de apertura en la sexualidad del siglo XX. Ya no sólo se esperaba una sexualidad más libre, sin el corset de siglos; también surgieron nuevas sustancias para estimular los sentidos dormidos. El fundamento para el consumo de marihuana, cocaína, éxtasis, o *poppers* (muy usado en la década del '80), siempre fue aumentar el placer. El *chemsex* le agrega la prolongación del acto; el uso de las sustancias actuales (TINA; MEFE; GBH) permite prolongar el efecto por muchas horas, por eso se prefieren fiestas sexuales de larga duración y de recambio de cuerpos.

El riesgo que trae aparejado el *chemsex* abarca desde la adicción hasta la transmisión de ITS. El efecto de las drogas provoca tal grado de desinhibición que se pierden los resguardos para tener sexo en forma responsable. No usar profilácticos, la mala colocación (por escasa lucidez) u optar por prácticas justificando que son menos riesgosas (sexo oral) son algunos de los problemas que la falta de cuidado provoca. Además, hay que sumar la combinación de alcohol con drogas para sostener la erección o para retrasar la eyaculación, o el uso de poppers, todas sustancias depresoras del Sistema Nervioso Central, con efecto hipotensor (bajan la presión arterial) que provoca el efecto contrario al deseado.

Fisting o *fist-fucking*

El *fisting* o *fist-fucking* es una práctica sexual que consiste en la introducción de la mano y a veces incluso de parte del brazo en el ano/recto o en la vagina. Comenzó como una variante del sado-masoquismo y, a través de las películas porno, logró más difusión en personas que buscan un sexo más fuerte, tanto en relaciones homo como heterosexuales. Por supuesto que el acuerdo entre las partes es fundamental, ya que puede resultar dolorosa y no está exenta de riesgos. Además de estar de acuerdo, es fundamental un nivel alto de excitación, la higiene de la zona, el uso de lubricantes y la penetración gradual, para que no provoque dolor ni lastime. Existen diferencias entre el *fisting* vaginal y el anal, determinadas por la conformación anatómica. La capacidad elástica de la vagina para distenderse es mayor que la del ano, que posee dos esfínteres que ofrecen resistencia a la penetración. Además, la lubricación va-ginal permite que la zona esté más preparada para recibir la mano que la penetra. Las mujeres suelen usar el *fisting* para masturbarse. El *fisting* por el ano necesita una preparación previa más completa. El ano posee un esfínter externo que se relaja con la excitación se-xual y el deseo voluntario de ser penetrado, sin embargo, el esfín-ter interno necesita más tiempo y movimientos rotatorios y suaves de la mano para que se relaje. Algunos alternan la penetración ma-nual con un consolador, otros con el pene. El uso más generalizado de juguetes sexuales, sobre todo consoladores o dildos de mayor tamaño, va desplazando a esta práctica.

Aquellos que se aventuran a ella, tienen que tener en cuen-ta lo siguiente:

- El *fisting* es una práctica de riesgo por la dilatación extre-ma de los tejidos vaginales o anales.

- Debe existir acuerdo entre las partes.

- Requiere de cuidados: higiene de la zona, uso de guantes de látex, lubricantes, profilácticos.

- El nivel de excitación debe ser alto, ya que ayuda a la dilatación y, en el caso del *fisting* vaginal, contribuye a mejorar la lubricación.

- Nunca debe ser una práctica de comienzo, debe realizarse cuando los cuerpos estén preparados.

- Los movimientos lentos y de rotación ayudan a la penetración.

- Nunca debe hacerse en forma violenta.

- Si la persona siente dolor, o se da cuenta de que no es placentero hacerlo, lo recomendable es que cambie a otra variante sexual.

- Los riesgos son: desgarros de la mucosa, hemorragias, infecciones, dolores post penetración, aversión a futuros contactos.

- Si hay coito posterior, el uso del profiláctico es regla por la congestión de la mucosa, lo cual lleva a microhemorragias que aumentan las probabilidades de contagio de enfermedades de transmisión sexual.

Sexo *kinky*

Innovar para disfrutar

El conocimiento de las variantes sexuales lleva a que muchas parejas rompan con la rutina y se atrevan a probarlas. Algunas serán más osadas que otras, casi al filo de lo riesgoso, tanto en lo corporal como en lo emocional, y en otros casos apenas probarán con la punta del dedo la temperatura del "sexo caliente". El sexo *kinky* proviene de la expresión inglesa que alude a lo torcido, a lo enrulado, para diferenciarse de lo "lineal" del sexo "vainilla". El sexo *kinky* no es necesariamente sexo fuerte. Se refiere a la introducción de constantes cambios para no entrar en la rutina. El ingenio, la sorpresa, el uso espontáneo de los espacios y recursos que están a mano son algunas de las opciones. Un baño en el mar, tomar aire en un bosquecillo, parar al costado de la ruta, así como un pañuelo, una soga o un objeto fálico, pueden ser algunos de los disparadores del encuentro erótico. La imaginación y la sorpresa convierten a espacios, objetos, situaciones comunes o impensadas, en una escena caliente. Todo sexo que se precie de *kinky* requiere de predisposición mutua para transformar lo habitual en un acto placentero. El deseo estará siempre presente; se requiere de una mirada cómplice y de crear un momento de intimidad para generar la explosión *kinky*. Como el sexo es una parte muy importante en la vida de estas parejas, estarán pensando en la innovación, en la creación de situaciones eróticas novedosas; de ahí que frecuenten *sex shops*, casas de lencería, estén en contacto con páginas BDSM (*Bondage*, Dominación, Sadomasoquismo) para saber qué novedades se ofrecen, etc. Además, nunca convertirán en jactancia esta dimensión de la experiencia erótica. Es un estilo de vida íntimo que tiene al erotismo como protagonista principal.

Kinky BDSM

El sexo *kinky* no sólo resulta del deseo de disfrutar, también se nutre de recursos del *bondage* (ataduras), dominación y sadomasoquismo (BDSM), con el consiguiente acuerdo entre las partes para no caer en situaciones riesgo. El término *kinky* fue acuñado en la década del '60 para referirse a las prácticas "fuera de la norma", sobre todo aquellas usadas por las minorías sexuales (homosexuales, transgénero, transexuales, BDSM) y que pugnaban por visibilidad sin castigo. Es en este momento, cuando salen a la luz prácticas heterosexuales que antes se ocultaban: *escorts*, *cross-dressing*, BDSM, uso de fetiches, etc. El término *kinky* se abre entonces para recibir a prácticas heterosexuales antes reprimidas por considerarse fuera de lo esperable.

Las *kinky boots*

Las *kinky boots* o botas sexys son un ejemplo de cómo un objeto fetiche se convierte en un accesorio de moda, cambiando la concepción errónea original (asociado a lo "perverso") para convertirse en una tendencia que enriqueció las piernas de muchas mujeres con ánimo de expresar sensualidad y erotismo. La historia de las botas altas (hasta cubrir casi el muslo) o *kinky boots* (botas sexuales) comienza en la década del '60 como fetiche de dominación (dominatriz en el juego sadomaso) para luego ser una tendencia de vestuario, primero entre la comunidad trans, luego como parte del show transformista y finalmente como una moda. La película *Kinky boots* (2005) basada en una historia real (luego se hizo la versión musical en 2013, que ha tenido mucho éxito en Broadway) cuenta la historia de estas botas usadas en aquel tiempo por *Drag Queens* y que un fabricante inglés de calzado, muy puritano el señor, acepta fabricar para no caer en la quiebra. Las *kinky boots* se hicieron famosas y trascendieron la comunidad gay y trans para ser usadas como un objeto erótico sofisticado, no importa la orientación. La primera protagonista de la serie Los Vengadores (Honor Blackman en el personaje de Cathy Cale) usa un traje de cuero con *kinky boots*, luego Julia Roberts en "Mujer bonita", Madonna, etc.

El sexo *kinky* en estos tiempos

Las parejas que conviven saben que hay que tener muy en cuenta el sexo. Si nos olvidamos de él, lo relegamos, o esperamos que el deseo se encienda solo, seguramente se irá apagando. No se espera que todos lleguen al sexo *kinky*, pero vale la pena intentar usar algunos de sus recursos: sorprender al otro, usar la intrepidez, la osadía, aventurarse a lo nuevo, proponer opciones que pueden resultar insólitas, son algunas opciones. Ir a un *sex shop* juntos, o regalarle al otro un juguete sexual, usar lencería erótica, cremas, películas, ataduras, aprovechar espacios inusuales, jugar a la dominación o a la sumisión, son todos recursos validos del sexo *kinky*. Si el sexo vainilla alude al clásico gusto de helado como la opción repetida, predecible, lineal; el sexo *kinky* propone lo contrario: enrulado, impredecible, espontáneo, lúdico, con picardía juvenil.

FOMO: el miedo a perderse algo mejor

No deja de llamarme la atención (con algún grado de preocupación) el cambio en los hábitos de conducta generados por las redes sociales. Jóvenes y adultos se ven compelidos a consultar el celular no sólo para constatar alguna llamada perdida o mensaje, como fue en su origen. Ahora los pequeños aparatos permiten estar conectados las 24 horas, lo cual lleva, entre otras cosas, a querer saber qué están haciendo los demás y comunicar las propias actividades. Sin embargo, la comunicación no esperada puede convertirse en conflicto: un *WhatsApp* en línea a la madrugada, cuando se espera que el otro esté durmiendo; un "me gusta" inapropiado en *Facebook* o en *Instagram*; un comentario en *Twitter*, la aplicación GPS que indica un destino diferente al informado, etc., suelen ser con mucha frecuencia factores de crisis de pareja.

¿Qué es el FOMO?

Cada conducta mediada por lo tecnológico recibe nombres nuevos, quizá por la necesidad de establecer códigos de conocimiento entre las partes, o para categorizar fenómenos humanos en un intento de abarcar expresiones que además de novedo-sas son inciertas en cuanto a las consecuencias más profundas. Una denominación que se está haciendo cada vez más conocida es FOMO (*Fear of Missing Out*) o "el miedo a perderse algo" cuando la persona, redes sociales mediante, se entera en el ins-tante lo bien que la están pasando los demás (amigos, pareja, compañeros de trabajo, etc.). En realidad, es un sentimiento de aprensión, de inquietud, de estar excluido de eventos que otros disfrutan (lo más frecuente es que las fotos o comentarios en las redes aludan a lo bien que los demás la están pasando).

El FOMO sexual

Una de las áreas que recibe más el impacto del FOMO es la amorosa y sexual. Imaginemos una pareja disfrutando de una cena o preparándose para hacer el amor, y de pronto un mensaje, un comentario en *Twitter*, una foto en *Instagram* y la ansiedad (que interrumpe los mejores momentos) por saber quién es el que escri-be o qué están posteando. Después de saber viene la inquietud, el sentimiento de estar perdiéndose algo mejor que lo vivido en ese momento, de estar "fuera de", y el siguiente diálogo interior: "mis amigos están jugando al fútbol y yo acá"; "todos disfrutan y yo haciendo de novio" o "mis amigas me mandan fotos para que me dé cuenta de lo que me estoy perdiendo", etc.

Hoy en día muchas personas se ponen en contacto por in-termedio de alguna de las aplicaciones para conocer gente. La diversidad de perfiles de candidatos/as complica la elección ge-nerando dudas: "miedo a perder al mejor" cuando se siguen recibiendo fotos o mensajes sugestivos de otros contactos.

En toda elección hay una pérdida

El FOMO pone en jaque una de las frases axiomáticas de la conducta humana: "en toda elección hay una pérdida". Todo no se puede. Hay que asumir las elecciones que hacemos y lo que queda tras esa elección. Luego habrá que aceptar los resultados: logros, decepciones, reparaciones, cambios de rumbo, etc. No critico el uso de las redes sociales, me parece que son un recurso muy útil para que la gente interaccione de distintas formas. No obstante, existen vulnerabilidades individuales sobre las cuales estos medios tecnológicos pueden hacer mella despertando más ansiedad, sentimientos de vacío y de estar fuera de un mundo que siempre va a resultar más divertido que el propio, ese que llaman "ideal".

Sexting: fotos e imágenes como estímulo sexual

La relación de las personas con estímulos eróticos visuales, sobre todo fotos y películas, ha sido siempre muy estrecha. Varias décadas atrás era patrimonio de los hombres y las fotos exponían mujeres desnudas o en poses sugerentes. Con el paso del tiempo las mujeres han ganado terreno también en ese ámbito y pueden estimularse solas o proponer a su pareja ver o hacer una película para incrementar la intensidad del encuentro. La llegada de Internet y los canales codificados permite el acceso rápido a cualquier material erótico, con sexo explícito o bien a la publicación de películas o fotos caseras, exponiendo la intimidad a infinidad de personas. El sexo necesita variantes, y en una era de estímulos visuales las películas porno para mirar en pareja son una buena opción. Los sexólogos sabemos que el contacto cuerpo a cuerpo, el complacerse mutuamente, darle importancia al juego erótico y el recurso de las fantasías siguen siendo las fuentes de placer más importantes, no obstante, hay que saber adaptarse a los tiempos que vivimos e incorporar nuevos recursos. Las películas porno no son novedad, tiempo atrás eran patrimonio casi exclusivo del público masculino, tanto hetero como homosexual. Es más, la industria del cine XXX de décadas pasadas capturaba la mirada con secuencias típicas del imaginario de los varones: hombres desenfrenados, trío con dos mujeres, fetiches, colegialas, enfermeras, tacos altos, sexo en lugares de trabajo, etc. En las películas porno, el sexo genital se exhibe en toda su magnitud; nada de juego, de sensualidad, de mujeres que guían al hombre en el despliegue erótico. A las mujeres les gustan aquellas películas que incorporan un punto de vista diferente: cuerpos más cercanos a la realidad, mujeres más activas sexualmente, etc. En ellas, las películas porno estimulan fantasías; en los hombres, en cambio, el estímulo visual resulta suficiente para la excitación. Sin embargo, más allá de las diferencias de género, hay una identificación con los personajes que juegan la escena que hace alianzas con las fantasías para lograr mejores resultados. Ambos miembros de la pareja pueden enriquecer el sexo con el aporte del porno, la clave para el éxito es elegir aquellas películas que combinen sexo, erotismo y un rol femenino que no sea la típica mujer que el hombre mueve según su gusto. Hoy es posible encontrar parejas que eligen el material que van a ver, aceptan sugerencias y hasta realizan su propio film. Los tiempos cambian para mejor, no hay que asustarse; ver porno en pareja no mata neuronas, las estimula. Tampoco supone una conducta transgresora ni significa que se está perdiendo el deseo. El sexo necesita incorporar novedades, no olvidemos que el encuentro entre los cuerpos y la imaginación es esencial.

Decía antes que las parejas buscan diferentes opciones para enriquecer el encuentro sexual. Están convencidas de que la intensidad del deseo se apaga bajo la rutina y de que algo hay qué hacer. La pérdida de la comunicación, el estrés, y las diferentes responsabilidades a asumir día a día son exigencias que afectan cada vez más la vida amorosa. Las parejas van aprendiendo que se hace imprescindible "trabajar" para mantener el deseo e ir descubriendo diferentes formas de contactarse sexualmente. Si antes el estímulo visual con material ajeno servía para excitarse, ahora se elige el recurso de lo propio (fotos y videos caseros), no sólo como una forma de exposición, sino de definir la personalidad mediante el cuerpo como instrumento erógeno. La Internet ha logrado borrar los límites de lo público y lo privado en todas las áreas: pensar, sentir y actuar, y en todas sus dimensiones, incluida la sexual.

Ver para sentir

Como decía, la estimulación visual es un fuerte recurso para incrementar el deseo. Por lo general las películas eróticas están hechas para la mirada masculina, no obstante, las compañías de cine XXX están cambiando los recursos a favor de las mujeres. El mundo íntimo de las fantasías queda plasmado, acordado y compartido mediante las imágenes. Las películas a veces cumplen una función didáctica: las personas aprenden y se animan a probar nuevas poses o a decir frases "calientes" durante la relación. Sin embargo, estamos frente a la nueva opción de filmarse o fotografiarse en la intimidad del encuentro sexual. Comienza como una nueva fantasía, fácil de hacerse realidad por los medios digitales y a un paso de convertirse en material público, pero cuando una fantasía se plasma en un hecho real queda condicionada por otras reglas menos divertidas: pudores, culpas, reproches, bronca, y en menos casos, indiferencia.

Filmarse para pelearse

La función estimulante de las imágenes puede convertirse en un problema para algunas personas, no por el recurso en sí mismo, sino por factores intrínsecos a la personalidad de uno o de ambos miembros del vínculo, por ejemplo: encontrar en las imágenes el máximo de excitación, lo que lleva a volver siempre sobre el mismo recurso para lograr un buen estímulo. O bien, pretender reproducir en la cama lo que se acostumbraron a observar en las películas, sin tomar conciencia de que toda relación es, ante todo, un encuentro de a dos que se hornea en ese momento del juego erótico. También hay hombres y mujeres propensos a sentir culpa y a cuestionarse su conducta, sin embargo, movidos por la excitación se animan a repetirla. Los hombres más seguros de sí mismos, con rasgos narcisistas, usan las imágenes para exaltar sus capacidades amatorias, nunca para tapar el miedo, de ahí que para los hombres más confiados se convierte en un recurso válido para aumentar su rendimiento, pero nunca sentirán culpa. Otro problema es cuando después de la relación existen propuestas de ir más allá, por ejemplo, hace realidad la fantasía de un tercero en la cama, cuestión que merece convencimiento y acuerdo para evitar culpas o reproches posteriores.

Algunas consideraciones para tener una mejor vida sexual:

- "Con el amor no basta". Hay que "trabajar" para mantener la intensidad.

- La penetración no debe ser el objetivo. Hay que aprender a disfrutar de todo el encuentro erótico.

- No se requieren grandes acciones para tomar la iniciativa: un llamado cariñoso, la sorpresa, una invitación, el contacto afectivo, la insinuación sexual, etc.

- No aferrarse a esquemas preconcebidos, cada pareja debe construir su forma de relacionarse sexualmente.

- Las fantasías son un poderoso recurso para aumentar el deseo.

- Atreverse a incorporar variantes en el contacto erótico-sexual.

- No subestimar el juego previo.

- Defender la capacidad para disfrutar.

- Defender la intimidad. El uso de imágenes (fotos o videos) pertenece a ese ámbito.

- Decidir el uso de imágenes como estímulo supone un acto responsable y acordado con la pareja.

Adultos maduros y el uso de las aplicaciones

En estos tiempos que vivimos, llegar a los cincuenta es sentirse joven, con experiencia, liberado de algunas normativas sociales que presionan a los 30 y a los 40 (trabajo, *status* social, pareja, familia, casa, etc.) y con una visión del porvenir más realista, y por qué no, desafiante. Además, los adultos maduros no se quieren quedar atrás de los avances tecnológicos y por sus propios medios, o ayudados por sus hijos o nietos, se animan a adentrarse en las lides de la Internet, las redes sociales, las apps y sus infinitas posibilidades.

Más allá de los lugares de encuentro habituales, las apps se constituyen como una opción válida para conocer gente. Sin embargo, existen diferencias entre los adultos jóvenes y los que están por encima de la quinta década. Aquellos que nacieron "con los dispositivos en la mano" exponen más su intimidad (uso del lenguaje, fotos, vida personal y social), son cambiantes en sus elecciones virtuales y no se frustran cuando son desairados, por el contrario, saben que el abanico de contacto es tan amplio que no vale la pena sufrir por lo que no fue. Los jóvenes también juegan con su orientación sexual, insinúan o se muestran osados y sin tapujos sexuales.

La conquista de los adultos maduros está influida aún por las reglas del contacto cara a cara. Sin embargo, la virtualidad es la oportunidad que muchos tienen de volver al ruedo del cortejo. Antes que nada, tienen que vencer cierto pudor, como todo aquel que se inicia en códigos interpersonales que no conoce. Uno de ellos es la confección de un perfil que sea atractivo y que no muestre ninguna ansiedad. El tema es despertar interés, encontrar afinidades, darse un tiempo para conocerse y luego planear un encuentro cara a cara. La realidad debe imponerse a la fantasía que despierta el otro. Además, no es de caballero, ni de una dama, prolongar una cita que debe cumplir con algunas reglas: un café, una cena, ir al cine, al teatro, etc. Es probable que la curiosidad los lleve a preguntar, a asesorarse con amigos más duchos antes que preguntar a hijos o a nietos que podrían guiarlos.

La tecnología permite que el discurso de personas de diferentes generaciones se homogenice, no obstante, hablar de que un padre, o un abuelo separado o viudo quiere reiniciar su vida, app mediante, es un tema que avergüenza. Existen creencias asociadas con normativas culturales que aún pesan sobre el deseo de volver a enamorarse, sobre todo si el contacto es virtual. No es raro que los jóvenes, una vez enterados de que el familiar está saliendo con alguien que conoció por Internet, alerten a los mayores sobre los riesgos. Esto pasa tanto con hombres como con mujeres. Los temores de engaño o de otras conductas inescrupulosas (y de riesgo) hacen presa a los más jóvenes alertando sobre las consecuencias de dejarse llevar por "una calentura". Y los mayores responderán que "el zorro sabe por zorro, pero más sabe por viejo".

En mi experiencia de consultorio, son muchas las personas que se han conocido a través de apps. Algunas llegaron a formar pareja, otras fueron escarceos fugaces, algunos más sexuales que afectivos. Sin embargo, las personas que están solas hacen uso de las apps con menos reparos. Les resulta más cómodo conocer a alguien sentados en su hogar y no tener que salir a frecuentar lo incierto. La vivencia de decepción o de vacío después de una salida que despierta curiosidad será mucho menor frente a un perfil que no complace.

Respecto a la sexualidad, existen cambios favorables por la ruptura del mito "con la edad las funciones sexuales decrecen" y, además, la ayuda de medios farmacológicos, sobre todo para los hombres, permiten acercamientos con menos miedos. Las mujeres se despojan de represiones, de pudores focalizados en su cuerpo y en su accionar sexual. Ahora se animan a pedir, a tomar la iniciativa, a guiar al hombre haciéndole saber que no existen fórmulas preestablecidas, que cada cuerpo es diferente, que cada momento lo es. No obstante, estarán también las más rezagadas, las que aún creen que el hombre "por ser hombre debe saber y hacer todo", y los hombres que siguen defendiendo la virilidad a ultranza, como sinónimo de fuerza y dominio.

Si antes el varón por encima de los sesenta (los quincuagenarios aún se sienten jóvenes, vitales, atractivos) creía que con la edad todo se apagaba, hoy en día sabemos que no es así. El deseo sexual, la capacidad de erección y de orgasmo pueden seguir tan activos como antes. La estima personal es fundamental a la hora de valorar el cuerpo y sus posibilidades. La experiencia de vida debe ayudar a las nuevas posibilidades y dejar de lado inhibiciones o restricciones basadas en creencias sociales y culturales. Por fortuna, las cosas están cambiando: existe más conciencia del cuidado personal, la calidad de vida, el disfrute como prioridad y darles la medida justa a las preocupaciones.

Capítulo 8

Nuevos abordajes farmacológicos

Avances farmacológicos para la mujer

L- Arginina

La L-Arginina es un aminoácido presente en algunos alimentos, como las carnes rojas, pescados, cereales, nueces, soja, y se puede conseguir como productos farmacéuticos en forma de comprimidos o geles de acción local. Desde el año 1986 (sus investigadores recibieron el Premio Nobel) sabemos mucho más de este aminoácido y sus acciones en todo el organismo. La L-Arginina aumenta la síntesis del óxido nítrico, un gas que actúa sobre la musculatura lisa que forma parte de las paredes de los vasos sanguíneos de todo el cuerpo, incluyendo los cuerpos cavernosos del pene y del tejido eréctil del clítoris, mejorando la elasticidad de sus paredes e incrementando el flujo sanguíneo. El óxido nítrico es un gas derivado de la reacción del aminoácido L-Arginina con el oxígeno molecular. Sobre este sistema del óxido nítrico actúan los inhibidores de la fosfodiesterasa 5 (Viagra y derivados). Los comprimidos de L-Arginina se pueden tomar diariamente (para ambos sexos). El uso en forma de cremas o de gel es efectivo en mujeres durante el juego previo. En general, los preparados por vía oral, tienen buena tolerancia y es una molécula segura, aunque se recomienda que no sea ingerido por mujeres embarazadas cuando existen cuadros hemorrágicos, baja presión arterial o insuficiencias renal o hepática. El uso en mujeres es más efectivo cuando se aplica en forma local, debido a la rica red de vasos sanguíneos y la inervación de la zona genital (labios menores y clítoris), sobre todo en aquellas con problemas en la lubricación y en el orgasmo. Los preparados en forma de comprimidos no tienen efecto inmediato, dado que la molécula requiere mayor tiempo de acción.

Chip sexual

El llamado "chip sexual" consiste en un implante compuesto de testosterona bioidéntica (similar a la producida por el cuerpo), que se aplica en forma subcutánea y libera lentamente la hormona durante 4 a 6 meses. En mujeres postmenopáusicas, mejora el deseo sexual, pero además estimula el tropismo de músculos y huesos. Otro andrógeno es la DHEA (dehidroepiandrosterona), que en realidad es una prehormona que incrementa la energía y el deseo sexual, y se administra en forma de cápsulas.

Ospemifeno: uno de los temas de consulta de las mujeres menopáusicas es la dispareunia, es decir el dolor durante el coito provocado por una menor lubricación (sequedad) y el adelgazamiento de la mucosa vaginal. Ospemifeno (Osphema es el nombre comercial) es una molécula que emula la función de los estrógenos y ayuda a las mujeres postmenopáusicas a recuperar el disfrute sexual. Los preparados vienen en forma de comprimidos, pero aún no se comercializa en el país.

Ginseng Panax: es una raíz milenaria que se usa para mejorar la energía y el rendimiento corporal. Los preparados vienen en forma de cápsulas o comprimidos y en geles de aplicación local (en caso de problemas de erección o de eyaculación precoz).

Vitamina B6 o piridoxina: se halla presente en cereales, carnes, huevos y porotos. También se la sintetiza en el laboratorio. Se considera que puede ser eficaz para mejorar los síntomas premenstruales y el estado de ánimo durante este período. No hay evidencia de que influya en el deseo sexual.

Guaraná: Se utiliza como tónico y estimulante físico y sexual.

La flibanserina o "pastillita rosa"

En 2015 llegó la tan esperada píldora para mujeres o, denominada erroneamente, "Viagra femenino". La FDA (*Food and Drugs Administration*) aprobó la flibanserina para el tratamiento del Trastorno por deseo sexual hipoactivo (TDSH), es decir, la disminución persistente del deseo (luego de haber tenido un deseo sexual satisfactorio) de tipo generalizado (compromete todas las relaciones) y no tiene que ser causado por enfermedades médicas ni psiquiátricas, ni por la influencia de sustancias o fármacos. Por el momento sólo puede ser indicado en mujeres que no entraron en menopausia (aún no existen estudios que avalen su uso durante el climaterio) y los hombres deben abstenerse de usarla.

La denominación popular "viagra femenino" tiene que ver con buscar cierta equivalencia o igualdad con la "pastillita azul", sin embargo, existen diferencias significativas: la flibanserina es una molécula que actúa sobre el Sistema Nervioso Central (aumentando los niveles de dopamina y noraepinefrina, dos neurotransmisores que ayudan al deseo y la motivación) y el "viagra masculino" cumple su acción en los vasos sanguíneos del pene (dilatándolos para llevar más sangre a los cuerpos cavernosos del pene y provocar la erección).

Respecto a la efectividad del fármaco, se ha demostrado que supera muy poco al placebo. Debe tomarse en forma diaria (para alcanzar niveles adecuados de neurotransmisores), a la noche (mitiga los efectos indeseables) y no se debe ingerir alcohol mientras se consume el fármaco. La toma diaria supone otra gran diferencia con el viagra masculino, ya que este se ingiere antes del encuentro erótico (excepto en algunas excepciones, en las que se indica su consumo diario).

Se han reportado efectos colaterales, los más frecuentes son: somnolencia, náuseas, disminución de la presión arterial y síncope. También se sabe que interacciona con otros fármacos, como los antimicóticos (de uso frecuente en infecciones vaginales).

La flibanserina debe ser indicada por un profesional médico, previa evaluación para descartar enfermedades orgánicas, el efecto de otros medicamentos (ejemplo: antidepresivos que bajan el deseo sexual), trastornos psiquiátricos, problemas de pareja, etc.

El criterio fundamental es que exista un problema o trastorno del deseo y no sea una simple disminución del mismo. Debe diagnosticarse una baja del deseo persistente, que influya en las fantasías y en la motivación para tener sexo, con la aparición de preocupación, angustia y/o conflictos de pareja. La intensidad del deseo sexual es variable y todos podemos pasar por periodos con baja libido. El estrés cotidiano, el cansancio, la búsqueda de metas de bienestar que sublime energía sexual en pos del desarrollo de proyectos, son algunas causas que atenúan el deseo erótico y no constituyen un trastorno.

Deseo, chips y flibanserina

Existen diferencias entre la flibanserina (viagra rosa o viagra femenino) y los chip o *pellets* de hormonas bioidénticas.

La flibanserina se aprobó para el tratamiento del deseo sexual hipoactivo en la mujer no menopáusica, es decir, cuando los niveles de estrógenos, progesterona y testosterona se mantienen normales. La mujer sufre más la disminución del deseo que el hombre, sin embargo, no sólo se debe a factores biológicos, se suman causas emocionales, sociales, y las molestias que provocala falta de deseo sexual. Este fármaco en realidad es un antidepresivo que actúa mejorando los niveles de dopamina y reduce la serotonina, provocando un incremento del deseo sexual. No actúa elevando los niveles hormonales ni es un vaso-dilatador como el Sildenafil (el viagra masculino), su condición química de ser un antidepresivo con acción sobre el deseo requiere que se tome diariamente (a diferencia del viagra, que se ingiere en el momento del encuentro sexual, como decía antes). La aparición de flibanserina tuvo sus defensores y sus detractores. Por un lado, se aplaudía la aparición de un fármaco para ayudar al deseo sexual de las mujeres, pero por otro se criticaba la aprobación por parte de la FDA por la persistencia de efectos colaterales que no habían sido estudiados con más tiempo. Se debe prevenir la aparición de efectos adversos como la hipotensión, náuseas, somnolencia, fatiga, etc. Además, se le critica que el efecto terapéutico no es muy superior al placebo.

Los chips de hormonas bioidénticas o *pellets* hormonales se aplican a nivel subcutáneo, permitiendo que las hormonas (de síntesis a partir de moléculas naturales) se liberen lentamente. En realidad, es una forma de reemplazo hormonal con moléculas bioidénticas que, según los estudios, son más seguras que las orgánicas. No existe demasiada evidencia sobre estos tratamientos, se reporta que los *pellets* de testosterona en mujeres perimenopáusicas o menopáusicas han mejorado su deseo sexual, así como los sofocos, la piel, la estructura de los huesos y el tono muscular.

Sin embargo, el deseo sexual no responde sólo a las hormonas o a los cambios físicos; los factores ambientales son de crucial importancia, así como la capacidad personal y de la pareja para adaptarse a esta etapa de la vida. El deseo sexual no es mensurable; es variable a lo largo la vida de la persona (aún con mínimas variaciones); es lábil (sujeto a la edad, cultura, problemas personales, estrés, enfermedades, fármacos, etc.), es adaptable a las diferentes situaciones eróticas; se modifica (en más o en menos) durante el acto sexual; está influido por las fantasías, las emociones, los estímulos externos; reafirma al sujeto en su estima y confianza personal. Por el contrario, cuando falta provoca preocupación y problemas de pareja.

Desde el punto de vista biológico podemos decir que existen neurotransmisores que lo incitan: la testosterona, la dopamina, y otros que lo disminuyen: la serotonina, el cortisol plasmático (hormona del estrés). Las cuestiones emocionales menoscaban la motivación erótica actuando como potentes estresantes que alejan el cuerpo de la experiencia placentera. Las mujeres sufren más la disminución del deseo, sobre todo entrada la menopausia, pero esto no impide que pueda mejorarse. En realidad, se suman otros factores asociados: la rutina de la vida en pareja, "reencontrarse" después de la partida de los hijos, la aceptación del paso del tiempo y las modificaciones corporales y anímicas. Cada etapa vital requiere de flexibilidad para adaptarse a los cambios. El incremento de la expectativa de vida permite que las mujeres no se resignen en esta etapa, por el contrario, ellas se abren a nuevas experiencias para sentirse jóvenes y activas. En el ámbito de la pareja, plantean tener más comunicación, en el sexo piden lo que les gusta, defienden sus espacios personales y su vida social. Si los hombres maduros obtienen ganancias a su estima con la ayuda de la pastillita azul, las mujeres lo hacen con la propia sintiéndose más libres, despojadas de los clásicos mandatos de la maternidad y la vida familiar. No creo que para las mujeres la pastillita rosa (flibanserina) o el uso de chips u otros métodos de mejorar la biología corporal sean nuevas presiones para mantenerse atractivas y sexualmente activas. Sí creo que las modificaciones subjetivas son las más importantes, es decir, apropiarse de sí mismas, de las ganas y de la libertad para vivir con más congruencia, sin culpas ni reproches.

Avances farmacológicos para el hombre

Inhibidores de la fosfodiesterasa 5 (sildenafil y otros)

La llegada del citrato de sildenafil cambió el panorama del tratamiento de la disfunción eréctil. La inhibición de la fosfodiesterasa 5 provoca la vasodilatación de la arteria del pene (por intervención del óxido nítrico) llenando los cuerpos cavernosos de sangre oxigenada. La fosfodiesterasa 5 no se encuentra sólo en los cuerpos cavernosos, también aparece en otros órganos y esto explica la aparición de efectos colaterales. No interviene en el deseo sexual ni en la eyaculación. Si no hay deseo, el fármaco no actúa. Necesita el componente mental.

Sildenafilo

Se descubrió en el año 1998 y abrió una nueva etapa no sólo en el tratamiento de la disfunción eréctil, sino también en la experiencia subjetiva de seguridad y potencia viril.

Su mecanismo de acción es inhibir la fosfodiesterasa 5 aumentando como consecuencia los niveles de óxido nítrico, que ayuda a distender el músculo liso que rodea las sinusoides vasculares.

Algunas cuestiones a tener en cuenta sobre el sildenafilo:

- Tras la administración por vía oral, se alcanza en 1 hora la máxima concentración del fármaco.

- Las comidas copiosas, ricas en grasas, retardan la absorción entre 40 a 60 minutos.

- Debe ser indicado por un médico, previa evaluación del estado general.

- Las dosis van entre 25 a 100 mg.

- Según algunos estudios, es efectivo entre un 46,5 a 87% de los pacientes, incluyendo hombres diabéticos, con enfermedades cardiovasculares e hipertensos que toman dos hipotensores.

- Los efectos colaterales más frecuentes son: cefaleas, anomalías en la visión (visión azulada e incremento de la percepción del brillo); dispepsia, enrojecimiento facial.

Tadalafilo
Es el segundo inhibidor de la fosfodiesterasa en aparecer. Tiene un perfil diferente al anterior.
Algunas cuestiones a tener en cuenta sobre el tadalafilo:

• El tiempo de acción es de 36 horas, aproximadamente, es más prolongado que el del sildenafilo. Esto no significa que el hombre esté erecto todo este tiempo, significa que el pene puede recuperar la firmeza ante un nuevo estímulo sexual.

• Su absorción no se modifica por la comida o el alcohol.

• Se usan dosis de 10 a 20 mg.

Vardenafilo
Es el último fármaco sintetizado para la disfunción eréctil. Algunas cuestiones a tener en cuenta sobre el vardenafilo:

• Tiene una vida media de alrededor de 4 horas y alcanza su pico máximo antes de 1 hora, por lo tanto, tiene una acción más rápida que el sildenafilo.

• Las comidas y el alcohol retrasan la absorción.

• La eficacia es la rapidez de acción (20 a 25 minutos).

Anadafilo (Spedra 200 mg)
También un inhibidor de la fosfodiesterasa 5, similar al sildenafilo y derivados. El beneficio es la rápida acción, lo cual permite comenzar a tener relaciones a los quince minutos aproximadamente de haberlo tomado. Los efectos adversos son similares a las moléculas anteriores.
Efectos sobre el corazón y la presión arterial, y algunas consideraciones:

- La disfunción eréctil puede ser el primer síntoma que indique insuficiencia coronaria. La evaluación clínica y cardiológica es fundamental antes de prescribir un fármaco para la erección.

- Los inhibidores de la fosfodiesterasa 5 (sildenafilo, tadalafilo y vardenafilo) están contraindicados cuando el paciente usa nitratos o nitritos (drogas para la presión arterial). Los nitratos se usan para el tratamiento de la angina de pecho, pero también se extiende su uso para incrementar el placer sexual (nitrito de amilo o *poppers*).

- No actúan sobre el miocardio (músculo cardíaco).

- No empeoran parámetros hemodinámicos ni la irrigación coronaria.

- Es condición obligada en pacientes con cardiopatía que el médico evalúe si existe riesgo, o no, para la actividad sexual.

- El cardiópata tiene riesgo de que se agrave la patología de base por la exigencia corporal y no por la acción del fármaco indicado para la erección. Son pacientes con riesgo elevado: angina de pecho inestable o resistente al tratamiento, infarto de miocardio reciente, hipertensión arterial no controlada o inestable, arritmias cardíacas ventriculares, estenosis de la aorta, etc. En estos casos hay que evitar la actividad sexual hasta que el cardiólogo lo indique.

- Nunca se debe usar ningún tipo de fármaco sin indicación médica.

Efectos sobre el estado de ánimo y la confianza personal

Al producir la erección, el paciente deja de pensar si "se le va a parar o no", se dedica más al registro de las sensaciones eróticas y baja el "rol de auto-espectador". Una vez que recuperó la confianza personal (con tratamiento de terapias sexuales e inhibidores de la fosfodiesterasa 5) el fármaco se retira gradualmente, salvo que existan patologías de base que requieran su uso prolongado. Actualmente hay estudios que indican la efectividad de estos medicamentos en pacientes operados de próstata (prostatectomía radical) con vías nerviosas conservadas. Se indican a demanda (en el momento del encuentro sexual) o bien en dosis diarias.

Tratamiento intracavernoso

Antes de la llegada del citrato de sildenafilo se usaban drogas vasoactivas (papaverina, fentolamina, prostaglandinas) inyectadas directamente en los cuerpos cavernosos. La acción es la relajación del músculo liso de los vasos arteriales dejando que la sangre fluya, provocando la erección.

El uso de estas drogas (desde el año 1982) ha ayudado a muchos hombres a superar la disfunción eréctil. Sin embargo, los efectos indeseables, el riesgo de sufrir efectos colaterales severos y la aplicación previa al coito (inyección en el pene antes de la relación) ha limitado su uso. Cuando existe resistencia a los fármacos por vía oral o por la patología de base, se indicarán como una opción alternativa. Los efectos adversos de las drogas vasoactivas son: priapismo (erección dolorosa y duradera del pene), fibrosis en forma de nódulos, placas o cicatrices, hematoma y dolor.

Dispositivos de vacío

Fueron aprobados en el año 1982 para el uso en la disfun-ción eréctil, aunque su origen se remonta a 1874 cuando fue inventado por John King. Consiste en un cilindro de plástico conectado a un generador de vacío que "chupa" el pene por presión negativa, una vez lograda la erección, hay que colocar un anillo en la base del pene para evitar el retorno de sangre. En pacientes con prostatectomía radical se puede combinar con sildenafilo. También hay evidencias de su efectividad en pacien-tes mayores que no responden a la medicación oral o prefieren la bomba por motivos económicos. Debido a la indicación de fármacos mucho más efectivos y a lo complicado de su uso, ha quedado relegada a un segundo plano.

Deportes y sexo

Mitos y verdades sexuales

Todos conocemos los beneficios que aporta el ejercicio a la salud física y mental. Caminar, nadar, correr, andar en bicicleta son algunas de las opciones elegidas, ya sea para disfrutarlas en soledad o en grupo; todo viene bien a la hora de cuidarnos. Así como es muy importante chequear el estado cardiovascular antes de comenzar una actividad aeróbica sostenida, hay algu-nas creencias que merecen ser desmitificadas: ¿usted, señor, se imagina haciéndose un estudio prostático antes de comenzar a pedalear? o ¿podemos imaginarnos a una mamá que le prohíbe a la hija tan sana actividad de andar en dos ruedas por temor a que el asiento (o sillín) de la bici le haga perder la virginidad? Sin duda parece extraño pensar en estas recomendaciones, sin embargo, existen mitos al respecto, tanto que hasta un grupo religioso ha prohibido el uso de la bicicleta a sus jóvenes y virgi-nales feligresas por considerar que ese objeto "demoníaco" les hace perder la tan preciada virginidad. Existen muchas creencias erróneas relacionadas a la sexualidad que pueden impedir la realización de actividades placenteras, provocando miedos y renuncias varias.

La virginidad controlada

La valoración de la virginidad ya no cuenta con las recomendaciones o prohibiciones de antaño, por lo menos por estos lares de occidente. Son las jóvenes las que pueden decidir tener relaciones sexuales según sus deseos. Y digo tener relaciones sexuales y no "perder la virginidad" porque ese debería ser el concepto: vivir la sexualidad con otro, y no cumplir con un precepto rígido y patriarcal que aún significa un "rito de iniciación". Porque de andar en bicicleta o de un ejercicio extremo lo único que se puede perder son kilos, y nada tiene que ver con la genitalidad o la experiencia sexual. La construcción del mito de la virginidad se basa en la presencia del himen como barrera física y simbólica que separa la inmadurez de la madurez, un salto de la dependencia paterna a la dependencia marital. Esta creencia está sostenida por la idea machista y dominante: guardar el tesoro tan preciado de la virginidad para el hombre elegido (por la joven o por sus padres).

¿Qué es el himen?

El himen es una membrana flexible, frágil, que cubre en forma incompleta la entrada de la vagina. Es un resabio embriológico de la membrana cloacal, rico en fibras conjuntivas y elásticas, lo cual favorece la dilatación en caso de usar tampones, o para permitir el paso de la menstruación. Lo más frecuente es que el himen tenga un orificio central o lateral. En algunos casos este tejido está engrosado y "tapa" el ingreso a la vagina, en otras tiene tabiques, o múltiples orificios, pero en la mayoría de las niñas es flexible y tiene perforaciones que son típicas, por lo tanto, el himen puede estar perforado antes de cualquier relación sexual. Pensar que el andar en bicicleta u otro movimiento puede romperlo (y dejar la "virginidad" en el sillín) es un mito sexista y denigratorio para la feminidad y, como tal, el mismo concepto de virginidad no debería usarse, por la connotación machista que tiene.

No puedo dejar de señalar que aún la información (con miles de dudas) sobre "temas sexuales" circula entre los jóvenes más por lo que hablan entre ellos que por la comunicación que reciben de los padres/madres o la que brindan en las escuelas. En la intimidad del hogar o de las aulas, la comunicación que debería abarcar la sexualidad toda: cuerpos, deseos, emociones, vivencia de género, orientaciones, cuidados, etc., está centrada en el sexo heteronormativo y en los recaudos básicos para no quedar embarazada, o en la prevención de ITS o enfermedades de trasmisión sexual. Si los padres o educadores nunca se han preguntado por su propia sexualidad y reproducen a pie juntillas lo aprendido, como si fuera una norma estatutaria, es posible que lo que transmiten (en forma y contenido) sea del mismo tenor. En síntesis: si nunca existió ningún cuestionamiento o reflexión sobre la propia sexualidad el mensaje a los jóvenes será parcial y basado en reglas generales. Por temor, pudor, creencias erróneas, dogmas religiosos, pautas culturales o por una postura autoritaria y desigual ("soy el que sabe", "mi moral es la única verdad" y tantas consabidas y desafortunadas frases que todavía escuchamos) la educación sexual será parcial, carente de empatía, de vivencia interpersonal.

¿Y de la próstata qué se dice?

Si me he explayado más en el tema de la "virginidad" y andar en bicicleta, ha sido por el contenido simbólico que aún tiene, mucho más que los mitos creados para la próstata (clara diferencia de cómo las creencias son desiguales para las mujeres).

Se comenta que la presión de la zona perineal con el sillín (sobre todo la punta) y llevar el torso hacia adelante pueden provocar adormecimiento por presión en los nervios de la zona, disfunción eréctil y dolencias prostáticas. Más del 50% de la población masculina entre los 50 y 70 años tienen problemas de próstata (aumento del tamaño o hiperplasia prostática) y el porcentaje aumenta con la edad. Por lo tanto, las patologías más frecuentes en hombres jóvenes son las prostatitis o inflamaciones y en adultos maduros el adenoma o tumor benigno y el maligno o carcinoma de próstata (1 de cada 7 hombres). La próstata es una glándula que forma el líquido seminal que acompaña y nutre a los espermatozoides que migran desde los testículos, lugar donde se gestan y maduran. Se ha dicho que en los ciclistas la presión de la región del periné (donde se encuentra la próstata) puede favorecer las prostatitis o inflamaciones de la misma. Si bien existen sillines con un agujero central que impide la presión de la zona y calzas protectoras, los especialistas no encuentran evidencia de que el uso recreativo provoque dolencias, pero recomiendan tomar recaudos para el entrenamiento profesional. Si el hombre ha sido operado de alguna de las patologías prostáticas se indica no andar en bicicleta por 6 a 8 semanas.

Vaginas empoderadas

El Kung Fu vaginal es una técnica desarrollada por la terapeuta Kim Anami, quien afirma que la vagina ha estado durante siglos vedada al reconocimiento como órgano de empoderamiento femenino y se han devaluado su fortaleza muscular, su capacidad contráctil y la que tiene sobre la estima de las mujeres. Para esta autora es posible concentrar la energía en el área vaginal y de tal manera incrementar su fuerza, controlar la lubricación y los orgasmos. A medida que una mujer pueda disponer de ese centro de poder que es la vagina, resultará una valoración personal más plena y efectiva para la vida en general. Así como del "pene erecto" el hombre adquiere estima, potencia, vigor viril, la mujer podría hacer lo mismo con su vagina. Los ejercicios de contracción y de relajación del perineo, así como la respiración, ayudarían a entrenar la musculatura que rodea a la vagina y lograr mejores orgasmos, incluso puede colaborar con el hombre ejerciendo contracciones sobre el pene con la finalidad de sostener la erección y controlar la eyaculación. Algunas de estas técnicas se ponen en práctica en algunos espectáculos eróticos donde se ven mujeres que arrojan pelotitas de ping pong o fuman utilizando la vagina como un poderoso órgano contráctil y pasible de ser controlado por la voluntad. Pero, más allá de estas prácticas, la idea central es que la vagina es un centro de poder femenino que ha estado desplazado por una feminidad anclada en la sumisión, en el desconocimiento del cuerpo y en la maternidad más que en un foco de placer y baluarte de la feminidad.

Hombres vestidos de mujer

Es bastante frecuente encontrarnos con aquel familiar hombre (padre, tío, primo, cuñado, etc.) al que le gusta vestirse de mujer en las fiestas, y hasta incorpora esta práctica de travestismo en determinados ritos culturales, como las "despedidas de soltero". Vestirse con indumentaria del sexo opuesto forma parte de muchas costumbres en diferentes culturas, también los cambios en las estructuras de género, sobre todo en las mujeres, han llevado a un ropaje más unisex. Las fantasías de "ser de otro sexo", a diferencia de otras, tienen la fuerza de la concreción, aunque sea por un momento. No olvidemos que el ropaje es una norma cultural que sirvió para proteger el cuerpo de las inclemencias del tiempo, y luego pasó a ocuparse de la delimitación de género por la vestidura usada.

El juego erótico puede incluir el intercambio de ropas, cambio de roles, y hasta el uso de dildos para penetrar al hombre. Todo es posible en la cama. Si un varón se viste con ropas de mujer dentro del juego erótico y dicha práctica no es condición *sine qua non* para tener sexo, no debería llamar la atención. No implica nada más ni nada menos que buscar nuevos recursos para disfrutar.

Transformistas, *Drag Queens*, transgénero

Ahora bien, habría que aclarar que es bien diferente vestirse con ropas o accesorios del sexo opuesto sin cuestionar la identidad de género –como ocurre con el transformista o la *drag queen*, quienes lo hacen con fines artísticos– de aquellos/as personas transgénero, transexuales, intersexuales u otras diversas formas de expresar el género que deciden adaptar su cuerpo (por medio de hormonas, intervenciones estéticas o cirugía de reasignación) con el fin de conseguir congruencia identitaria.

La decisión de ser transformista o *drag queen* (el nombre proviene de *drag*, o arrastre, en alusión a los despampanantes vestidos del burlesque victoriano) no está ligada a la orientación sexual ni tiene ningún fin erótico-estimulante. El actor se convierte en mujer en el escenario, pero no usa su recurso expresivo en la cama. La movida *drag queen* está teniendo más difusión en estos años gracias a su aparición en medios de comunicación, como el programa *RuPaul's Drag Race*. Ser *drag* no es ser necesariamente homosexual, las hay heterosexuales, bisexuales, etc. Es una forma de exteriorizar rasgos femeninos llevados al extremo de la sofisticación en el vestir, el maquillaje y los apliques cosméticos.

Los *crossdressing* (cambiar de vestuario)

El *crossdressing* es una práctica que lleva a muchos varones heterosexuales a concretar sus fantasías de vestirse de mujer. No está asociada al placer sexual, sino a liberar "el lado femenino", una especie de gusto por usar las ropas, accesorios, maquillaje y hasta nombres de mujeres. No impostan la voz ni se creen mujeres, sienten placer por usar las ropas y comportarse como mujeres durante un breve tiempo. En general, es una práctica que se realiza en secreto por la vergüenza que les produce, aunque cada vez más hombres confían a sus esposas o parejas sus preferencias, incluso se acompañan mutuamente a comprar ropa o frecuentan clubes especiales para *crossdressing*. En nuestro medio todavía es una tendencia muy poco conocida y marginal. Sin embargo, ya existen lugares a donde los hombres pueden concurrir y hasta reciben asesoramiento en vestuario y maquillaje para "montarse" o producirse.

El fetichismo travestista

Actualmente, está considerado un trastorno sexual (se ubica dentro de las parafilias). Consiste en sujetos heterosexuales (generalmente varones) que buscan alcanzar el máximo placer sexual vistiéndose con alguna prenda del sexo opuesto (ejemplo: lencería, medias, vestidos, etc.). La mayoría de estos varones están casados o en pareja, la particularidad que los diferencia del travestismo es una conexión fuerte e intensa con el objeto fetiche, más que con el cuerpo de su pareja. Desean tener relaciones sexuales, pero el clímax lo alcanzan cuando usan o se frotan con el objeto fetiche del sexo opuesto. Por lo general, los sujetos no confían a sus parejas lo que les gusta; buscan estar solos para vestirse mientras se miran al espejo, se excitan y se masturban. Las parejas suelen rechazar los gustos de su compañero en un primer momento. No obstante, algunas los acompañan a sabiendas de la condición fetichista. Existen mujeres que en apariencia aceptan, pero en realidad sufren por considerar que ellas por sí solas no pueden complacer a sus hombres, o bien porque creen que él es un homosexual encubierto. Ninguna de las dos cuestiones es cierta: el deseo sexual del fetichista travestista se satisface plenamente cuando se viste con ropas del sexo opuesto, y aunque ella se vista de seda y exhiba sus virtudes más excelsas, él necesitará siempre el recurso de vestirse de mujer para sentir el máximo placer. Considerar que es un homosexual encubierto es un error. La homosexualidad es un deseo de amar y/o tener sexo con alguien del mismo sexo y no implica usar indumentarias ni accesorios del sexo opuesto. El homosexual tampoco "saca su lado femenino", es un hombre que desea y puede amar a otro hombre, y si un hombre homosexual elige usar ropaje y modos femeninos, lo hará por la elección de expresarse de ese modo y no porque el propio deseo lo incentive a hacerlo.

A modo de cierre

Mujeres y hombres nuevos

Los avances femeninos obligaron a los hombres a generar cambios en la archi defendida virilidad. No podía ser posible que ante el avance de las mujeres en lugares clave como en el trabajo y la vida doméstica, los varones siguieran esgrimiendo las consabidas conductas que daban lugar al dicho que proclama (de boca de las damas): "los hombres son todos predecibles". Ellas quisieron igualdad y militaron por conseguirla, pero no fue suficiente: la igualdad no sería más que política militante si no se guarecieron en un nuevo proyecto de mujer que le diera valor como género. Más allá de las disputas por la igualdad, el empoderamiento de sí mismas las llevó a un puerto más seguro que la mera discusión con el sexo contrario. La feminidad necesitó de esa vuelta hacia sí mismas para generar cambios más perdurables, que tuviesen una constancia y un arraigo en la identidad misma. La masculinidad no necesitó de ese primer paso para lograr equidad, es más, nunca hubiera sido una meta posible ya que la desigualdad entre el hombre y la mujer siempre fue un problema para las mujeres, pero no para los hombres, quienes sacaron ventaja de esta condición imperante. Ser desigual era sinónimo de sumisión, pasible de dominación, de control, y los hombres nunca pretendieron modificar lo impuesto por la pretendida naturaleza. La exaltación de la mujer era por su heroísmo masculino y no por la liberación del yugo doméstico. La Marianne que guía al pueblo francés a la rebelión, Juana de Arco, la faraona egipcia Hatshepsut, quien asume el trono con los atributos masculinos, Eva Perón, Juana Azurduy, etc. La mujer emblemática tenía que asumir las características que dotaban a los hombres de heroísmo, sólo de esa manera la representación femenina adquiría un significado inusual, fuera de los ámbitos clásicos de acción. Sin embargo, se recuerda a Ibsen por haberse atrevido a fines del siglo XIX a cuestionar el estatuto de la mujer hogareña, aquella dedicada a los quehaceres domésticos sobre la cual asienta la organización social de la institución familiar. El personaje de *Casa de Muñecas* dice lo que ninguna mujer hasta el momento se atrevía a decir. La Nora de Ibsen se rebela a ser la muñeca obediente en una casa hecha a la medida de una mujer de clase media de la época, pero fácilmente reconocible aún en muchas mujeres de unas pocas generaciones atrás. August Strinberg, otro sueco contemporáneo de Ibsen, despotricó contra *Casa de Muñecas* y su autor defendiendo el lugar "natural" de la mujer y del hombre en la sociedad. Para Strinberg (declarado misógino) el ejemplo a seguir era la complementariedad de roles en el hogar de los campesinos. Ellos jamás se atreverían a cuestionar el orden establecido, ni siquiera lo pensaban. El asunto de las mujeres para este autor era un problema de las mujeres educadas, pertenecientes a clases acomodadas o medias; ellas llevaban adelante una cruzada reprobable, con consecuencias fatales en el futuro. Tolstoi y Flaubert también se adentraron en el alma femenina, presa de un torbellino de pulsiones siempre a punto de explotar. La represión de sus sentimientos, el peso de la declamación sobre cómo debía comportarse una dama de sociedad fueron suficientes motivos para ingresar en las mieles del deseo prohibido. La infidelidad fue el escape a las pulsiones, que una vez liberadas se volvían contra ellas en forma de dolor y culpa. Amar a otro fuera del ámbito del matrimonio era amar, sencillamente liberar un sentimiento que no sentían por sus esposos: matrimonios arreglados, conveniencia por *status*, damiselas jóvenes sin conocimiento sobre sí mismas ni decisiones convincentes. El amor arreglado tenía sus consecuencias funestas. El agobio punzante era un estilete en el alma femenina, habida cuenta de que tras él se levantaban un sinnúmero de convenciones de clase que debían cumplir para ser aceptadas en la sociedad de la época. La rebelión de las mujeres para salir del *clóset* milenario no fue un movimiento de clase, surgió de las obreras, de las intelectuales y luchadoras de izquierda en países en vías de industrialización como Inglaterra y Francia, luego se generalizó a nivel mundial cuando aún no existía un mundo globalizado ni Internet. Si el movimiento feminista se extendió por todo el planeta, en algunos países con más éxito que en otros, fue gracias a la fuerza de lo reprimido, que tuvo un cauce común para su liberación. No obstante, la resistencia sigue también su curso, camuflándose bajo diferentes vestiduras, algunas bajo el imperio de los dogmas religiosos, otras con el estilo edulcorado de las damas obedientes. Bajo la mascarada de la compostura y la corrección política se esconden altos niveles de violencia expresados bajo el resentimiento y un odio de clase, y las mujeres son más reaccionarias a los cambios que los hombres. La soberbia, la mueca de odio, sus cuellos tensos, la cabeza altiva, como signo de superioridad. El gesto impetuoso compensa la falta de pensamiento, sobre todo de pensamiento crítico. Estas damas siempre encuentran un nicho para desparramar su sarta de explicaciones arcaicas, su forma de interpretar el mundo, sobre todo el mundo femenino que no acuerda con su estilo de vida. La diferencia actual es que estas mujeres ya no son parte de clases altas, "bien pensantes", sino que pertenecen a comunidades de clase media, fácilmente influenciables por los medios de comunicación hegemónicos. Este colectivo de mujeres que no se siente representado por la "irreverencia" y el "desparpajo" de sus congéneres, sale a la calle camuflado bajo banderas políticas y ocupa puestos jerárquicos desde los cuales ejerce su poder. La compostura y la corrección son parte de un comportamiento de oposición que se parece al de los hombres manipuladores. Con una sonrisa complaciente, elegante, con la medida del gesto justo y el juicio equilibrado, entran en la vida de otras con ánimo de reclutar para sus comunidades. Estas mujeres se valen de los cambios conseguidos por sus congéneres revolucionarias, pero los usan para ejercer oposición y una crítica a veces despiadada para quien piensa diferente, no importa el sexo del contrincante. Las tensiones entre las mujeres no sólo aparecen por diferencias de carácter o competitividad laboral, corporal y erótica; también entre grupos o colectivos diferenciados por un pensamiento y un accionar que pugna por un compromiso con el bien común y aquellas que usan el discurso del bien común para defender sus intereses mezquinos. Si existen mujeres que son coherentes con su pensamiento libre y consecuente con sus acciones, también están las otras, las que se amparan en las convenciones culturales y expresan su odio arcaico, siempre atentas a la medida del gesto, para que nunca se parezca al de las otras, las desaforadas, las putas, las locas, las bipolares, las ignorantes, las pobres.

Los hombres y las mujeres heterosexuales salen del armario donde por tantos siglos estuvieron guardados, obedientes, domesticados, viviendo en una aparente armonía. Ellos, como todos, aprendieron a creer que la felicidad no es constante, apenas son instantes. Y si bien es cierto el enunciado, la pregunta es ¿qué hace cada uno para lograrla? No cuestiono ni critico las formas personales de lograr el bienestar, sería de una soberbia extrema si lo hiciera, como si uno tuviese resuelto el enigma de la vida. Me pregunto qué compromiso con uno mismo existe en cada acción, en esa secuencia de actos con la que se construye nuestra vida. Si uno no es partícipe de su propia historia, dejamos que gran parte de provenga del afuera, de la suerte, de un porvenir ideal. La heterosexualidad debe salir de una vez por todas del *clóset* para dejar de ser presa de los condicionantes que desde siempre la armaron como la orientación más fuerte y responsable, asumiendo a pie juntillas que de ella depende la continuidad de la especie, de las familias, del orden social. Las nuevas configuraciones vinculares (monoparentales, homoparentales, el deseo de no ser madres o padres, la diversidad sexual, la libertad juvenil, etc.) les dan respuesta al "no se puede", "es antinatural", "vamos a terminar como especie". Quédense tranquilos, nada de eso ocurrirá. Sólo hay que aprender a mirar alrededor y aceptar que todo lo que ocurre ya estaba, nada es nuevo. Ya no se puede seguir guardando en el armario lo que está predestinado a salir, a liberarse de una vez por todas, y por el bien de todos.

Índice